대한민국 국적취득시험 완벽대비

유튜버 눈사람쌤의 귀화시험 합격문제집

2023 최신판

저자직강 무료인강

사회통합 프로그램 종합평가

| 영주용 · 귀화용 |

핵심이론 · 모의고사 · 면접심사

- ✓ 이해하기 쉬운 **필기 핵심이론**
- ✓ **각 단원별 연습문제**로 실전시험대비
- ✓ 출제유형 반영된 **실전모의고사 7회**
- ✓ **면접심사 안내 및 기출문제**
- ✓ **저자직강** 유튜브 채널 운영

법무부 주관 KIIP

최지은 편저

머리글
(Preface)

KIIP 사회통합프로그램은 이민자들의 안정적인 한국사회 정착을 위해 법무부에서 실시하고 있는 교육과정으로 0~4단계로 구성하여 재한외국인이 우리 사회 구성원으로서 살아가는데 필요한 기본소양 (한국어와 한국문화, 한국 사회이해) 함양 기회를 제공하는데 각 단계평가 및 종합평가로 국적 취득 허가가 이루어집니다.

이 책은 사회통합프로그램을 더욱 알차고 효율적으로 학습할 수 있도록

첫째, 21년 12월에 공개된 법무부 사회통합프로그램 기본소양평가 유형별 견본 문항을 바탕으로 문제를 구성하여 시험 난이도 및 문제 유형 연습을 할 수 있도록 하였습니다.

둘째, 한국어, 한국 사회를 보다 이해하기 쉽게 도표와 그림을 담았습니다.

셋째, 실전모의고사 7회를 수록하여 완벽하게 시험 준비를 할 수 있도록 하였습니다.

넷째, 면접심사 기출복원문제로 실전연습을 할 수 있도록 하였습니다.

다섯째, 핵심이론, 모의고사, 면접심사 수록으로 한 권으로 완벽하게 준비할 수 있도록 하였습니다.

저는 건강가정다문화가족지원센터에서 근무하면서 국적 취득을 위해 공부하시는 외국인분들을 많이 보았고, 가까이에서 함께 공부하고 도움을 드리다가 유튜브를 운영하게 되었습니다.
귀화시험을 공부하시는 모든 분들을 응원하며 꼭 합격하시기를 기원합니다.^^

저자 최 지 은

I. 사회통합 프로그램

1 정의

KIIP은 “사회통합 프로그램”의 영문이다.
KIIP은 Korea Immigration & integration program의 약자이다.

2 기본방향

1) 이민자의 국내생활에 필요한 한국어, 경제, 사회, 법률 등 기본소양을 체계적으로 습득할 수 있는 사회통합프로그램 개발
2) 이민자의 한국어 능력, 한국사회이해 정도 등을 측정하기 위한 기본소양 사전평가 및 이수 레벨지정
3) KIIP를 이민자에게 직접 제공할 운영기관 (교육기관) 지정
4) 운영기관에서 KIIP강의 및 다문화 이해 등을 지도할 전문인력 양성 및 관리

3 도입취지

이민자가 우리말과 우리문화를 빨리 익히도록 함에 따라 국민과의 원활한 의사소통으로 지역사회에 쉽게 융화 될 수 있도록 지원·재한외국인에 대한 각종 지원정책을 KIIP로 표준화하고 이를 이수한 이민자에게는 국적취득 필기시험을 면제 등 다양한 인센티브를 제공하여 자발적이고 적극적인 참여 기회 부여·이민자에게 꼭 필요하고 적절한 지원정책 개발과 세부지원 항목 발굴을 위하여 이민자의 사회적응지수를 측정, 이민자 지원정책 등에 반영

4 이수혜택

※ 이수한 교육 단계에 따라 혜택의 범위가 다르며 세부 사항은 「자료실」-「2018년 사회통합프로그램 운영지침」의 [별표 1] 참조

가. 귀화 신청 시 혜택(대상 : 한국이민귀화적격시험 이수완료자)

> ‘17. 8. 29. 개정된 국적법 시행령 및 동법 시행규칙에 따라 ’18. 3. 1.부터
> ① 귀화필기시험이 사회통합프로그램 귀화용 종합평가로 대체되어 실시되며,
> ② 사회통합프로그램 한국이민귀화적격과정 이수완료자 중 귀화용 종합평가 합격자만 귀화면접심사가 면제되는 것으로 변경

순번	한국이민귀화적격과정 이수완료 혜택 구분	'18.3.1. 이후	
		평가 합격	3회 수료
1	귀화신청자 대상 귀화용 종합평가 합격 인정	인정	인정
2	귀화면접심사 면제	인정	×
3	국적심사 대기기간 단축	인정	인정

나. 영주자격 신청 시 혜택

ㅇ 한국어 능력 입증 면제

ㅇ 실태조사 면제

다. 그 외 체류자격 신청 시 혜택

ㅇ 가점 등 점수 부여

ㅇ 한국어능력 입증 면제

라. 사증(VISA) 신청 시 혜택

ㅇ 한국어능력 등 입증 면제

5 이수해택, 과정 및 이수시간

구분	한국어와 한국문화					한국사회이해	
단계	0단계	1단계	2단계	3단계	4단계	5단계	
과정	기초	초급1	초급2	중급1	중급2	기본	심화
총 교육시간	15시간	100시간	100시간	100시간	100시간	70시간	30시간
평가	없음	1단계평가	2단계평가	3단계평가	중간평가	영주용 종합평가	귀화용 종합평가
참고	ㅇ 5단계 심화과정은 기본과정 수료(수료인정 출석시간 수강) 후 참여 ※ 영주 신청자 대상 영주용 종합평가 합격자는 5단계 기본과정부터 수업에 참여하고 심화 과정을 참여할 수 있습니다.						

6 신청대상

모든 이민자 및 국민이 희망에 따라 자율 신청

7 신청방법

사회통합정보망 (www.socinet.go.kr)을 통한 온라인으로만 신청

8 교육등록 및 참여

사회통합정보망(마이페이지)를 통하여 체류지 관할 운영기관 중 교육받기를 원하는 운영기관에 교육과정 신청

- 단, 부득이한 사정이 있을 경우 출입국·외국인관서장의 허가를 받아 체류지 관할 외 운영기관에 과정 신청 가능

※ 체류지 변경 신고 사항에 해당될 경우 신청은 반려되며, 체류지 변경 신고 후 변경된 체류지 관할 운영기관에 과정신청을 하여야 함

8 참여시 참고사항

- o 참여 도중 출산, 치료, 가사 등 불가피한 사유로 30일 이상 계속 참여가 불가능할 경우 참여자는 사유 발생일로부터 15일 이내에 사회통합정보망(마이페이지)를 통해 이수정지 신청을 해야 함
- o 이 경우 사유 종료후 계속해서 해당 과정에 참여하며, 과거 이수사항 및 이수시간을 계속 승계하며, 이수정지 후 2년 이상 재등록하지 않을 경우 직권제적 대상이 되므로, 계속 참여 의사가 있는 경우에는 2년 이내에 재등록해야 함
- o 참여 도중 30일 이상 무단으로 결석할 경우 제적 조치하고, 이 경우에는 해당 단계에서 이미 이수한 사항은 모두 무효

9 단계별 진행

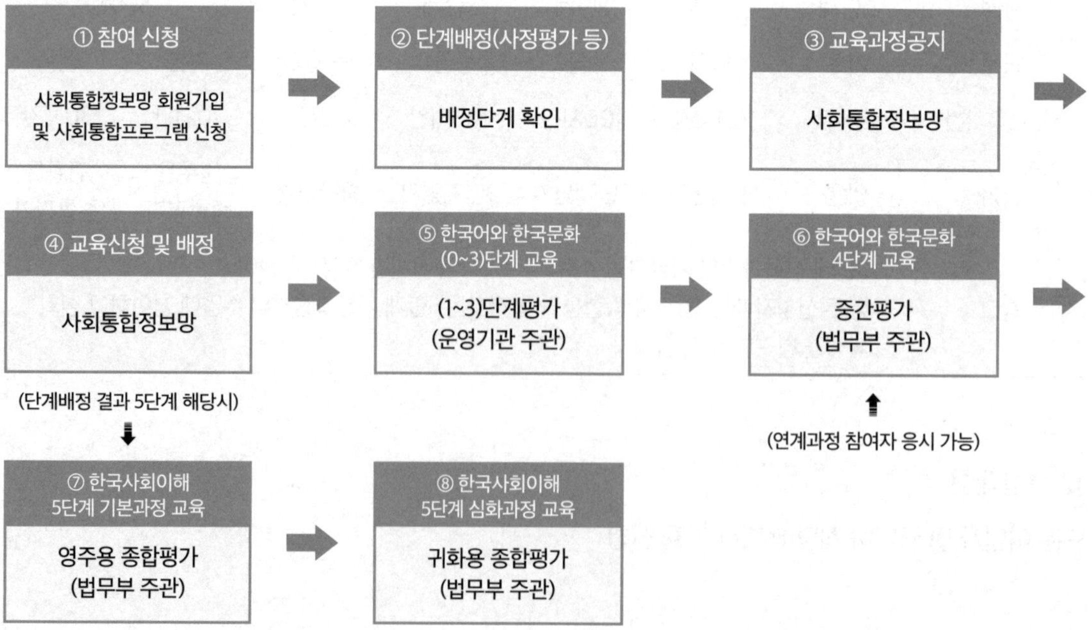

* 영주용 종합평가는 한국사회이해 심화과정 수강자도 응시 가능

** 한국사회이해 심화과정은 한국사회이해 기본과정 수료자 또는 영주용 종합평가 합격자만 수강 가능

⑩ 기본소양평가

(1) 사전평가

○ **평가 대상**: 사회통합프로그램 참여 희망자 및 영주 신청자 대상 종합평가 응시 희망자

○ 평가 면제 대상자 (「연계과정」 페이지 참조)

- 0단계부터 참여 희망자
- 유효한 한국어능력시험(TOPIK) 등급 보유자
- 연계과정 통하여 중간평가 합격한 사람
- 한국어능력 입증 후 결혼이민사증을 받아 입국한 결혼이민자

※ '14. 4. 1 개정된 "결혼이민(F-6) 사증발급지침"에 따라 한국어능력시험(TOPIK) 성적증명서1급 또는 세종학당 등 법무부 지정 해외 한국어 교육기관에서 교육을 이수 받았음을 입증하는 서류(이수증 등) 제출 후 결혼사증을 발급받아 입국한 결혼이민자는 사전평가를 거치지 않고 교육 참여를 희망하는 경우 2단계 배정

○ **평가 내용**: 한국어 능력 등 기본소양 정도

○ **평가 장소**: 관할 출입국·외국인관서에서 지정하는 별도 장소

○ **평가 방법**: 필기시험(50) 및 구술시험(5) 등 총 55문항

가. 필기시험(50문항)

- 문항수는 총 50문항으로 객관식(48), 단답형 주관식(2)
- 시험시간은 총 60분
- 답안지는 OMR카드를 사용함

나. 구술시험(5문항)

- 문항수는 총 5문항으로 읽기, 이해하기, 대화하기, 듣고 말하기 등으로 구성
- 시험시간은 총 10분

○ 평가 결과 조치

- 단계배정을 받은 날로부터 2년 이내에 해당 단계의 교육에 참여하여야 함
- 사전평가 85점 이상 득점자는 희망할 경우 결과일로부터 2년 이내 교육 참여 없이 영주 신청자 대상 종합평가 신청 가능

※ 단, 합격하더라도 사회통합프로그램 이수로는 인정되지 않으며, 영주 기본소양능력 충족만 인정

○ 유효기간 경과자 조치

- 교육이나 평가에 참여하지 아니하고 결과일로부터 2년이 경과한 경우에는 제적되어 평가 결과가 무효되며, 다시 단계배정 받아야 함

(2) 단계평가

○ **평가 시기**: 한국어 초급1, 초급2, 중급1의 각 과정 종료 후

○ **평가 대상**: 해당 과정을 수료한 사람

ㅇ **평가 주관**: 운영기관장

ㅇ **평가 내용**: 한국어와 한국문화 해당 교육 단계 내용

ㅇ **평가 방법**: 필기시험(20) 및 구술시험(5) 등 총 25문항

가. 필기시험(20문항)

- 시험시간은 총 30분

나. 구술시험(5문항)

- 시험시간은 총 10분

ㅇ **합격 기준**: 100점 만점에 60점 이상

ㅇ 평가 결과 조치

- 합격자는 다음 단계로 승급되며, 1년 이내에 승급된 단계에 참여해야 함
- 불합격자는 교육 종강일로부터 1년 이내 재수료할 경우 평가 결과에 관계없이 다음 단계 승급되며, 승급된 날로부터 1년 이내 다음 단계 참여해야 함

(3) 중간평가(KLCT)

ㅇ **평가 명칭**: 사회통합프로그램 한국어와 한국문화시험(KIIP-KLCT)

ㅇ 평가 대상

- 4단계 교육을 수료한 사람
- 사회통합프로그램 한국어교육 중급 연계 과정 승인을 받은 사람
- 중간평가에 응시하지 않은 경우 5단계에 진입할 수 없음

ㅇ 주관 법무부

ㅇ **평가 내용**: 한국어과정 전반에 대한 내용

ㅇ **평가 장소**: 관할 출입국·외국인관서에서 지정한 장소

ㅇ **응시 신청**: 사회통합정보망(마이페이지)을 통해 응시 신청

ㅇ **평가 방법**: 필기시험(30) 및 구술시험(5) 등 총 35문항

가. 필기시험(30문항)

- 문항수는 총 30문항으로 객관식(28), 작문형(2)
  - * 작문형은 제시된 주제에 따라 작문하며 2문항을 통합하여 1문제로 제시
- 시험시간은 총 50분으로 객관식(40분), 작문형(10분)
  - * 객관식 답안지는 OMR카드를 사용하고, 작문형은 100자 원고지 1장을 제공

나. 구술시험(5문항)

- 문항수는 총 5문항으로 이해하기, 대화하기, 듣고 말하기 등으로 구성
- 시험시간은 총 10분

ㅇ **합격기준**: 100점 만점에 60점 이상 득점

ㅇ 평가결과 확인

- 평가 후 사회통합정보망(마이페이지)에서 점수 및 합격여부 확인

* 개별통보 또는 전체 게시 없음 (반드시 마이페이지에서 개별 확인)

ㅇ 평가 결과 조치

- 합격자에게는 관할 출입국·외국인관서장 명의로 “사회통합프로그램 한국어와 한국문화시험(KLCT)” 합격증이 발급되며, 5단계로 승급
- 불합격자는 중간평가에 재응시하여 합격하거나 4단계 교육을 재수료하고 응시한 중간평가에서 최저점수(40점) 초과 득점 시에만 5단계로 승급

(4) 종합평가(KIPRAT/KINAT)

ㅇ 종합평가 종류

▶ 영주용 종합평가(KIPRAT)

* KIPRAT : Korea Immigration and Permanent Residence Aptitude Test

▶ 귀화용 종합평가(KINAT)

* KINAT : Korea Immigration and Naturalization Aptitude Test

ㅇ 평가 대상

(영주용 종합평가)

- 5단계 기본과정(50시간) 수료한 후 최초 기본과정 종강일로부터 2년 이내인 사람
- 5단계 기본과정을 수료하지 않았으나, 사전평가에서 85점 이상을 득점한 날로부터 2년 이내인 사람

(귀화용 종합평가)

- 5단계 기본과정(50시간)과 심화과정(20시간) 수료한 후 최초 기본과정 종강일로부터 2년 이내인 자

※ 단, 기본과정 이수완료자(영주용 이수완료자)는 최초 심화과정 종강일로부터 2년 이내로 함

- ‘18. 3. 1. 이후 귀화허가 신청자 (5단계 전체 과정 미수료자)
- ‘18. 3. 1. 전 반복 수료에 의한 귀화용 이수완료한 사람
- ‘12년 종합평가에서 50~59점 득점으로 이수완료된 결혼이민자

ㅇ 이수 혜택

(영주용 종합평가)

- 귀화신청시 혜택을 제외한 사회통합프로그램의 모든 이수 혜택

(귀화용 종합평가)

- 귀화신청시 혜택을 포함한 사회통합프로그램의 모든 이수 혜택

ㅇ 평가 방법

가 . 필기시험(40문항)

- 문항수는 총 40문항으로 객관식(36), 작문형(4)
  * 작문형은 제시된 주제에 따라 작문하며 4문항을 통합하여 1문제로 제시
- 시험시간은 총 60분으로 객관식(50분), 작문형(10분)
  * 객관식 답안지는 OMR카드를 사용하고, 작문형은 200자 원고지 1장을 제공(1장 이내로 작문)

나 . 구술시험(5문항)

• 문항수는 총 5문항으로 이해하기, 대화하기, 듣고 말하기 등으로 구성

• 시험시간은 총 10분

○ **평가 내용** : 한국어 능력 및 한국사회 이해정도 등 종합적인 기본소양 정도

○ **평가 장소** : 관할 출입국·외국인관서에서 지정한 장소

○ **응시 신청** : 신청기간 내에 사회통합정보망(마이페이지)를 통해 응시 신청

○ **합격기준** : 100점 만점에 60점 이상 득점

○ 평가결과 확인

• 평가 후 사회통합정보망(마이페이지)에서 점수 및 합격여부 확인

* 개별통보 또는 전체 게시 없음 (반드시 마이페이지에서 개별 확인)

○ 합격자 조치

(영주용 종합평가)

• **5단계 기본과정 수료자** : 한국이민영주적격과정 이수완료 인정 및 합격증(KIPRAT)발급

• **5단계 기본과정 미수료자** : 영주 신청자 대상 종합평가 합격증(KIPRAT) 발급(이수완료로 인정되지 않음)

* 단, 합격증에 '미이수'로 표기되며, 추후 5단계 기본과정 이수할 경우 '이수'로 변경

(귀화용 종합평가)

• **사회통합프로그램 5단계 전체과정 수료자** : 한국이민귀화적격과정 이수완료 인정 및 귀화허가 신청자 대상 종합평가 합격 인정, 귀화면접심사 면제

• **귀화허가 신청자 대상 귀화용 종합평가 응시자** : 귀화허가 신청자 대상 귀화용 종합평가 및 영주 신청자 대상 영주용 종합평가 합격 인정, 사회통합프로그램 5단계 배정

* 추후 5단계 기본과정 수료 시 별도의 평가 없이 영주적격과정 이수완료되며, 추가로 심화과정 수료 시 별도의 평가 없이 귀화적격과정 이수완료

- **'18. 3. 1. 전 재수료 이수완료자** : 귀화면접심사 면제 혜택 추가 인정
- **'12년 종합평가에서 50 ~ 59점 득점으로 이수완료된 결혼이민자** : 귀화면점심사 면제 혜택 추가 인정

○ 불합격자 조치

(영주용 종합평가)

• **5단계 기본과정 수료자** : 영주용 종합평가 재응시하여 합격하거나 5단계 기본과정 1회 재수료하고영주용 종합평가에서 최저점수제(40점)을 초과 득점하여 이수완료

• **5단계 기본과정 미수료자** : 사전평가 85점 이상 득점한 날로부터 2년 이내 영주 신청자 대상 영주용 종합평가 재응시 가능(귀화용 종합평가)

• **사회통합프로그램 5단계 전체과정 수료자** : 귀화용 종합평가 재응시하여 합격하거나 5단계 전체과정 1회 재수료하고 귀화용 종합평가에서 최저점수(40점)을 초과 득점하여 이수완료

• **귀화허가 신청자 대상 종합평가 응시자** : 귀화허가 신청일로부터 1년 이내 2회 재응시 가능하며, 총 3회 모두 불합격할 경우 귀화신청 불허

• **'18. 3. 1. 전 재수료 이수완료자** : 희망할 경우 귀화용 종합평가 재응시 가능

• **'12년 종합평가에서 50 ~ 59점 득점하여 이수완료된 결혼이민자** : 희망할 경우 귀화용 종합평가 재응시 능

ㅇ 결시자 조치

• 응시신청 후 해당 평가에 결시(무단 및 유고 불문)한 경우에는 모두 불합격 처리

* 단, 응시신청 후, 부득이한 사유로 응시할 수 없을 경우에는 해당 평가 신청 기한 내에 한해 관할 출입국·외국인관서에 응시 취소신청 가능

(5) 특별 배려대상 평가

ㅇ 평가 대상

• (장애인) 「장애인복지법 시행규칙」제2조 별표1의 '장애인의 장애등급표'에 근거한 아래 항목의 어느 하나에 해당하는 자

• 시각장애 1~4급

• 자폐성 장애 1~2급

• 지적·정신·뇌병변 장애 1~3급

• 언어장애 3~4급

• 청각장애 1~6급

• **지체장애**: 손 사용에 현저한 장애

• **기타**: 3급 이상으로 일반 평가가 불가능한 자 (그 외) 장애 등급을 받은 자는 아니나, 일반적인 평가 방법으로 평가 시행이 불가능하다고 판단되는 자

ㅇ 신청 방법

• (귀화허가 신청자) 귀화 신청 시 증빙서류 제출하여 특별배려대상으로 승인 받은 이후 평가 신청

• (그 외) 관할 출입국 이민통합지원센터에 증빙서류 제출하여 승인 받은 후 평가 신청

ㅇ **증빙서류**: 장애인등록증 또는 진단서

* 장애인복지법 제32조의 장애인등록증 또는 장애진단서 및 의료법 제3조의3에 규정된 종합병원에서 발급한 진단서

ㅇ 시험시간 및 답안작성 방법

• 장애유형과 정도에 따라 시험시간 및 답안작성 방식 다르게 적용

• 필요 시 대상자별 전담 감독관 배치

11 영주·귀화신청안내

(1) 영주신청안내

ㅇ 영주용 종합평가 대상 확대 안내

- '18.9.21.부터 영주 신청을 하기 위해서는 사회통합프로그램을 이수완료 하거나, 종합평가에 합격하여야 합니다. (출입국관리법 시행규칙 제18조의3)
  * 사회통합프로그램 이수 또는 종합평가 합격 면제 또는 완화대상은 법무부고시 제2018-242호(2018.9.28.) 참조
- 영주용 종합평가는 반드시 사회통합프로그램 5단계 기본과정(50시간)을 수료하여야 신청이 가능했으나, '18. 9. 21.부터는 기본과정을 수료하지 않더라도 사전평가에서 85점 이상을 득점한 경우 신청 가능합니다.
- 다만, 5단계 기본과정을 수료하지 않고 사전평가 85점 이상 득점으로 바로 영주용 종합평가에 합격한 자는 사회통합프로그램 이수로는 인정되지 않습니다.

ㅇ 영주용 종합평가 구분

구분	현행	신설('18.9.21. 이후)
평가 구분	영주용 종합평가 (5단계 기본과정 수료자용)	영주신청자 대상 영주용 종합평가 (5단계 기본과정 미수료자용)
신청 대상	사회통합프로그램 5단계 기본과정 최초 수료일로부터 2년 이내인 자	사전평가에서 85점 이상 득점한 날로부터 2년 이내인 자
합격 시 이수완료 여부	이수완료 처리	미이수 ※ 단, 추후 기본과정 수료 시 이수완료로 자동 변경
합격자	영주용 종합평가 합격증(이수) 발급 및 한국영주적격과정 이수증 발급	영주용 종합평가 합격증(미이수) ※ 단, 추후 기본과정 수료로 이수완료로 변경 시 합격증에 "이수"로 표출
불합격자	영주용 종합평가 재응시 또는 기본과정 재수강 가능	영주 신청자 대상 종합평가 재응시 가능 (2년 이내 제한없음)

(2) 귀화신청안내

ㅇ 귀화허가 신청자 대상 귀화용 종합평가 안내

- 18.3.1.부터 귀화허가를 신청한 사람은 신청일로부터 1년 이내에 귀화허가 신청자 대상종합평가(귀화용 종합평가)에 최대 3회 응시할 수 있습니다.

귀화허가 신청자 대상 귀화용 종합평가 응시 절차

사회통합정보망(www.socinet.go.kr) 회원가입 ① '개인정보 이용약관' 동의 체크 → ② '구분'에서 '귀화 신청자 대상'을 선택 → ③ 개인정보입력(ID, 비밀번호, 성명, 생년월일 등) ※ 귀화신청 전 사회통합정보망 회원가입했거나, 귀화신청 취하 또는 불허 후에 다시 귀화신청한 경우에는 "귀화신청 인증절차" 필요: 「마이페이지」-「학사이력조회」-「귀화신청자 인증」

평가신청		시험장소 확인		접수증 출력		시험응시
①「평가신청」 메뉴 선택 ② 귀화 신청자 대상 종합평가 중 시험일정 선택하여 시험신청(종합평가의 신청기간에만 신청 가능) ※ 신청 취소:「평가신청」에서 신청한 평가를 선택하여 "신청취소"	→	시험실시 3일전 「마이페이지」 에서 확인	→	「마이페이지」	→	시험일에 시험장소에서 응시 (12:30까지 입실)

○ 귀화용 종합평가 구분

구분	현행	'18.3.1. 이후 신설
평가 구분	귀화용 종합평가 (5단계 기본과정+심화과정 수료자용)	귀화신청자 대상 귀화용 종합평가 (5단계 기본과정+심화과정 미수료자용)
신청 대상	사회통합프로그램 5단계 기본과정 최초 수료일로부터 2년 이내인 자	귀화허가를 신청한 날로부터 1년 이내인 자 (단, 응시기회는 3회 부여)
합격 시 이수완료 여부	이수완료 처리 (귀화면접심사 면제)	미이수(귀화면접심사 면제되지 않음) ※ 단, 추후 기본과정+심화과정 수료 시 이수완료로 자동 변경
합격자	귀화용 종합평가 합격증(이수) 발급 및 한국귀화적격과정 이수증 발급	① 귀화용 종합평가 합격증(미이수) ※ 단, 추후 기본과정+심화과정 수료로 이수완료로 변경 시 합격증에 "이수로 표출 ② 사회통합프로그램 5단계배정 희망할 경우, 2년 이내 5단계 수업 (기본과정+심화과정)에 참여 가능
불합격자	귀화용 종합평가 재응시 또는 기본과정+심화과정 재수강 가능	1년 3회 응시기회 내에서 재응시 가능

II. 사회통합 프로그램 종합평가 면제대상자

① 미성년자

② 만 60세 이상인 사람

③ 국적법 제7조 제1항 제2호 또는 제3호에 해당하는 사람(특별공로자 및 우수인재)

④ 사회통합 프로그램을 이수한 사람

⑤ 귀화허가 신청일을 기준으로 최근 3년 이내에 귀화용 종합평가에서 100점을 만점으로 하여 60점 이상을 득점한 사람

⑥ 그 밖에 법무부장관이 인정하는 특별한 사유가 있는 사람

- 한국인 배우자와 혼인관계를 유지하고 있는 결혼이민자, 국내 초·중·고등학교 및 대학교·대학원 중 하나를 졸업한 자 등

목차
(Contents)

Ⅱ 사회통합프로그램 종합평가 Ⅱ

한국어

/ 제1장 /

Chapter 01

기초

01 기본 음절표

한국어의 기본자음은 14개, 기본모음은 10개로 이루어져 있다.

	ㅏ	ㅑ	ㅓ	ㅕ	ㅗ	ㅛ	ㅜ	ㅠ	ㅡ	ㅣ
ㄱ	가	갸	거	겨	고	교	구	규	그	기
ㄴ	나	냐	너	녀	노	뇨	누	뉴	느	니
ㄷ	다	댜	더	뎌	도	됴	두	듀	드	디
ㄹ	라	랴	러	려	로	료	루	류	르	리
ㅁ	마	먀	머	며	모	묘	무	뮤	므	미
ㅂ	바	뱌	버	벼	보	뵤	부	뷰	브	비
ㅅ	사	샤	서	셔	소	쇼	수	슈	스	시
ㅇ	아	야	어	여	오	요	우	유	으	이
ㅈ	자	쟈	저	져	조	죠	주	쥬	즈	지
ㅊ	차	챠	처	쳐	초	쵸	추	츄	츠	치
ㅋ	카	캬	커	켜	코	쿄	쿠	큐	크	키
ㅌ	타	탸	터	텨	토	툐	투	튜	트	티
ㅍ	파	퍄	퍼	펴	포	표	푸	퓨	프	피
ㅎ	하	햐	허	혀	호	효	후	휴	흐	히

• 이중모음

ㅐ	ㅒ	ㅔ	ㅖ	ㅘ	ㅙ	ㅚ	ㅝ	ㅞ	ㅟ	ㅢ

02 받침

1) 받침소리 : 음절의 구성에서 마지막 소리인 자음을 말한다.

받침글자	소리	예시 단어
ㄱ	[ㄱ]	독도 → 독도
ㄲ	[ㄱ]	닦다 → 닥다
ㅋ	[ㄱ]	부엌 → 부억
ㄴ	[ㄴ]	돈 → 돈
ㄷ	[ㄷ]	돋보기 → 돋보기
ㅅ	[ㄷ]	옷 → 옫
ㅈ	[ㄷ]	잊다 → 읻다
ㅊ	[ㄷ]	빛 → 빋
ㅌ	[ㄷ]	팥 → 팓
ㅎ	[소리없음]	낳았다 → 나았다 (ㅎ받침 뒤에 ㅇ이 올 때)

받침글자	소리	예시 단어
ㅎ	[ㄴ]	찧는 → 찐는 (ㅎ받침 뒤에 ㄴ이 올 때)
	[ㄷ]	넣다 → 넏다 (ㅎ받침 뒤에 ㄱ 이나 ㄷ이 올 때)
ㅆ	[ㄷ]	샀다 → 삳다
ㄹ	[ㄹ]	별 → 별
ㅁ	[ㅁ]	곰 → 곰
ㅂ	[ㅂ]	컵 → 컵
ㅍ	[ㅂ]	무릎 → 무릅
ㅇ	[ㅇ]	콩 → 콩

2) 겹받침 : 같은 자음이 겹치거나 다른 자음끼리 어울려 이루어진 받침을 말하는데 상황에 앞 자음 소리가 나는 겹받침이 있고, 뒷 자음 소리가 나는 겹받침이 있다.

받침글자	소리	예시 단어
ㄳ	[ㄱ]	몫[목], 삯[삭]
ㄵ	[ㄴ]	앉다[안따], 얹다[언따]
ㄶ	[ㄴ]	많다[만타], 않다[안타]
ㄺ	[ㄱ]	닭[닥], 흙[흑]
ㄻ	[ㅁ]	닮다[담따], 옮다[옴따]
ㄼ	[ㄹ]	여덟[여덜], 넓다[널따]

받침글자	소리	예시 단어
ㄽ	[ㄹ]	외곬[외골]
ㄾ	[ㄹ]	핥다[할따], 훑다[훌따]
ㄿ	[ㅂ]	읊다[읍따]
ㅀ	[ㄹ]	끓다[끌타], 잃다[일타]
ㅄ	[ㅂ]	값[갑], 없다[업따]

Chapter 02

어휘

01 명사

(1) 명사

구분	의미	예문	유의어	반의어
가능성	앞으로 성장할 수 있는 성질이나 정도.	너에게는 가능성이 많아 할 수 있어.	가망, 현실성	불가능
가사	살림살이에 관한 일.	육아와 가사를 함께해요.	집안일	
가장	한 가정을 이끌어 나가는 사람.	그는 집안의 가장이야.	가구주, 호주	
간호	다쳤거나 앓고 있는 환자나 노약자를 보살피고 돌봄.	강아지가 아파서 간호를 해야 해요.	간병	
개방적	태도나 생각 등이 열려 있는.	그 사람은 개방적인 생각을 가지고 있어.	진취적	폐쇄적
격차	빈부, 임금, 기술 수준 등이 서로 벌어져 다른 정도.	사과와 수박의 판매 격차가 크다.	차이	
경쟁	같은 목적에 대하여 이기거나 앞서려고 서로 겨룸.	좋은 대학교에 가기 위해 서로 경쟁한다.	경합	독점, 독차지
경제력	개인의 경우는 보통 재산의 정도를 이르고, 국가나 기업의 경우는 생산력이나 축적된 자본 등을 종합한 힘을 말한다.	경제력은 나라의 힘이다.	재력	
계약	관련되는 사람이나 조직체 사이에서 서로 지켜야 할 의무에 대하여 글이나 말로 정하여 둠.	1년 동안 회사에서 일하기로 계약했다.	약정, 체약	
공공장소	사회의 여러 사람이 함께 이용되는 곳.	공공장소에서는 큰소리로 말하지 않는다.		
공통점	둘 또는 그 이상의 여럿 사이에 두루 통하는 점.	학교와 학원은 공통점이 많다.	공통부분, 동일점, 유사점	상이점, 차이점
공해	산업이나 교통의 발달에 따라 공기와 물이 더럽혀지고 자연환경이 파괴되는 문제.	공장의 연기가 공해를 일으킨다.		

구분	의미	예문	유의어	반의어
관심	어떤 것에 마음이 끌려 주의를 기울임. 또는 그런 마음이나 주의.	나는 한국 가수에게 관심이 많다.	이목, 흥미	무관심
구입	물건 등을 사들임.	인터넷에서 컵을 구입했다.	구매, 매입	판매
규칙	여러 사람이 다 같이 지키기로 약속한 질서.	가족에도 규칙이 있다.	규범, 규약, 규율	불규칙
낙천적	세상과 인생을 즐겁고 좋은 것으로 여기는.	저 친구는 낙천적이라서 행복해 보인다.	낙관적	비관적, 염세적
난방	실내의 온도를 높여 따뜻하게 하는 일.	작은방은 난방이 잘 되어 있어서 따뜻했다.	난실, 온방, 온실	냉방, 냉실
낭비	시간이나 재물 따위를 헛되이 헤프게 씀.	돈 낭비가 심하다.	사치	검소, 절약, 절제
내향적	성격이 내성적이고 비사교적인 것.	내향적인 성격은 조용하다.	내면적, 내성적	외향적
능동적	다른 것에 따라가지 않고 스스로 일으키거나 움직이는.	대화를 능동적으로 이끌어 갔다.	자발적, 적극적, 진취적	소극적, 수동적
다수결	다양한 의견을 하나로 모으기 위해 많은 사람들의 의견에 따라 결정하는 것.	어느 식당에 갈 건지 다수결로 정했다.		
대량	아주 많은 분량이나 수량.	옷을 대량으로 생산했다.	거량, 다량	소량
대중	많은 수의 사람들.	대중의 인기를 얻다.	군중, 다중	
등록	일정한 자격 조건을 갖추기 위하여 단체나 학교 등에 문서를 올림.	학원 수강 등록이 끝났다.	접수	
무료	요금이 없음.	마스크를 무료로 나누어 주었다.	공짜, 무상	유료
매매	물건을 팔고 사는 일.	아파트 매매가 이루어졌다.	거래	
보상	남에게 끼친 손해를 갚아 주기 위하여 제공하는 대상.	빌린 돈의 보상이 어렵게 되었다.	변상	
보수적	새로운 것이나 변화를 반대하고 전통적인 것을 옹호하며 유지하려는.	그는 보수적 성격을 가졌다.		진보적, 혁신적
보육	어린아이들을 돌보아 기르다.	아이들 보육에 힘쓰다.	양육, 육아	

구분	의미	예문	유의어	반의어
보전	온전하게 보호하여 유지함.	전통문화 보전에 최선을 다하자.	보존, 보호	
부정	올바르지 아니하거나 옳지 못함.	임신 중에 부정한 것을 멀리하다.	부당, 부도덕	긍정
분가	가족의 한 구성원이 주로 결혼 등으로 살림을 차려 따로 나감.	결혼 후 분가를 했다.	분호, 석산	
분단	서로 나뉘게 끊어 가름.	한반도는 분단국가이다.	분리	
분실물	잃어버린 물건.	분실물을 습득하다.	유실물	습득물
분립	따로 나누어서 세움.	삼권이 분립되다.	각립, 분이	
분산	갈라져 흩어짐.	서울 인구를 분산하려고 위성도시를 만들었다.	확산	결집, 집중
비관적	앞으로의 일이 잘 안될 것이라고 보는.	그는 미래에 대해 비관적인 태도를 가지고 있다.	부정적, 절망적	희망적
사고방식	어떤 문제에 대하여 생각하고 궁리하는 방법이나 태도.	우리는 서로 사고방식이 다르다.	세계관	
선배	같은 분야에서, 지위나 나이·학예 등이 자기보다 많거나 앞선 사람.	선배님의 많은 지도를 바랍니다.	연장자, 윗사람	후배
선진	어느 한 분야에서 연령, 지위, 기량 등이 앞서는 것.	선진 한국을 이룩하다.		낙후
선출	여럿 가운데서 골라냄.	대통령은 국민의 직접 선거를 통해 선출된다.	선발	
소유	가지고 있음.	이 땅은 나의 소유이다.	보유, 차지	
손해	물질적으로나 정신적으로 밑짐.	손해를 끼치게 되어 정말 죄송합니다.	불이익	이익
송년회	연말에 한 해를 보내며 베푸는 모임.	친구 집에서 송년회를 열었다.		
습관	어떤 행위를 오랫동안 되풀이하는 과정에서 저절로 익혀진 행동 방식.	일찍 일어나는 습관을 가지다.		
승진	직위의 등급이나 계급이 오름.	그는 다른 사람보다 승진이 빠르다.	승격	

구분	의미	예문	유의어	반의어
여가	일이 없어 남는 시간.	일이 바빠서 여가가 없다.		
예매	물건을 받기 전에 미리 값을 치르고 사 둠.	영화표를 예매했다.	선매	
예의	존경의 뜻을 표하기 위하여 예로써 나타내는 말투나 몸가짐.	어른에 대한 예의를 갖추다.	예절	
예측	미리 헤아려 짐작함.	미래에 대한 예측이 가능하다.	예상, 짐작	
원인	어떤 사물이나 상태를 변화시키거나 일으키게 하는 근본이 된 일이나 사건.	사고의 원인을 조사하다.	발단	
유형	성질이나 특징 등이 공통적인 것끼리 묶은 하나의 틀.	사람을 세 가지 유형으로 나누다.	종류, 타입	
임금	근로의 대가로 근로자에게 지급하는 일체의 금품.	노동의 대가로 임금을 받다.	보수, 봉급	
장려	좋은 일에 힘쓰도록 북돋아 줌.	출산을 장려하다.		
정전	오던 전기가 끊어짐.	저녁 식사시간에 갑자기 정전이 되었다.		
장점	좋거나 잘하거나 긍정적인 점.	이 제품의 가장 큰 장점은 안전성이다.		단점
주관적	자기의 견해나 관점을 기초로 하는.	이 문제를 주관적으로 해석하다.	자의적	객관적
주권	국가의 의사를 최종적으로 결정하는 권력	대한민국의 주권은 국민에게 있다.	국권	
지원	지지하여 도움.	그는 군대에 지원을 하기로 했다.	뒷바라지	
지출	어떤 목적을 위하여 돈을 지급하는 일.	이번달 지출이 부쩍 늘었다.	지급, 지불	수입
진보적	사회의 변화와 발전을 추구하는.	진보적인 사상을 가졌다.	발전적, 혁신적	보수적
집중	한 가지 일에 모든 힘을 쏟아부음.	분위기가 산만해서 집중이 되지 않는다.	몰두, 몰입	분산
청구	상대편에 대하여 일정한 행위나 급부를 요구하는 일.	보험 회사에 보험금을 청구하다.	요구, 요청	
책임	맡아서 해야 할 임무나 의무.	나는 이 문제에 대해 책임이 없다.	의무, 임무	

구분	의미	예문	유의어	반의어
할부	돈을 여러 번에 나누어 냄.	우리는 할부로 물건을 구입했다.	분납	일시불
합법	법령이나 규범에 적합함.	다수결로 통과되었으면 그것은 합법인 것이다.	적법	불법, 위법
협상	어떤 목적에 부합되는 결정을 하기 위하여 여럿이 서로 의논함.	이번 협상으로 우리는 큰 수확을 거두었다.	의논, 타협	
형벌	범죄에 대한 법률의 효과로서 국가 따위가 범죄자에게 제재를 가함.	지은 죄에 비하여 형벌이 너무 무거운 것 같다.	처벌	
호칭	이름 지어 부름. 또는 그 이름.	남편의 여동생을 부르는 호칭은 아가씨이다.	이름	

| 연습문제 |

[01~10] 다음 (   )안에 가장 알맞은 것을 고르시오.

01 농촌 인구가 도시로 (   )하고 있다.

① 집중 ② 유형 ③ 장려 ④ 선출

02 오늘 밤에는 비가 올 (   )이 높은 편이다.

① 주권 ② 낭비 ③ 원인 ④ 가능성

03 요즘 학교에서도 (   )이 심하다고 하니 걱정이에요.

① 예측 ② 경쟁 ③ 분실물 ④ 선진

04 전세 (   ) 기간이 얼마 남지 않았다.

① 격차 ② 계약 ③ 분산 ④ 등록

05 큰소리로 떠드는 것은 (   )에서 피해야 할 행동이다.

① 형벌 ② 책임 ③ 장점 ④ 공공장소

06 그는 요즘 한국 가수들에게 (   )을 가지고 있다.

① 대중 ② 손해 ③ 관심 ④ 지출

07 작은방은 (   )이 잘 되어 있어서 따뜻했다.

① 할부 ② 난방 ③ 정전 ④ 습관

08 그녀는 성격이 (   )인 편이어서 친구들을 많이 사귀지는 않는다.

① 내향적 ② 규칙 ③ 임금 ④ 진보적

09 시장에서 값싸고 질 좋은 상품을 (   )으로 구입하였다.

① 주관적 ② 청구 ③ 대량 ④ 비관적

10 어린이날을 맞이하여 놀이 시설을 (   )로 개방한다.

① 무료 ② 간호 ③ 낙천적 ④ 보전

| 정답 | 01 ① 02 ④ 03 ② 04 ② 05 ④ 06 ③ 07 ② 08 ① 09 ③ 10 ①

(2) 단위명사

구분	의미	예문
개	여러 물건을 세는 단위	모자 한 개, 컵 한 개
권	책을 세는 단위	책 한 권, 책 두 권
그루	식물, 특히 나무를 세는 단위	소나무 한 그루, 은행나무 두 그루
그릇	음식이나 물건을 담아 그 분량을 세는 단위	국밥 한 그릇, 미역국 두 그릇
대	• 자동차, 악기, 기계를 세는 단위 • 주사를 놓는 횟수를 세는 단위	• 트럭 한 대, 피아노 두 대 • 주사 한 대 맞아야 해요.
마리	짐승이나 물고기, 벌레 등을 세는 단위	강아지 한 마리, 개미 두 마리
명	사람을 세는 단위	어린이 한 명, 요리사 두 명
벌	• 옷을 세는 단위 • 옷이나 그릇 등이 두 개 또는 여러 개 모여 갖추는 덩어리를 세는 단위	• 원피스 한 벌 • 수저 두 벌
병	액체나 가루 등을 담아 그 분량을 세는 단위	물 한 병, 참기름 두 병
송이	꽃, 포도 등을 세는 단위	장미꽃 한 송이, 포도 두 송이
잔	음료나 술을 담아 그 분량을 세는 단위	콜라 한 잔, 소주 두 잔
장	종이나 유리 등의 얇고 넓적한 물건을 세는 단위	색종이 한 장, 손수건 두 장
조각	떼어 내거나 떨어져 나온 부분을 세는 단위	퍼즐 한 조각, 파이 두 조각
짝	둘이 서로 어울려 한 벌이나 한 쌍을 이루는 것의 각각을 세는 단위	구두 한 짝, 장갑 두 짝
켤레	신, 양말, 버선, 방망이 등의 짝이 되는 두 개를 한 벌로 세는 단위	버선 한 켤레, 장화 두 켤레
통	• 배추나 수박 등을 세는 단위 • 물건을 담아 그 분량을 세는 단위	• 수박 한 통 • 김치 두 통
판	• 달걀 묶음을 세는 단위 • 조각 내어 먹는 음식의 갯수를 세는 단위	• 달걀 한 판 • 호두 파이 두 판
포기	뿌리를 단위로 한 초목의 낱개를 세는 단위	배추 한 포기, 김치 두 포기

| 연습문제 |

[01~10] 다음 (　　　　)안에 가장 알맞은 것을 고르시오.

01 도서관에 가서 내가 좋아하는 책 7(　　　　)을 빌려왔다.

① 그루　② 개　③ 권　④대

02 주말에 공원에 놀러 갔는데 강아지 15(　　　　)가 모여 놀고 있었다.

① 마리　② 그릇　③ 개　④명

03 집들이 과일로 사과 5개, 포도 3(　　　　)이를 준비했다.

① 통　② 벌　③ 장　④ 송이

04 피자 한조각을 먹으면서 사이다를 6(　　　　)이나 마셔서 배가 불렀다.

① 조각　② 병　③ 잔　④ 켤레

05 맛있는 달걀요리를 하기 위해 마트에서 달걀 1(　　　　)을 사왔다.

① 판　② 통　③ 개　④ 짝

06 식목일을 맞아 학교에서 나무 10(　　　　) 심기 행사를 했다.

① 포기　② 벌　③ 장　④ 그루

07 여름을 맞아 옷가게에 가서 예쁜 반바지 2(　　　　)을 샀다.

① 통　② 개　③ 송이　④ 벌

08 김장을 하기 위해 배추 4(　　　　)를 사왔다.

① 통　② 포기　③ 짝　④ 개

09 감기에 걸려 병원에 가서 주사 1(　　　　)를 맞았다.

① 대　② 통　③ 그릇　④ 판

10 초등학교 운동장에 어린이 20(　　　　)이 뛰어 놀고 있었다.

① 개　② 명　③ 벌　④ 송이

| 정답 | 01 ③　02 ①　03 ④　04 ③　05 ①　06 ④　07 ④　08 ②　09 ①　10 ②

02 동사

구분	의미	예문	유의어	반의어
가입하다	조직이나 단체 등에 들어가거나, 서비스를 제공하는 상품 등을 신청하다.	보험에 가입하다.	들어가다	탈퇴하다
갈아타다	타고 가던 것에서 내려 다른 것으로 바꾸어 타다.	기차에서 내려 버스로 갈아타다.		
극복하다	악조건이나 고생 등을 이겨 내다.	어려움을 극복하다.	넘어서다	
긴장하다	사람이나 그 마음이 편안하지 않고 바짝 경계하다.	실전 연습이라 모두들 긴장했다.	경직하다	이완하다
낭비하다	간이나 재물 등을 헛되이 헤프게 쓰다.	여기서 시간 낭비하지 말고 빨리 가자.	허비하다	절약하다
담당하다	어떤 일을 맡다.	화장실 청소를 담당하다.	관리하다	
대비하다	앞으로 일어날지도 모르는 어떠한 일에 대응하기 위하여 미리 준비하다.	안전사고에 대비하다.	예비하다	
대표하다	전체의 상태나 성질을 어느 하나로 잘 나타내다.	한국을 대표하는 선수이다.		
마무리하다	일을 끝맺다.	일을 완벽하게 마무리했다.	끝내다	
무시하다	사람을 깔보거나 업신여기다.	학생들의 의견을 무시해 버렸다.	내려다보다	존경하다
미루다	정한 시간이나 기일을 나중으로 넘기거나 늘이다.	자신의 책임을 남에게 미루다.	지연하다	앞당기다
번지다	액체가 묻어서 차차 넓게 젖어 퍼지다. 질병이나 불, 전쟁 따위가 차차 넓게 옮아가다.	전염병이 온 마을에 번지다.	퍼지다, 확산되다	
벌다	일을 하여 돈 등을 얻거나 모으다.	열심히 일해서 돈을 벌었다.	마련하다	
보태다	모자라는 것을 더하여 채우다.	집에 생활비를 보태다.	더하다, 채우다, 거들다	
분담하다	나누어서 맡다.	아내와 집안일을 분담하기로 했다.		
선호하다	여럿 가운데서 특별히 가려서 좋아하다.	생활이 편리한 아파트를 선호한다.	좋아하다	

구분	의미	예문	유의어	반의어
안심하다	모든 걱정을 떨쳐 버리고 마음을 편히 가지다.	무사히 돌아온 아이를 보고 안심했다.	안도하다	걱정하다
어울리다	함께 사귀어 잘 지내거나 일정한 분위기에 끼어들어 같이 휩싸이다.	이웃과 잘 어울리다.		
유지하다	어떤 상태나 상황을 그대로 보존하거나 변함없이 계속하여 지탱하다.	현재 상태를 유지하다.	지속하다	그만두다
이끌다	목적하는 곳으로 바로 가도록 같이 가면서 따라오게 하다.	팀을 우승으로 이끌다.	끌다, 주도하다	따르다
이루다	어떤 대상이 일정한 상태나 결과를 생기게 하거나 일으키거나 만들다.	행복한 가정을 이루다.	달성하다	실패하다
이해하다	잘 알아서 받아들이다.	이 단어의 뜻을 바르게 이해하다.	공감하다, 깨닫다	
주도하다	어떤 일에 주장이 되어 이끌다.	그는 모임에서 주도하는 역할을 한다.	이끄다	
참석하다	모임이나 회의 등의 자리에 참여하다.	친구 결혼식에 참석하다.	참가하다	불참하다
추천하다	어떤 조건에 적합한 대상을 책임지고 소개하다.	선생님께서 나를 이 회사에 추천하셨다.	소개하다	
측정하다	일정한 양을 기준으로 하여 같은 종류의 다른 양의 크기를 재다. 기계나 장치를 사용하여 재기도 한다.	자동차의 길이를 측정하다.	재다	
환영하다	오는 사람을 기쁜 마음으로 반갑게 맞다.	손님을 환영하다.	반기다	환송하다
후회하다	이전의 잘못을 깨치고 뉘우치다.	비오는 날 외출한 것을 후회했다.	반성하다	

| 연습문제 |

[01~10] 다음 (   )안에 가장 알맞은 것을 고르시오.

01

주말마다 운동을 하기 위해서 야구동호회에 (   ).

① 대비했다
② 가입했다
③ 마무리했다
④ 추천했다

02

지난번의 실패를 (   ) 위해서 나는 최선의 노력을 다했다.

① 후회하기
② 어울리기
③ 극복하기
④ 주도하기

03

여기서 시간 (   ) 말고 빨리 가자.

① 낭비하지
② 이끌지
③ 측정하지
④ 긴장하지

04

취직 시험을 (   ) 도서관에 공부하러 다닌다.

① 대표하여
② 담당하여
③ 극복하여
④ 대비하여

05

오늘 끝내지 못한 일은 내일까지 (   ).

① 무시하겠습니다
② 마무리하겠습니다
③ 갈아타겠습니다
④ 안심하겠습니다

06 산불이 강한 바람을 타고 지금도 계속 (　　　　).

① 미루고 있다
② 벌고 있다
③ 번지고 있다
④ 참석하고 있다

07 그는 아내와 집안일을 (　　　　) 했다.

① 분담하기로
② 이루기로
③ 환영하기로
④ 유지하기로

08 젊은 부부들은 생활이 편리한 아파트를 (　　　　).

① 담당한다
② 보태다
③ 선호한다
④ 이해한다

09 노랗게 염색한 머리가 너에게 잘 (　　　　).

① 마무리한다
② 추천한다
③ 후회한다
④ 어울린다

10 저녁 모임에 많은 사람들이 부부 동반으로 (　　　　).

① 안심했다
② 갈아탔다
③ 대표했다
④ 참석했다

| 정답 | 01 ② 02 ③ 03 ① 04 ④ 05 ② 06 ③ 07 ① 08 ③ 09 ④ 10 ④

03 형용사

구분	의미	예문	유의어	반의어
간단하다	단순하고 간략하다.	라면을 끓이는 방법은 간단하다.	간결하다	복잡하다
게으르다	행동이 느리고 움직이거나 일하기를 싫어하는 성미나 버릇이 있다.	그는 게으르다.	나태하다	부지런하다
고요하다	조용하고 잠잠하다.	깊은 밤에는 고요하다.	잠잠하다	요란하다
꼼꼼하다	빈틈이 없이 차분하고 조심스럽다.	그는 모든 일을 꼼꼼하게 처리한다.	세밀하다	
난감하다	이렇게 하기도 저렇게 하기도 어려워 처지가 매우 딱하다.	앞으로 살아갈 일이 난감하다.	난처하다	
낯익다	여러 번 보아서 눈에 익거나 친숙하다.	복지관에는 낯익은 얼굴들이 많이 있었다.	익숙하다	낯설다
넉넉하다	크기나 수량 등이 기준에 차고도 남음이 있다.	집에는 먹을 것이 넉넉하다.	풍부하다	불충분하다
능숙하다	능하고 익숙하다.	바느질을 능숙하게 해냈다.	능란하다	서툴다
단아하다	단정하고 아담하다.	한복은 단아한 매력이 있다.	청초하다	화려하다
두툼하다	꽤 두껍다.	삼겹살이 두툼해서 맛있었다.	도톰하다	얇다
드물다	어떤 일이 일어나는 일이 잦지 아니하다.	요즘 산에는 곰이 드물다.	희귀하다	허다하다
뜸하다	자주 있던 왕래나 소식 등이 한동안 없다.	거리에 행인이 뜸하다.	드물다	잦다
말끔하다	티 없이 맑고 환하게 깨끗하다.	청소를 했더니 사무실이 말끔하다.	깨끗하다	
모자라다	기준이 되는 양이나 정도에 미치지 못하다.	일찍 일어났더니 잠이 모자라다.	불충분하다	가득하다
복잡하다	일이나 감정 등이 갈피를 잡기 어려울 만큼 여러 가지가 얽혀 있다.	여러 가지 생각으로 머리가 복잡하다.	붐비다	
부당하다	이치에 맞지 아니하다.	심판 결과는 아무리 생각해도 부당하다.		

구분	의미	예문	유의어	반의어
부지런하다	어떤 일을 꾸물거리거나 미루지 않고 꾸준하게 열심히 하는 태도가 있다.	그는 부지런해서 제일 먼저 출근한다.	근면하다	게으르다
뿌듯하다	기쁨이나 감격이 마음에 가득 차서 벅차다.	건강하게 자란 나무를 보니 내 마음이 뿌듯하다.	만족스럽다, 보람되다	
사소하다	보잘것없이 작거나 적다.	사소한 다툼이 큰 싸움으로 번지다.	하찮다	중요하다
서먹하다	낯이 설거나 친하지 아니하여 어색하다.	나는 처음이라 이 분위기가 서먹하다.	낯설다	
서운하다	마음에 모자라 아쉽거나 섭섭한 느낌이 있다.	헤어지기가 서운해서 차를 마시러 갔다.	아쉽다	
서투르다	일 등에 익숙하지 못하여 다루기에 설다.	애정 표현에 서투르다.	미숙하다	능숙하다
선명하다	산뜻하고 뚜렷하여 다른 것과 혼동되지 아니하다.	어린 시절의 기억이 너무도 선명하다.	뚜렷하다	불투명하다
소중하다	매우 귀중하다.	너는 나의 소중한 친구이다.	귀하다	
수월하다	까다롭거나 힘들지 않아 하기가 쉽다.	정리를 잘하면 물건 찾기가 수월하다.	쉽다	까다롭다
싹싹하다	눈치가 빠르고 사근사근하다.	싹싹한 태도로 손님들을 맞았다.	나긋나긋하다	
쓸쓸하다	외롭고 적적하다.	가을비 소리는 쓸쓸하다.	외롭다	
알뜰하다	일이나 살림을 정성스럽고 규모 있게 하여 빈틈이 없다.	누나는 동생들을 알뜰하게 보살폈다.	살뜰하다	헤프다
어색하다	잘 모르거나 아니면 별로 만나고 싶지 않았던 사람과 마주 대하여 자연스럽지 못하다.	처음 본 사람과 있으면 어색하다.	낯설다, 서먹서먹하다	자연스럽다
유치하다	수준이 낮거나 미숙하다.	그 프로그램은 유치해서 재미없다.	미숙하다	성숙하다
지저분하다	정돈이 되어 있지 아니하고 어수선하다.	세수를 안 해서 얼굴이 지저분하다.	더럽다, 누추하다	깨끗하다
친절하다	대하는 태도가 매우 정겹고 고분고분하다.	그는 친절히 길을 가르쳐 주었다.	나긋나긋하다, 사근사근하다	불친절하다
태연하다	마땅히 머뭇거리거나 두려워할 상황에서 태도나 기색이 아무렇지도 않은 듯이 예사롭다.	힘든 일이 있어도 늘 태연했다.	뻔뻔하다	당황하다

구분	의미	예문	유의어	반의어
평범하다	뛰어나거나 색다른 점이 없이 보통이다.	나는 평범한 학생이다.	무난한다	
피곤하다	몸이나 마음이 지치어 고달프다.	온종일 뛰어다녔더니 피곤하다.	고단하다	
한가하다	겨를이 생겨 여유가 있다.	일이 없어 한가하다.	한가롭다	바쁘다
한산하다	인적이 드물어 한적하고 쓸쓸하다.	평일이라 도로가 한산하다.	한가롭다	
화려하다	환하게 빛나며 곱고 아름답다.	너의 옷이 화려하다.	호화롭다, 화사하다	소박하다, 수수하다
황당하다	말이나 행동 등이 참되지 않고 터무니없다.	그 이야기를 들으니 너무 황당했다.	기막히다, 어이없다	진실되다
흐릿하다	조금 흐린 듯하다.	오늘은 하늘이 흐릿하다.	희미하다	또렷하다

| 연습문제 |

[01~10] 다음 (　　　　)안에 가장 알맞은 것을 고르시오.

01 기차를 타고 경주로 가는 방법은 아주 (　　　　).

① 선명하다
② 드물다
③ 복잡하다
④ 간단하다

02 어머니는 집 안 이곳저곳을 (　　　　) 쓸고 닦는다.

① 서운하게
② 꼼꼼하게
③ 유치하게
④ 한산하게

03 앞으로 학생들을 어떻게 가르쳐야 할지 (　　　　).

① 게으르다
② 한가하다
③ 난감하다
④ 능숙하다

04 이번 겨울에는 김장을 (　　　　) 해서 친구들에게 나눠주기로 했다.

① 넉넉하게
② 고요하게
③ 두툼하게
④ 평범하게

05 뜨거운 한여름 오후에는 거리를 오가는 사람들조차 (　　　　).

① 태연하다
② 황당하다
③ 뜸하다
④ 쓸쓸하다

06 요즘 잠이 (   ) 그런지 많이 피곤하네.

① 알뜰해서
② 모자라서
③ 소중해서
④ 낯익어서

07 여러 가지 생각이 많아서 지금 머리가 (   ).

① 단아하다
② 말끔하다
③ 복잡하다
④ 부지런하다

08 한쪽의 이야기만 듣고 그를 범인으로 판단하는 것은 (   ).

① 싹싹하다
② 사소하다
③ 친절하다
④ 부당하다

09 우리는 만난 지 얼마 안 되어 아직까지는 (   ) 사이이다.

① 뿌듯한
② 서먹한
③ 부지런한
④ 서투른

10 이 도서실은 정리가 잘되어 있어서 자료 찾기가 (   ).

① 수월하다
② 황당하다
③ 친절하다
④ 고요하다

정답 | 01 ④ 02 ② 03 ③ 04 ① 05 ③ 06 ② 07 ③ 08 ④ 09 ② 10 ①

04 부사

구분	의미	예문	유의어	반의어
가까이	한 지점에서 거리가 조금 떨어져 있는 상태로.	집 가까이에 가게가 있다.	근방, 근처	멀리
가장	여럿 가운데 어느 것보다 정도가 높거나 세게.	내가 가장 사랑하는 사람이다.	제일	
간신히	겨우 또는 가까스로.	눈물을 간신히 참았다.	겨우	
거의	어느 한도에 매우 가까운 정도로.	동생의 키는 거의 내 어깨만큼 왔다.	대개, 대부분	
결코	어떤 경우에도 절대로.	나는 결코 거짓말을 해 본적이 없다.	절대로	
계속	끊이지 않고 잇따라.	고양이가 계속 나를 따라왔다.	끊임없이, 연속	천천히
곧	때를 넘기지 아니하고 지체 없이.	우리는 곧 서울에 도착한다.		
과연	결과에 있어서도 참으로.	과연 맛있는 피자가 만들어질 것인가?	정말로	
그러나	앞의 내용과 뒤의 내용이 상반될 때 쓰는 접속 부사.	그러나 걱정했던 일은 일어나지 않았다.	그렇지만	
나날이	매일매일.	그의 건강이 나날이 좋아졌다.	날로	
다소	어느 정도로.	그는 다소 과장된 목소리로 말했다.	약간	
대강	자세하지 않게 기본적인 부분만 들어 보이는 정도로.	그 글의 내용은 대강 이렇다.	대충	꼼꼼히
드디어	무엇으로 말미암아 그 결과로.	드디어 합격 발표하는 날이다.	결국	
또는	그렇지 않으면.	밥 또는 빵을 선택하시오.	혹은	
마침내	드디어 마지막에는.	마침내 산 정상에 올랐다.	결국	
매우	보통 정도보다 훨씬 더.	고추는 매우 매운 채소이다.	굉장히, 너무	
못	부정의 뜻을 나타내는 말.	목이 아파서 음식을 먹지 못한다.		

구분	의미	예문	유의어	반의어
무려	그 수가 예상보다 상당히 많음을 나타내는 말.	집을 만드는데 무려 한 달이나 걸렸다.		
반드시	틀림없이 꼭.	나는 반드시 합격을 할 것이다.	결단코, 꼭	
벌써	예상보다 빠르게.	친구를 알게 된 지 벌써 3년이 되었다.	이미	
설마	그럴 리는 없겠지만. 부정적인 추측을 강조할 때 쓴다.	날씨가 이렇게 좋은데 설마 비가 오겠어요?	아무려면	
소중히	매우 귀중하게.	가족을 소중히 생각한다.	귀중히	함부로
아마	짐작하거나 생각하여 볼 때 그럴 가능성이 크다는 뜻을 나타내는 말.	아마 지금쯤 집에 도착했을 것이다.	아마도, 어쩌면	
아울러	한데 섞여 어우러지다.	사랑과 지혜를 아울러 갖추다.	더불어, 같이	
언제나	모든 시간 범위에 걸쳐서. 또는 때에 따라 달라짐이 없이 항상.	언제나 너의 곁에 있을게.	늘	가끔
이따가	조금 지난 뒤에.	이따가 식당으로 와.		
제발	간절히 바라건대.	제발 합격했으면 좋겠다.	부디, 원컨대	
직접	중간에 제삼자나 매개물이 없이 바로 연결되는 관계.	내가 직접 만들어줄게.	손수	간접
최소한	가장 적게 잡아도.	목욕하는데 최소한 1시간이 걸린다.	적어도	최대한
특히	보통과 다르게.	운동 중에 특히 골프를 좋아한다.	특별히	
함부로	조심하거나 깊이 생각하지 아니하고 마음 내키는 대로 마구.	다른 사람의 물건을 함부로 가져가면 안 된다.	마구	

| 연습문제 |

[01~10] 다음 (　　　　)안에 가장 알맞은 것을 고르시오.

01

그를 두 시간 (　　　　) 기다렸지만 만나지 못했다.

① 가까이　　② 대강
③ 설마　　④ 무려

02

영화를 보기로 한 시간이 (　　　　) 다 되었다.

① 아울러　　② 계속
③ 거의　　④ 함부로

03

오늘날 우리는 (　　　　) 달라지는 세계 속에 살고 있다.

① 제발　　② 못
③ 나날이　　④ 특히

04

날마다 기다리던 친구의 편지가 (　　　　) 도착했다.

① 드디어　　② 그러나
③ 어쩌면　　④ 최소한

05

한옥의 기와지붕의 모습은 (　　　　) 인상적이였다.

① 마침내　　② 매우
③ 아마　　④ 간신히

06 부자라고 해서 (　　　) 행복한 것은 아니다.

① 직접 ② 곧
③ 벌써 ④ 반드시

07 나는 (　　　) 간직해 온 물건을 떨어뜨리고 말았다.

① 다소 ② 소중히
③ 과연 ④ 언제나

08 선생님은 주말이면 (　　　) 가족들과 함께 여행을 간다.

① 결코 ② 결코
③ 가장 ④ 언제나

09 그 일은 (　　　) 겪어 보지 않은 사람은 잘 모르는 일이다.

① 간신히 ② 과연
③ 직접 ④ 드디어

10 이 일을 끝내는 데 (　　　) 세 시간은 걸린다.

① 매우 ② 최소한
③ 가장 ④ 다소

정답 | 01 ① 02 ③ 03 ③ 04 ① 05 ② 06 ④ 07 ② 08 ④ 09 ③ 10 ②

05 접속사

1) 앞뒤의 내용이 시간 순서로, 내용의 순서로 연결이 되는 접속사

그리고	사과를 샀다. 그리고 집으로 갔다.
또	방을 청소했다. 또 화장실도 청소했다.
그리하여	공부를 열심히 했다. 그리하여 나는 원하는 대학에 갔다.
그러므로, 더구나, 게다가, 특히, 심지어 등	

2) 앞의 내용과 뒤의 내용이 반대되는 내용으로 말하는 경우에 쓰이는 접속사

그러나	양파는 맵다. 그러나 불에 요리해서 먹으면 달다.
그런데	나무가 건강하게 자라도록 물을 주었다. 그런데 너무 자주 물을 줘서 죽었다.
하지만	운동은 힘들다. 하지만 건강에는 좋다.
그렇지만, 그렇더라도, 다만, 반대로, 그럼에도 등	

3) 앞뒤의 내용이 비슷하게 연결되는 경우에 쓰이는 접속사

그리고	요리를 했다. 그리고 예쁜 접시에 담았다.
혹은	칼로 자른다. 혹은 가위로 잘라도 된다.
이와 함께	명절을 맞아 떡을 나누어 주었다. 이와 함께 전통놀이를 체험하는 자리도 마련하였다.
혹, 또는, 및 등	

4) 앞의 내용과 다른 새로운 사실을 말할 때 쓰이는 접속사

그런데	길을 걸어가고 있었다. 그런데 갑자기 비가 왔다.
한편	그곳은 커피를 파는 한편 작은 식물원도 운영하고 있었다.
다음으로	지금까지 정치에 관한 내용이었습니다. 다음으로 법에 대한 내용을 시작하겠습니다.

5) 예를 들어 앞의 내용을 설명할 때 쓰이는 접속사

예를 들어	더하기는 늘어난다. 예를 들어 사과 한 개가 있는데 한 개를 더 가져오면 두 개가 되어 사과의 개수가 늘어난다.
이를테면	아이들은 단맛을 좋아한다. 이를테면 아이들이 약을 잘 먹게 하기 위해 물약에 단맛이 나는 성분이 많이 들어간다.
예컨대	사람들이 많이 모이는 곳 예컨대 식당, 도서관, 마트에서는 마스크를 꼭 착용해야 한다.
예를 들면, 비교하건대, 설령 등	

6) 원래의 내용으로 돌아갈 때 쓰이는 접속사

하여튼	그 꽃이 조화인지는 모르겠지만 하여튼 너무 예뻤다.
어찌 됐든	시험 결과가 어찌 됐든 열심히 했으니 만족한다.
아무튼	밥도 잘 먹고, 친구들과 잘 지내고 아무튼 걱정하지 않아도 된다.
하여간, 어떻든, 어찌하든, 어쨌든 등	

7) 앞의 내용을 간추려 다시 한 번 말할 때 쓰이는 접속사

말하자면	그 사람이 생각이 나고, 웃음이 난다. 말하자면 나는 사랑에 빠진 것이라고 할 수 있다.
바꾸어 말하면	작은 것이라도 감사하게 생각해야 한다. 바꾸어 말하면 겸손해야 한다는 뜻이다.
즉	웃으면 복이 온다. 즉 긍정적으로 생각하면 기쁨이 온다.
요컨대, 곧 등	

| 연습문제 |

[01~10] 다음 (　　　　)안에 가장 알맞은 것을 고르시오.

01 그는 자리에서 일어났다. (　　　　) 창문을 열었다.

① 한편　　② 그렇지만
③ 그리고　　④ 예컨대

02 따뜻한 봄이 되었다. (　　　　) 날씨는 여전히 추웠다.

① 그러나　　② 즉
③ 어찌됐든　　④ 또

03 나는 보라색을 좋아해. (　　　　) 내 남자친구는 보라색을 싫어해.

① 이를테면　　② 하지만
③ 어쨌든　　④ 요컨대

04 아 그렇군요. (　　　　) 왜 그때는 말씀을 안 하셨습니까?

① 그런데　　② 특히
③ 이와 함께　　④ 설령

05 그는 학생들이 이해하기 쉽도록 구체적인 (　　　　) 설명하였다.

① 다만　　② 어찌하든
③ 예를 들어　　④ 및

06

그 사람이 생각이 나고, 웃음이 난다. (　　　　) 사랑에 빠진 것이라고 할 수 있다.

① 비교하건대　　② 말하자면
③ 혹　　④ 반대로

07

그 음식이 얼마나 매울지 모르겠지만 (　　　　) 맛있어 보인다.

① 그럼에도　　② 곧
③ 또는　　④ 하여튼

08

갑자기 비가 많이 내렸다. (　　　　) 우리는 야구 경기를 취소하기로 했다.

① 하여간　　② 그렇더라도
③ 예를 들면　　④ 그리하여

09

종이를 자를 때는 가위를 사용한다. (　　　　) 칼을 사용해도 된다.

① 더구나　　② 혹은
③ 그러나　　④ 한편

10

지금까지 역사에 대한 설명이었습니다. (　　　　) 경제에 대한 이야기를 시작하겠습니다.

① 다음으로　　② 말하자면
③ 하여간　　④ 그런데

| 정답 | 01 ③ 02 ① 03 ② 04 ① 05 ③ 06 ② 07 ④ 08 ④ 09 ② 10 ①

Chapter 03

문법

01 수사

숫자	1	2	3	4	5	6	7	8	9
읽기	일	이	삼	사	오	육	칠	팔	구
	하나	둘	셋	넷	다섯	여섯	일곱	여덟	아홉
	첫째 (첫번째)	둘째 (두번째)	셋째 (셋번째)	넷째 (네번째)	다섯째 (다섯번째)	여섯째 (여섯번째)	일곱째 (일곱번째)	여덟째 (여덟번째)	아홉째 (아홉번째)

숫자	10	20	30	40	50	60	70	80	90
읽기	십	이십	삼십	사십	오십	육십	칠십	팔십	구십
	열	스물	서른	마흔	쉰	예순	일흔	여든	아흔
	열번째	스무번째	서른번째	마흔번째	쉰번째	예순번째	일흔번째	여든번째	아흔번째

숫자	100	1000	10000
읽기	백	천	만
	백번째	천번째	만번째

02 조사

1) 주어가 되게 만들어 주는 조사

• 이(받침이 있는 단어 뒤) • 가(받침이 없는 단어 뒤)	• 하늘에서 눈이 내린다. • 바다가 넓고 푸르다.
에서	서울에서 출발한다.
께서	할머니께서 만들어 주셨다.

2) 관형어가 되게 하는 조사

의	봄의 소식을 알려준다.

3) 목적격이 되게 하는 조사

• ~ 을(받침이 있는 단어 뒤) • ~ 를(받침이 없는 단어 뒤)	• 수박을 잘라 보자. • 우유를 마시면 키가 큰다.

4) 서술어가 되게 만들어 주는 조사

이다	나는 학생이다.

5) 부사어가 되게 하는 조사

에	컵에 그림이 그려져 있다.
에서	집에서 책을 읽었다.
• ~ 와(받침이 있는 단어 뒤) • ~ 과(받침이 없는 단어 뒤)	• 친구와 커피를 마셨다. • 책상과 의자를 샀다.

6) 보어가 되게 하는 조사

• ~ 이(받침이 있는 단어 뒤) • ~ 가(받침이 없는 단어 뒤)	• 사랑이 넘쳐난다. • 오늘 하루가 행복하다.

7) 단어에 특별한 의미를 더해주거나 가지고 있는 의미를 강조해줄 때 쓰이는 조사

• ~ 은(받침이 있는 단어 뒤) • ~ 는(받침이 없는 단어 뒤)	• 꽃은 예쁘다. • 나무는 멋있다.

8) 연속되는 두 가지 단어를 이어주는 조사

• ~ 와(받침이 없는 단어 뒤) • ~ 과(받침이 있는 단어 뒤)	• 소라와 조개가 있다. • 연필과 지우개가 있다.

9) 특별한 의미를 더해주는 조사(보조사)

부터	어떤 일이나 상태 따위에 관련된 범위의 시작임을 나타내는 보조사	입구부터 청소해야 한다.
밖에	'그것 말고는', '그것 이외에는' 뜻을 나타내는 보조사	지금은 젓가락밖에 없다.
은커녕	앞말을 지정하여 어떤 사실을 부정하는 뜻을 강조하는 보조사	구름은커녕 바람도 불지 않는다.
뿐	'그것만이고 더는 없음' 또는 '오직 그렇게 하거나 그러하다는 것'을 나타내는 보조사	울릉도에 갈 수 있는 방법은 이것뿐이다.
마다	'낱낱이 모두'의 뜻을 나타내는 보조사	지하철역마다 편의점이 있다.
까지	어떤 일이나 상태 따위에 관련되는 범위의 끝임을 나타내는 보조사	마지막까지 힘을 내야 한다.
대로	어떤 모양이나 상태와 같이	적혀있는 대로 하면 완성할 수 있다.
나/이나	최소한 허용되어야 할 선택이라는 뜻을 나타내는 보조사	신분증이나 운전면허증이 있어야 한다.
(이)야말로	강조하여 확인하는 뜻을 나타내는 보조사	고구마야말로 다이어트에 좋은 음식이다.

| 연습문제 |

[01~10] 다음 (   )안에 가장 알맞은 것을 고르시오.

01 운동을 많이 했더니 (   ) 쑤시고 아프다.

① 다리를
② 다리가
③ 다리에서
④ 다리밖에

02 호박떡을 주문했는데 (   ) 출발한다고 연락이 왔다.

① 울릉도가
② 울릉도까지
③ 울릉도와
④ 울릉도에서

03 (   ) 재료는 된장, 호박, 양파, 파 등이 있다.

① 된장찌개의
② 된장이
③ 된장은
④ 된장이나

04 설날이 되면 가족들이 모여 (   )을 먹는다.

① 떡국과
② 떡국께서
③ 떡국을
④ 떡국뿐

05 (   ) 가방을 놓고 와서 다시 가서 가져왔다.

① 집을
② 집은
③ 집부터
④ 집에

06 ( ) 우리나라에서 가장 빠른 기차이다.

① KTX는
② KTX와
③ KTX까지
④ KTX이

07 ( ) 된장은 우리나라의 대표적인 양념이다.

① 고추장과
② 고추장이
③ 고추장부터
④ 고추장께서

08 나는 한국의 문화를 ( ) 좋아하기 시작했다.

① 어렸는
② 어렸을 뿐
③ 어렸을 때부터
④ 어렸기는커녕

09 ( ) 다이어트에 좋은 음식이다.

① 고구마에서
② 고구마야말로
③ 고구마와
④ 고구마의

10 요리책에 ( ) 소금과 고춧가루를 이용하여 음식을 만들었다.

① 적혀 있을
② 적혀 있을 뿐
③ 적혀 있는 대로
④ 적혀 있어서

| 정답 | 01 ② 02 ④ 03 ① 04 ③ 05 ④ 06 ① 07 ① 08 ③ 09 ② 10 ③

03 어미

(1) 연결어미

– 느라고	앞의 내용이 뒤의 내용에 목적이나 원인이 됨을 나타내는 연결 어미.	• 아침 밥을 먹느라고 전화를 못 받았다. • 신발을 신느라고 앞을 못 봤다.
– ㄴ대도	앞의 상황에 상관없이 뒤의 동작이나 상황이 일어남을 나타내는 연결 어미. '-는다고 하여도'가 줄어든 말.	• 일이 힘든대도 항상 웃고 있다. • 손을 씻었는대도 흙이 묻어있다.
– 더라도	가정이나 양보의 뜻을 나타내는 연결 어미.	• 노래를 알더라도 잘 들어봐야 한다. • 정리를 했더라도 다시 한번 살펴봐야 한다.
– 더라면	과거의 사실을 실제와 다르게 가정해 보는 뜻을 나타내는 연결 어미.	• 여행을 갔더라면 즐거운 시간이 됐을 텐데 • 소금을 넣었더라면 더 맛있었을 텐데
– 든지	나열된 동작이나 상태, 대상들 중에서 어느 것이든 선택될 수 있음을 나타내는 연결 어미.	• 커피를 마시든지 주스를 마시든지 • 서울을 가든지 경주를 가든지
– ㄹ수록	앞 내용의 어떤 정도가 더하여 가는 것이, 뒷말의 어떤 정도가 더하거나 덜하게 되는 조건이 됨을 나타내는 연결 어미.	• 재미가 있을수록 웃음소리가 커진다. • 돌이 많을수록 무거워진다.
– ㄹ 텐데	앞 내용에 대한 강한 확신을 가지고 추측하며 이어서 말할 때 사용하는 어미.	• 칼이 위험할 텐데 조심하세요 • 버스가 오고 있을 텐데 빨리 가세요.
– (으)려면	'어떤 일이 사실로 실현되기 위해서'라는 의미.	• 섬에 가려면 배를 타야 한다. • 김치를 담그려면 배추가 있어야 한다.
– 자마자	앞 내용이 이루어지자 바로 다음 말의 사건이나 동작이 일어남을 나타내는 연결 어미.	• 우유를 마시자마자 배가 아팠다. • 꽃을 사자마자 기분이 좋아졌다.
– 는다면	어떠한 사실을 가정할 때 쓰는 연결 어미.	• 책을 많이 읽는다면 지혜로워질 것이다. • 나무를 많이 심는다면 공기가 맑아질 것이다.
– 는 동안	어떠한 상태가 지속되는 시간을 나타낼 때 쓰는 표현.	• 바다를 보는 동안 마음이 편안해졌다. • 비가 오는 동안 차를 마셨다.
– ㄴ데다	앞 내용과 연관되어 뒤의 내용과 이어질 때 쓰는 연결 어미.	• 장미꽃은 예쁜데다 향기도 난다. • 우유는 고소한데다 영양가도 높다.

– ㄹ까 봐	앞말의 뜻하는 상태가 될까 봐 걱정할 때 사용하는 연결 어미.	• 길을 가다가 넘어질까 봐 걱정했다. • 종이를 잃어버릴까 봐 가방에 넣었다.
– 고 보니	앞말이 의미하는 상황에서 새로운 사실을 깨닫거나 어떤 상태로 될 때 사용하는 연결 어미.	• 운동을 하고 보니 더 날씬해졌어요. • 수박을 썰고 보니 세모 모양이 되었어요.
– ㄴ다니까	앞서 말한 내용을 다시 확인하여 말할 때 쓰는 연결 어미.	• 나 대신에 운전을 한다니까 고마웠다. • 친구가 운다니까 달려가 위로해주었다.
– 다 보면	어떠한 행동을 하면서 새로운 사실을 알게 되거나 상태가 될 때 사용하는 연결 어미.	• 일을 하다 보면 힘들 때도 있을 거다. • 책을 읽다 보면 위로가 될 때도 있다.
– ㄹ 테니	어떤 일을 추측하면서 그것이 뒤 절에 대한 근거나 원인이 됨을 나타내는 연결 어미.	• 내일을 해가 뜰 테니 걱정하지 마요. • 약을 줄 테니 먹고 빨리 나아요.
– ㄹ 텐데	그럴 것 같다는 추측이나 아쉬움을 나타내는 연결 어미.	• 배고플 텐데 이것 좀 먹어요. • 힘들었을 텐데 집에서 푹 쉬어요.
– ㄹ 뿐만 아니라	앞 말의 내용에 더하여 뒷말의 내용이 일어날 때 사용하는 연결 어미.	• 김치는 맛있을 뿐만 아니라 몸에도 좋다. • 바다는 아름다울 뿐만 아니라 신비롭다.

(2) 종결어미

– 기는요	상대방의 말을 부인할 때 사용하는 말로 뒤에는 반대되는 말이 오기도 한다.	• 열심히 하기는요. 아직 부족합니다. • 잘 하기는요. 실수가 많은걸요.
– ㄴ다면서?	들은 내용을 다시 확인하며 물을 때 사용한다.	• 다음 주에 시험 친다면서? • 사과를 좋아한다면서?
– ㄴ대요	다른 곳에서 들은 내용을 전할 때 사용한다.	• 공원에 꽃이 많이 폈대요. • 바닷가에 파도가 많이 친대요.
– ㄴ지 모르다	'매우 그렇다'라는 뜻을 나타낼 때 사용한다.	• 합격해서 얼마나 좋은지 몰라요. • 도서관이 얼마나 조용한지 모르지?
– 더라고요	직접 경험한 사실이나 느낌을 말할 때 사용한다.	• 산에 오르니 기분이 상쾌하더라고요. • 봉사를 하니 마음이 뿌듯하더라고요.
– ㄹ 뻔하다	앞말이 뜻하는 상황이 일어나지 않았지만 일어날 가능성이 높았을 때 사용한다.	• 물을 쏟을 뻔했다. • 음식을 태울 뻔했다.

– ㄹ래요	앞으로 할 일에 대하여 자신의 의사를 드러낼 때 사용한다.	• 내가 직접 운전할래요. • 운동을 해서 날씬해질래요.
– 잖아요	당연히 그러함을 나타낼 때 사용한다.	• 우리는 할 수 있잖아요. • 제주도로 여행 가기로 했잖아요.
– ㄹ 걸 그랬다	후회나 아쉬움을 나타낼 때 사용한다.	• 좋아한다고 말할 걸 그랬다. • 천천히 걸어갈 걸 그랬다.
– ㄴ가요? – 나요?	의견이나 사실에 대해 물어볼 때 사용한다.	• 사탕을 먹어도 되는 건가요? • 이렇게 하면 되나요?
– 다면서요	들었던 내용을 확인할 때 사용한다.	• 놀이공원에 놀러 간다면서요. • 학교에 다닌다면서요.
– (어)지다	앞에서 하는 말의 현상이나 상태가 이루어질 때 사용한다.	• 나의 꿈이 이루어졌어요. • 연못에 물고기가 많아졌어요.
– ㄴ지(도) 모르다	어떤 일이 일어날 것을 추측할 때 사용한다.	• 점심에 택배가 올지도 몰라요. • 학교에서 전화가 올지도 몰라요.
– 으려던 참이다	어떤 일을 하려는 경우나 할 생각을 나타낼 때 사용한다.	• 시장에 가려던 참이예요. • 설거지하려던 참이예요.

| 연습문제 |

[01~10] 다음 (　　　　)안에 가장 알맞은 것을 고르시오.

01

가: 마크 씨, 뭐하고 계셨어요?
나: 나는 버스를 (　　　　) 길가에 서 있었어요.

① 기다리고 보니　② 기다리든지
③ 기다릴까 봐　④ 기다리느라고

02

가: 조금만 더 (　　　　) 성공했을 텐데 아쉽다.
나: 괜찮아. 다음에 더 잘하면 되니 아쉬워하지마.

① 노력한다니까　② 노력했더라면
③ 노력했을 텐데　④ 노력할 테니

03

가: 어떻게 하면 지혜로운 사람이 될까?
나: 책을 많이 (　　　　) 지식이 많이 쌓여 지혜로워진다.

① 읽은데다　② 읽을 뿐만 아니라
③ 읽든지　④ 읽을수록

04

가: 갑자기 비가 오는데 혹시 우산이 있니?
나: 예전에 쓰던 파란 우산이 어딘가 (　　　　) 못 찾겠다.

① 있더라도　② 있을 텐데
③ 있는데도　④ 있다 보면

05

가: 프엉씨는 퇴근하고 집에 가면 무엇을 하시나요?
나: 저는 집에 (　　　　) 강아지들에게 밥을 주어요.

① 가자마자　② 가든지
③ 갈 텐데　④ 가는 동안

06

가: 이토씨, 한국어를 어떻게 잘 하게 됐나요?
나: 한국에서 유학 생활을 (   ) 자연스럽게 배웠어요.

① 하는 동안 ② 하는데다
③ 할까 봐 ④ 하는데도

07

가: 오늘 회의 시간이 몇시지?
나: 오후 3시야. 늦지 (   ) 서둘러서 준비해야 해.

① 않을 텐데 ② 않고 보니
③ 않으려면 ④ 않을 뿐만 아니라

08

가: 다음 주 주말에 하고 싶은 것이 있어요?
나: 다음 주에 가족들과 낚시를 (   ) 즐거운 시간이 될 것 같아요.

① 간다니까 ② 간다면
③ 갈수록 ④ 가려면

09

가: 지나가는 오토바이를 보다가 버스를 (   ).
나: 큰일날 뻔했네요. 버스를 놓치지 않아서 다행이에요.

① 놓치잖아요 ② 놓치기는요
③ 놓칠 뻔했어요 ④ 놓칠 걸 그랬어요

10

가:이번 시간에는 누가 발표해 볼까요?
나:오늘은 자신감이 생겨서 제가 발표해 (   ).

① 본다면서요 ② 본다면서요?
③ 본다더라고요 ④ 볼래요

| 📖 정답 | 01 ④ 02 ② 03 ④ 04 ② 05 ① 06 ① 07 ③ 08 ② 09 ③ 10 ④

04 기타 문법

(1) 사동사

문장의 주체가 자기 스스로 행하지 않고 남에게 그 행동이나 동작을 하게 함을 나타내는 동사

–이–	환자에게 죽을 먹이다.
–히–	방에 불을 켜서 밝히다.
–리–	전화벨 소리가 크게 울리다.
–기–	자동차를 다른 자리로 옮기다.

(2) 피동사

다른 사람의 행동으로 인해 행해지는 동작을 나타내는 동사

보이다	밤 하늘에 보름달이 보였다.
물리다	개미에게 손가락을 물렸다.
잡히다	쥐가 고양이에게 잡혔다.
안기다	아기가 엄마품에 안기다.

05 기타 표현

(1) 연결표현

–는 동안	어느 한때에서 다른 한때까지 시간의 길이를 나타내는 표현	• 운동을 하는 동안 땀이 많이 났다. • 버스를 타고 오는 동안 책을 읽었다.
–기 위해서	앞말의 내용을 이루려고 할 때 쓰는 표현	• 주스를 만들기 위해서 과일이 있어야 해요. • 산에 오르기 위해서 운동화를 신어야 해요.
–(으)ㄹ 겸	두 가지 이상의 동작이나 행위를 하려 할 때 쓰는 표현	• 걸으면서 운동도 할 겸 산책을 해요. • 역사 공부도 할 겸 경주에 여행가요.
–(으)ㄹ 테니까	어떤 일을 하고자 하는 의지를 나타내면서 그것이 뒤 절에 대한 근거나 원인이 됨을 나타낼 때 쓰는 표현	• 내일 더울 테니까 모자를 준비해요. • 송편을 만들 테니까 꼭 놀러 와요.
(으)ㄹ까 봐	앞말에 대한 걱정스러운 추측을 나타낼 때 쓰는 표현	• 배가 고플까 봐 떡을 준비했어요. • 비가 올까 봐 우산을 가져왔어요.

–는 바람에	부정적인 결과의 원인을 나타낼 때 쓰는 표현	• 넘어지는 바람에 무릎을 다쳤어요. • 아이스크림을 많이 먹는 바람에 감기에 걸렸어요.
–/는 김에	앞말에 덧붙여 뒤의 말을 할 때 쓰는 표현	• 분리수거 하는 김에 청소도 같이 해요. • 신발을 사는 김에 양말도 같이 사요.

(2) 종결표현

–라고 하다	명령을 전달할 때 쓰는 표현	• 선생님이 외워라고 했다. • 외국인등록증을 가져오라고 했다.
–줄 몰랐다 / –줄 알았다	예상하지 못했거나 예상했음을 나타낼 때 쓰는 표현	• 벌레가 있을 줄 몰랐다. • 가방에 물이 있는 줄 알았다.
–(으)려던 참이다	어떠한 행동을 하려던 순간을 나타낼 때 쓰는 표현	• 방금 집을 나서려던 참이다. • 강아지를 데리러 가려던 참이다.
–뻔하다	어떠한 상황이 일어날 가능성이 높았음을 나타낼 때 쓰는 표현	• 놀라서 넘어질 뻔했다. • 종이가 찢어질 뻔했다.
–있다	어떠한 상태가 지속되고 있음을 나타낼 때 쓰는 표현	• 공원에 큰 나무가 있다. • 백화점에 화장실이 있다.
–다고 하다	다른 사람에게 들은 내용을 전달할 때 쓰는 표현	• 여름에 비가 많이 온다고 한다. • 아침 운동을 하는 사람이 많다고 한다.
–걸 그랬다	지난 행동을 후회할 때 쓰는 표현	• 밥을 많이 먹어둘 걸 그랬다. • 사랑한다고 말할 걸 그랬다.
–수밖에 없다	어떠한 일 외에 다른 방법이 없을 때 쓰는 표현	• 고양이를 귀여워할 수밖에 없다. • 아플 때는 약을 먹는 수밖에 없다.
–(으)ㄹ지도 모르다	어떠한 일이 일어날 것을 추측할 때 쓰는 표현	• 택배가 도착했을지도 모른다. • 버스가 지나갔을지도 모른다.
–가 보다	추측할 때 쓰는 표현	• 귤이 아니라 오렌지인가 보다. • 오늘이 아니라 내일인가 보다.
–곤 하다	반복적으로 일어날 때 쓰는 표현	• 오후에는 커피를 마시곤 한다. • 주말에는 친구와 게임을 하곤 한다.

| 연습문제 |

[01~10] 다음 (   )안에 가장 알맞은 것을 고르시오.

01 나무에 물을 (   )친구가 집에 도착했다.

① 주는 동안
② 줄까 봐
③ 주는 바람에
④ 줄 테니까

02 내가 원하는 대학에 (   ) 공부를 열심히 해야 한다.

① 합격할까 봐
② 합격할 겸
③ 합격하기 위해서는
④ 합격하는 김에

03 이사할 때 많이 (   ) 가서 도와줘야겠다.

① 바쁜 바람에
② 바쁠 테니까
③ 바쁘기 위해서
④ 바쁠 겸

04 버스가 빨리 (   ) 아침에 지각을 했다.

① 지나가기 위해서는
② 지나갈까 봐
③ 지나가는 김에
④ 지나가는 바람에

05 그녀가 좋아하는 역사 책을 읽어서 시간 (   ).

① 갈 뻔 했다
② 가려던 참이다
③ 가라고 했다
④ 가는 줄 몰랐다

06 이렇게 배가 아플 줄 알았다면 조금만 (   ).

① 먹었다고 한다
② 먹었다
③ 먹을 걸 그랬다
④ 먹었을지도 모른다

07 그는 새로운 직원이라 일이 (   ).

① 느릴 수밖에 없다
② 느릴 뻔하다
③ 누릴려던 참이다
④ 느릴 걸 그랬다

08 냉장고에서 소리가 나는 것을 보니 고장이 (   ).

① 날 걸 그랬다
② 났는가 보다
③ 나려던 참이다
④ 날 줄 몰랐다

09 매달 월급날이 되면 다같이 모여 식사를 (   ).

① 할 뻔했다
② 하곤 한다
③ 할지도 모른다
④ 하곤 하다

10 어두운 밤에 불을 켜지 않고 걸어가다가 (   ).

① 넘어질 뻔했다
② 넘어지려던 참이다
③ 넘어진다고 한다
④ 넘어질 걸 그랬다

정답 | 01 ① 02 ③ 03 ② 04 ④ 05 ④ 06 ③ 07 ① 08 ② 09 ② 10 ①

06 띄어쓰기

1) 단어는 띄어 쓰되 조사(은/는, 이/가 등)는 붙여 쓴다.

아빠는노래를가수처럼부른다.	아빠는 노래를 가수처럼 부른다.
코알라가나무에서잠을잔다.	코알라가 나무에서 잠을 잔다.
공은모양이동그랗다.	공은 모양이 동그랗다.

2) 의미가 합쳐진 말은 붙여 쓴다.

매운김치를맛있게먹었다.	매운김치를 맛있게 먹었다.
예쁜꽃이활짝폈다.	예쁜꽃이 활짝 폈다.
회색구름이몰려왔다.	회색구름이 몰려 왔다.

Chapter 04

원고지 작성법

01 원고지 작성법

❶	우	리	나	라	의		정	식		국	명	은		❷ 대	한	민	국	으	❽ 로
영	어	로		❸ R	❹ ep	ub	li	c		of		K	or	ea	이	며	❺ ,	인	구
는	❹ 51	84	만	명	이	다	.		한	국	의		문	자	는		한	글	로
❸ 1	개	이	며	,	세	종	대	왕	이		훈	민	정	음	으	로		창	제
하	여		반	포	한		우	리	나	라		고	유	의		문	자	이	다
❻ !		한	글	의		특	징	으	로	는									
❼	첫	째	,	반	포	일	을		알	고		있	는		문	자	이	다	.
	❸ Ⅱ	,	유	네	스	코	에		등	재	되	었	다	.					

① 원고지 첫 번째 줄부터 쓰며, 첫 번째 칸을 띄우고 쓴다.

② 한글은 한 칸에 1자씩 쓴다.

③ 대문자 알파벳, 로마 문자, 1개의 숫자는 한 칸에 1자씩 쓴다.

④ 2자 이상의 숫자, 소문자 알파벳는 한 칸에 2자씩 쓴다.

⑤ 점(.)과 반점(,)은 한 칸에 1개씩 쓰며 다음 칸을 비우지 않는다.

⑥ 물음표(?)와 느낌표(!) 등 문장 부호는 한 칸에 1개씩 쓰며 다음 칸을 비우고 쓴다.

⑦ 첫째, 둘째를 쓸 때에는 첫 번째 칸을 띄우고 쓴다.

⑧ 각 문장은 첫 번째 칸을 띄우고 쓰며, 문장이 이어질 때는 첫 칸을 비우지 않고 이어서 쓴다.

| 연습문제 |

Q. 다음 내용을 포함하여 '내가 좋아하는 가수'라는 제목으로 글을 쓰시오.

※ 작문 시험 시간은 10분이며, 답안지에는 제목을 쓰지 말고 본문만 쓰시오.

- ○○씨는 좋아하는 가수가 있습니까?
- 그 가수를 좋아하는 이유는 무엇입니까?
- 그 가수를 통해 느낀점은 무엇입니까?

❶	내	가		가	장		좋	아	하	는		가	수	는		A	B	C	이
다	.❷	그		이	유	는		많	은		사	람	들	에	게		아	름	다
운		음	악	을		들	려	주	어		마	음	을		즐	겁	게		하
기		때	문	이	다	.	그	리	고		노	래	를		잘		부	르	며
,	춤	을		잘		춰	서		멋	진		작	품	을		보	는		것
같	다	.❸	그		그	룹	이		20	22	년	에		발	표	한		‘	ch
ee	r		up	’	라	는		노	래	로		많	은		사	람	들	이	
행	복	했	는	데		나	도		그	들	처	럼		선	한		영	향	력
을		전	파	하	는		사	람	이		되	고		싶	다	.			

답 내가 가장 좋아하는 가수는 ABC이다. 그 이유는 많은 사람들에게 아름다운 음악을 들려주어 마음을 즐겁게 하기 때문이다. 그리고 노래를 잘 부르며, 춤을 잘 춰서 멋진 작품을 보는 것 같다. 그 그룹이 2022년에 발표한 'cheer up'라는 노래로 많은 사람들이 행복했는데 나도 그들처럼 선한 영향력을 전파하는 사람이 되고 싶다.

해 ❶ ○○씨는 좋아하는 가수가 있습니까?
❷ 그 가수를 좋아하는 이유는 무엇입니까?
❸ 그 가수를 통해 느낀점은 무엇입니까?

Ⅱ 사회통합프로그램 종합평가 Ⅱ

한국사회의 이해

/ 제2장 /

Chapter 01

사회

01 한국의 상징

(1) 국가 이름

• 정식 국명(국호)은 대한민국(大韓民国, The Republic of Korea)이다.

(2) 국기 : 태극기

1) 태극기의 흰색 바탕은 밝음과 순수 그리고 평화를 사랑하는 우리 민족성을 나타내며 중앙에 있는 빨강과 파랑의 태극문양은 전통적으로 한민족을 나타낸다. 모서리에 '건곤감이'라 하는 검은색 4괘는 하늘, 땅, 물, 불을 나타낸다.

2) 국기 게양은 국경일이나 국가기념일에 태극기를 집 문 앞이나 창가에 다는 것이 일반적이다.

• 국기는 5대 국경일[3 · 1절(3월 1일), 제헌절(7월 17일), 광복절(8월 15일), 개천절(10월 3일), 한글날(10월 9일)], 국군의 날 및 정부가 지정하는 날에 게양한다.

• 조의를 표하는 조기 게양일은 현충일, 국장 기간, 국민장일 및 정부 지정일에는 깃면의 너비(세로)만큼 내려 게양한다.

3) 국민의례는 국가나 공공단체의 회의나 행사에서 제일 먼저 행하는 것으로 국기에 대한 경례(국기에 대한 맹세포함), 애국가 제창, 순국선열 및 호국영령에 대한 묵념 순으로 진행된다.

4) 국기에 대한 경례는 국기를 향하여 오른손을 펴서 왼쪽 가슴에 대고 애국가가 나오는 동안 태극기를 바라본다.

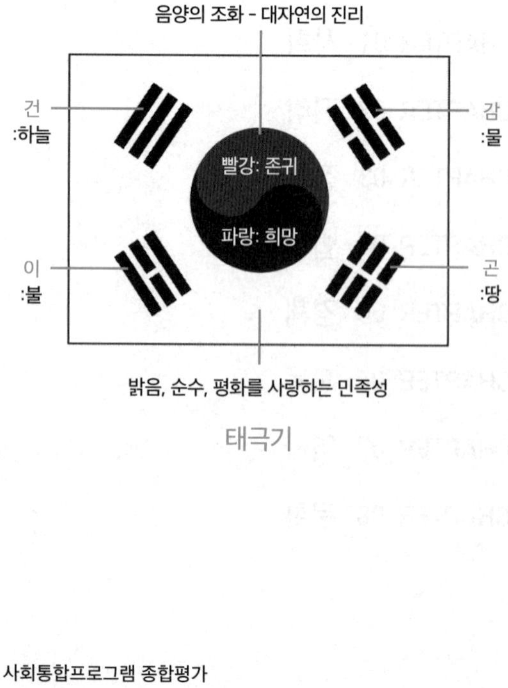

태극기

국기 다는 법

| 국기에 대한 맹세문 |

나는 자랑스러운 태극기 앞에 자유롭고 정의로운 대한민국의 무궁한 영광을 위하여 충성을 다할 것을 굳게 다짐합니다.

(3) 국가 : 애국가

- 안익태에 의해 작곡되었고, 4절로 이루어져 있으며 후렴구가 있다.
- 나라를 사랑하는 노래라는 뜻을 가지고 있으며, 1948년 8월 15일 정부 수립과 함께 대한민국 국가로 불리게 되었다.

애국가

(4) 국화 : 무궁화

- 대한민국을 상징하는 나라의 꽃으로 '영원히 피고 또 피어서지지 않는 꽃'이라는 뜻을 지니고 있다.
- 국기의 깃봉은 무궁화 꽃봉우리 모양으로 조각되어 있고, 국장(나라를 상징하는 공식적인 표장) 등 정부와 국가기관을 상징하는 많은 곳에 무궁화 문양이 사용되고 있다.

무궁화

(5) 문자 : 한글

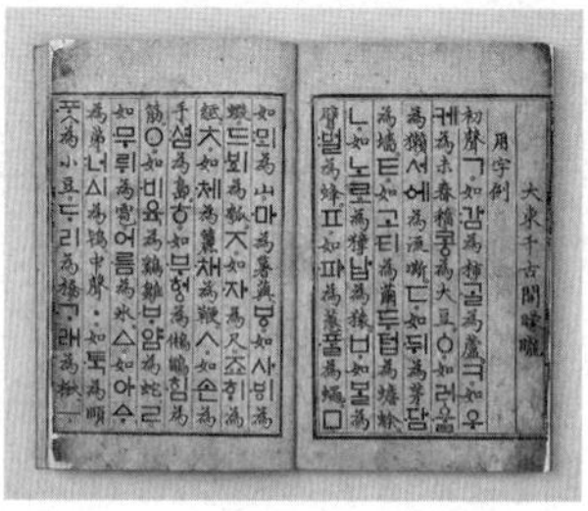

훈민정음

- 한글은 조선 전기 세종대왕이 집현전 학자들과 함께 훈민정음이라는 이름으로 창제하여 반포한 우리나라 고유의 문자이다.
  - * 훈민정음은 '백성을 가르치는 바른 소리'라는 뜻을 가지고 있다.
- 한글은 자음(14개)와 모음(10개)로 이루어져 한 글자를 이룬다.
- 독창적이고 창제 원리와 발음 방법 등으로 유네스코에서 최고의 평가를 받았다.
- 동티모르와 인도네시아에 '찌아찌아족'이라는 소수민족은 한글을 모국어로 사용하고 있다.

(6) 국경일

3·1절 (3월 1일)	일본의 지배에 저항하고, 독립선언서를 발표하여 한국의 독립 의사를 세계에 알린 날을 기념하는 국경일이다.
제헌절 (7월 17일)	대한민국 헌법 공포를 기념하는 국경일이다.
광복절 (8월 15일)	일본으로부터 해방된 것을 기념하고, 대한민국 정부 수립을 축하하는 국경일이다.
개천절 (10월 3일)	단군이 최초의 국가인 고조선을 건국한 것을 기념하는 국경일이다.
한글날 (10월 9일)	세종대왕이 한글을 만든 것을 기념하고, 한글의 우수성을 기리기 위한 국경일이다.

3·1절

제헌절

광복절

한글날

(7) 기념일

식목일 (4월 5일)	나무를 많이 심고, 아껴 가꾸도록 권장하기 위해 제정된 날이다.
어린이날 (5월 5일)	어린이들이 바르고 아름답게 자라나도록 하기 위한 마음으로 제정한 날로 방정환이 만들었다.
어버이날 (5월 8일)	어버이 은혜에 감사하며 부모님의 가슴에 카네이션을 달아드리는 날이다.
스승의 날 (5월 15일)	스승의 은혜에 감사하는 마음을 가지도록 지정한 날이다.
현충일 (6월 6일)	나라를 위해 목숨을 바친 순국선열의 명복을 빌고, 추모하기 위해 제정된 날이다.
국군의 날 (10월 1일)	우리나라 군대의 창설과 발전을 기념하여 정한 날이다.
근로자의 날 (5월 1일)	근로자의 노고를 위로하고 사기를 북돋아 주기 위하여 정한 날이다.

식목일

어린이날

어버이날

국군의 날

02 한국의 문화

(1) 가족 문화

1) 한국 가족 문화의 특징

① **전통적인 한국 가족의 형태**: 부부와 그들의 미혼자녀 이외에 더 넓은 범위의 친족원을 포함하여 구성되는 대가족이 많았으며, 주로 장남이 부모를 모시고 사는 형태가 많았다.

② **오늘날 한국 가족의 형태**: 부부와 미혼 자녀로 구성되는 가족의 형태인 가족인 핵가족이 많으며 1인 가구, 다문화 가족, 한부모 가족, 자녀 없는 부부로 구성된 가족이 늘고 있다.

* **저출산 고령화 현상**: 태어나는 아이의 수는 줄고, 노인 인구는 늘어나는 현상을 말한다.

2) 가족관계 호칭 및 촌수

* **부부**: 부부간에는 '여보', '당신' 등으로 부르며 촌수는 무촌다.

① **시가호칭**: 아내가 남편의 가족을 부르는 호칭

남편의 아버지	아버님	남편의 어머니	어머님
남편의 형	아주버님	남편의 누나	형님
남편의 남동생	미혼 - 도련님 기혼 - 서방님	남편의 여동생	아가씨

아내가 부르는 가족 호칭법(남편의 가계도)

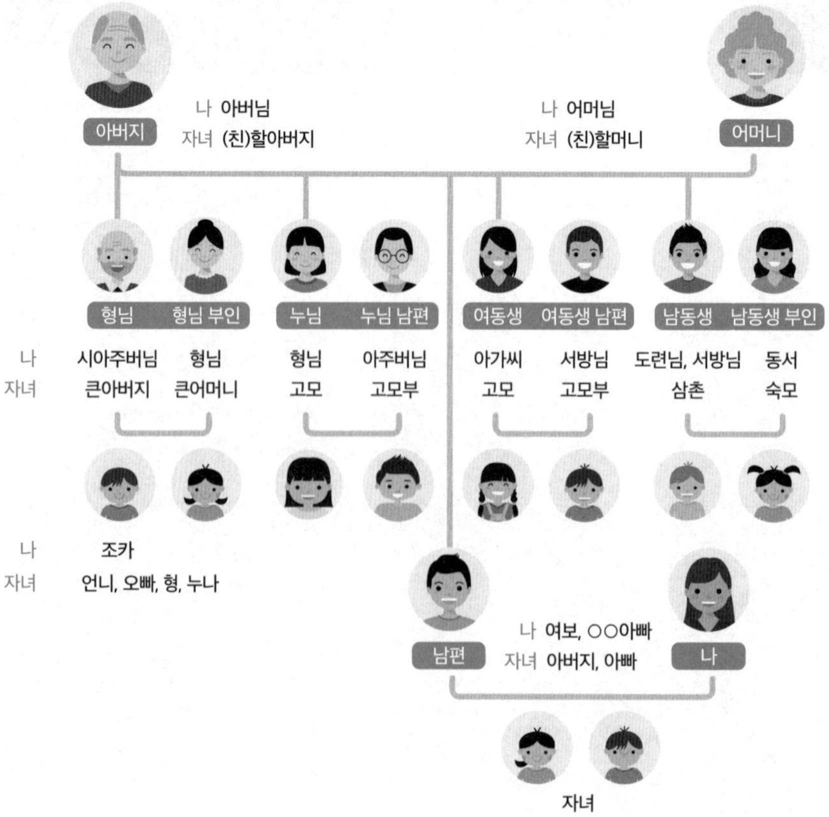

② **처가호칭**: 남편이 아내의 가족을 부르는 호칭

아내의 아버지	장인어른	아내의 어머니	장모님
아내의 오빠	형님	아내의 언니	처형
아내의 남동생	처남	아내의 여동생	처제

남편이 부르는 가족 호칭법(아내의 가계도)

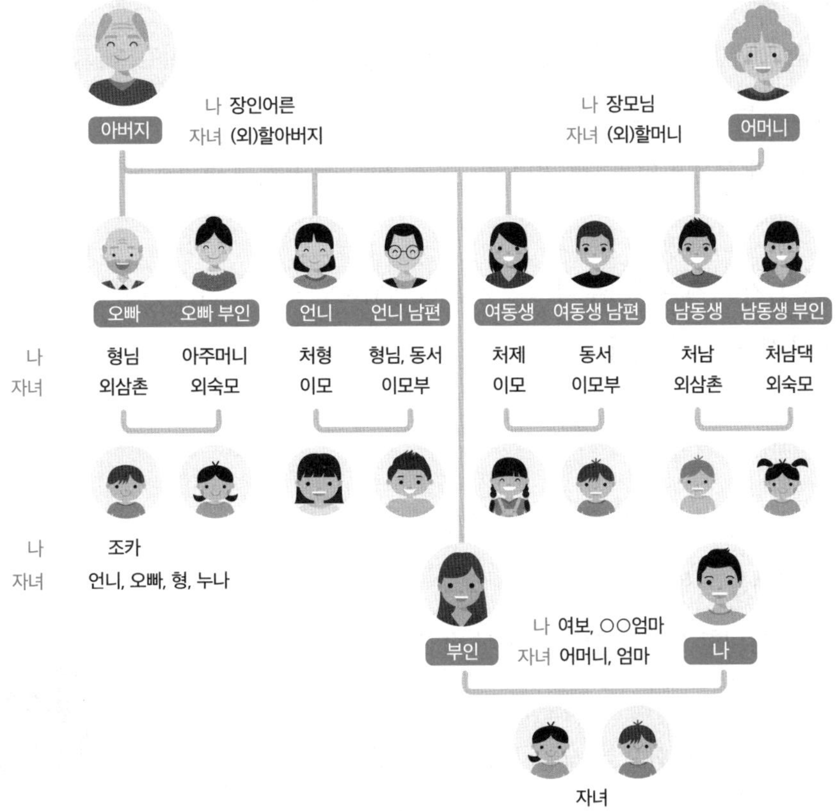

③ 촌수관계

- **1촌**: 부모와 자녀 간의 관계이다.
- **2촌**: 형제자매 간의 관계이다.
- **사촌**: 나의 자녀와 남편 형제자매 자녀와의 관계 또는 나의 형제자매 자녀와의 관계이다.

(2) 한국의 직장

1) 취업

① 보통 20대에 취직하며 60세 전후로 직장에서 퇴직이나 은퇴를 한다.

② 많은 사람들이 보다 안정적인 공무원을 선호하나 직원복지와 급여가 높은 대기업도 인기가 많다.

③ 여성의 사회진출이 활발해져 맞벌이 부부가 증가하고 있으나 출산과 양육의 문제로 직장을 그만 두는 경우도 많다.

- **이력서**: 취업을 하기 위해 자신의 학력, 경력 등의 정보를 작성하여 회사, 구인기관 등에 제출하는 문서이다.
- **구인**: 일을 할 사람을 구한다는 뜻이다.
- **구직**: 일(직장)을 찾는다는 뜻이다.
- **근로계약서**: 일을 하고 회사로부터 그 대가를 지급받기로 약정하고 작성하는 근로계약 문서에 고용계약기간, 노동의 대가로 받는 임금(일용직은 일당 및 시급)의 금액 및 받는 시기, 노동시간, 해고 사유 등이 나와 있어 노동자의 권리를 보호하는 것으로 노동자에게는 중요한 문서이다.

  * 회사에서 일을 하다가 억울한 일을 당하거나 월급을 못 받는 등 문제가 발생하면 고용노동부에 상담 및 신고를 한다.
- **고용복지플러스센터**: 기존 지역 고용센터의 구직급여, 직업훈련 서비스 외에 기초생활보장, 긴급복지 등 복지 서비스를 한꺼번에 제공하는 곳이다.

2) 실업

노동할 의욕과 능력을 가진 자가 자기의 능력에 상응한 노동의 기회를 얻지 못하고 있는 상태를 말한다.

- **실업자**: 경제 활동에 참여할 연령의 사람 가운데 직업이 없는 사람을 말한다.
- **실업급여**: 고용보험 제도의 일환으로 실업자의 생활 안정, 원활한 구직활동을 위해 일정 기간 동안 지급되는 급여를 말한다.

3) 직장문화

직장의 종류에 따라 다르지만 보통 오전 9시부터 오후 6시까지 일을 한다.

- **주 5일 근무제**: 1주일에 8시간씩 5일을 근무할 수 있도록 한 제도로 대부분 직장에서 월요일부터 금요일까지 휴게시간을 제외한 40시간 일하는 것을 적용하지만, 근무여건 및 환경의 특성에 따라 주말에 일하는 경우도 있다.
- **주 52시간 근무제**: 법적으로 일주일 동안 일하는 시간이 52시간이 넘지 않도록 하는 제도이다. (주 5일 근무제인 40시간 근무 외에 추가 근무로 12시간을 넘을 수 없고, 연장근무를 할 때는 근로시간 임금의 1.5배를 받는다)
- **최저임금제**: 국가가 일정 금액 이상의 임금을 근로자에게 지불하도록 법적으로 정해놓은 제도로써 저임금 근로자를 보호하는 제도이다.

- **근로기준법**: 근로자의 기본적 생활을 보장, 향상시키며 균형 있는 국민경제의 발전을 도모하기 위해 제정한 법이다.
- **근로복지공단**: 중소기업근로자 복지진흥법에 의한 복지 사업과 근로자의 복지 증진을 목적으로 하는 사업을 실시하는 기관으로 근로자의 업무상 재해를 신속하고 공정하게 보상하고, 이에 필요한 보험 시설을 설치하여 운영한다.
- **야근**: 퇴근 시간이 지나 밤늦게까지 남아서 일하는 것을 말한다.
- **회식**: 퇴근 후 직장의 여러 사람이 모여 함께 음식을 먹거나 술을 마시는 문화이다.
- **맞벌이**: 생계 수단을 얻기 위하여 부부가 모두 경제 활동에 종사하는 상태를 가리키는 사회 용어이다.

4) 복지제도

① 보험

- 미래에 예측할 수 없는 재난이나 사고의 위험에 대비하고자 생긴 제도이다.
- 4대 보험(사회보험)

국민건강보험	질병이나 부상으로 인해 발생한 고액의 진료비로 가계에 과도한 부담이 되는 것을 방지하기 위한 사회보장제도이다. * 사회보장제도: 국민의 기본적 욕구 중에서 주로 빈곤·실업·질병과 같은 사회적 위험을 예방하고 치료하기 위한 정부의 입법과 조직적 행정을 말한다.
고용보험	근로자가 실직한 경우에 생활 안정을 위하여 일정 기간 동안 급여를 지급하는 사회보험이다.
국민연금	나이가 들거나, 갑작스런 사고나 질병으로 사망 또는 장애를 입어 소득 활동이 중단된 경우 본인이나 유족에게 연금을 지급함으로써 기본 생활을 유지할 수 있도록 하는 연금제도이다.
산재보험 (산업재해보상보험)	산업 재해 근로자를 보호하기 위하여 1964년에 도입된 우리나라 최초의 사회보험제도이다. * 사회보험제도: 국민에게 발생하는 질병, 장애, 노령, 실업, 사망 등의 사회적 위험을 보험방식에 의하여 대처하는 제도이다.

- **책임보험**: 모든 차량이 반드시 가입해야 하는 보험으로 남의 신체나 재산에 손해를 입혀 법률상의 책임을 질 경우 배상금과 소송비용 등의 손해를 보상하는 보험이다.

② 공공부조

• 일정 수준 이하의 저소득 계층의 생활을 보장하고 자립을 지원하는 제도이다.

국민기초생활보장제도	의료 급여 제도	기초 연금 제도

생활이 어려운 사람에게 필요한 급여(생계, 주거, 교육 등)를 제공한다.	경제적으로 생활이 어려워 의료비용을 지불하기 어려운 국민을 대상으로 국가가 대신하여 의료비용을 지불하는 제도이다.	65세 이상 노인 중 소득이 일정 기준 이하인 사람에게 지급하는 연금이다.

③ **사회보장제도**: 출산, 양육, 실업, 은퇴, 장애, 질병, 빈곤, 사망 등의 어려움에 처한 사회구성원들의 생활을 국가 및 지방 자치 단체가 일련의 사회 정책을 통하여 해결해 주는 제도이다.

④ **사회복지관**: 지역 사회 내에서 일정한 시설과 전문 인력을 갖추고 지역 사회의 인적, 물적 자원을 동원하여 지역 사회복지를 중심으로 한 종합적인 사회복지 사업을 수행하는 사회복지 시설을 의미한다.

• **장애인차별금지법**: 장애인의 완전한 사회참여와 평등권 실현을 통하여 인간으로서의 존엄과 가치를 구현함을 목적으로 하는 법이다.

⑤ **행정복지센터**: 동을 관리하고 지역 주민들의 행정 업무와 민원 업무를 처리하는 행정기관이며, 아기가 태어나면 출생신고를 하는 곳이다.

⑥ **도서관**: 여러 종류의 도서, 문서, 기록, 출판물 등의 자료를 모아 두고 일반인이 볼 수 있도록 한 시설이다.

| 주요 개념 문제 |

01 우리나라의 정식 국명(국호)은 무엇입니까?

① 영국 ② 미국 ③ 대한민국 ④ 중국

02 삼일절, 현충일, 제헌절 등 우리나라 국경일에 해야 하는 일 무엇입니까?

① 집 문 앞이나 창가에 태극기를 게양한다.

② 주변에 무궁화 찾아보며 그 의미를 되새긴다.

③ 감사하는 마음을 가지며 전통음식을 먹는다.

④ 조상의 산소에 찾아가 성묘를 한다.

03 다음 ( ) 안에 들어갈 알맞은 말은?

〈국기에 대한 맹세문〉

나는 자랑스러운 태극기 앞에 자유롭고 정의로운 ( )의 무궁한 영광을 위하여 충성을 다할 것을 굳게 다짐합니다.

① 민족 ② 대한민국 ③ 국민 ④ 사회

04 세종대왕이 집현전 학자들과 함께 창제한 '훈민정음'의 뜻으로 옳은 것은?

① 백성을 가르치는 바른 소리

② 정의로운 나라의 소리

③ 평등을 나타내는 소리

④ 백성을 사랑하는 마음의 소리

05 다음은 가족 간의 호칭을 연결한 것이다. 알맞은 것끼리 짝지어 놓은 것은?

㉠ 아내의 남동생 - 도련님	㉡ 남편의 누나 - 형님
㉢ 남편의 남동생 - 아주버님	㉣ 아내의 언니 - 처형

① ㉠, ㉡ ② ㉠, ㉢ ③ ㉡, ㉢ ④ ㉡, ㉣

06 다음 ( ) 안에 들어갈 알맞은 것끼리 짝지어 놓은 것은?

(㉠)는 경제 활동에 참여할 연령의 사람 가운데 직업이 없는 사람을 말하며, (㉡)는 고용보험 제도의 일환으로 실업자의 생활 안정, 원활한 구직활동을 위해 일정 기간 동안 지급되는 급여를 말한다.

① ㉠ 실업자, ㉡ 실업급여
② ㉠ 실업자, ㉡ 월급
③ ㉠ 구직자, ㉡ 구직급여
④ ㉠ 실업자, ㉡ 구직급여

07 근로복지공단에 대한 설명으로 옳지 않은 것은?

① 복지 사업과 근로자의 복지 증진을 목적으로 하는 사업을 실시하는 기관이다.
② 근로자의 업무상 재해를 신속하고 공정하게 보상한다.
③ 근로자의 업무상 재해에 필요한 보험 시설을 설치하여 운영한다.
④ 구직급여, 직업훈련 서비스 외에 기초생활보장, 긴급복지 등 복지 서비스를 한꺼번에 제공하는 곳이다.

08 다음 (　　　　)안에 들어갈 알맞은 말은?

> (㉠)은 질병이나 부상으로 인해 발생한 고액의 진료비로 가계에 과도한 부담이 되는 것을 방지하기 위한 사회보장제도이며, (㉡)은 근로자가 실직한 경우에 생활 안정을 위하여 일정 기간 동안 급여를 지급하는 사회보험이다.

① ㉠ 산재보험, ㉡ 고용보험
② ㉠ 국민건강보험, ㉡ 국민연금
③ ㉠ 국민건강보험, ㉡고용보험
④ ㉠ 국민연금, ㉡ 고용보험

09 〈보기〉의 내용에서 설명하는 것은?

> 〈보기〉
> • 취업을 하기 위해 자신의 학력, 경력 등의 정보를 작성한다.
> • 회사, 구인기관 등에 제출하는 문서이다.

① 계약서　② 이력서　③ 사직서　④ 근로계약서

10 행정복지센터에 대한 설명으로 옳은 것은?

① 지역 사회복지를 중심으로 한 종합적인 사회복지 사업을 수행하는 사회복지 시설이다.
② 동을 관리하고 지역 주민들의 행정 업무와 민원 업무를 처리하는 행정기관이다.
③ 도서, 문서, 기록, 출판물 등의 자료를 모아 두고 일반인이 볼 수 있도록 한 시설이다.
④ 기존 지역 고용센터의 구직급여, 직업훈련 서비스 외에 기초생활보장, 긴급복지 등 복지 서비스를 한꺼번에 제공하는 곳이다.

| 정답 | 01 ③　02 ①　03 ②　04 ①　05 ④　06 ①　07 ④　08 ③　09 ②　10 ②

Chapter 02

지리

01 한국의 기후

(1) 한국의 기후

- 한국은 봄, 여름, 가을, 겨울 사계절이 있으며 계절별로 특징이 뚜렷하다.

계절	특징	현상
봄 (3 ~ 5월)	포근하고 따뜻함	• 꽃샘추위 : 꽃이 피는 시기의 추위를 말한다. • 꽃샘바람 : 꽃이 피는 시기에 부는 쌀쌀한 바람을 뜻한다. • 황사현상 : 중국이나 몽골 등의 사막과 황토 지대의 작은 모래나 먼지가 바람을 타고 날아와 떨어지는 현상을 말한다.
여름 (6 ~ 8월)	온도가 높고 비가 많이 옴	• 태풍 : 강한 폭풍우를 동반하며 비와 바람에 의한 피해가 발생한다. • 장마 : 여름철 많은 비가 계속해서 내리는 현상을 말한다. • 집중호우 : 한 지역에서 짧은 시간에 내리는 많은 양의 강한 비를 말한다.
가을 (9 ~ 11월)	선선하며 건조함	• 단풍 : 기후 변화로 식물의 잎이 붉은색이나 누런색으로 변하는 현상을 말한다.
겨울 (12 ~ 2월)	1년 중 가장 추운 계절로 눈이 내린다.	• 삼한사온 현상 : 3일간 춥고, 4일간 따뜻한 날씨를 말한다.

봄

여름

가을

겨울

02 한국의 지형

(2) 한국의 지형의 특징

- **동고서저**: 동쪽이 높고, 서쪽이 낮은 지형이다.
- 산과 강하천이 많고 삼면(동쪽, 서쪽, 남쪽)이 바다로 둘러싸여 있는 한반도이다.

① 산지

- 국토의 70%가 산지로 이루어져 있고, 북부지방과 동쪽에는 높은 산지가 모여 있다.

백두산	북한과 중국의 경계에 있는 산으로 한반도에서 제일 높은 산이다.
한라산	남쪽에 있는 산으로 제주도에 있으며 대한민국에서 가장 높은 산이다.
설악산	강원도에 있으며 한라산, 지리산에 이어 세 번째로 높으며 아름다운 단풍을 볼 수 있는 산이다.

설악산

② 강

- 큰 강을 중심으로 우리나라 서쪽과 남쪽에 평야가 발달해있다.

한강	중부를 흐르는 강으로 서울의 대표적인 강이고, 남한강과 북한강으로 나뉜다.
낙동강	남동쪽에 위치한 대한민국에서 가장 긴 강이다.
압록강	북한과 중국의 국경선에 위치한 강으로 한반도에서 가장 긴 강이다.
금강	충청남도와 전라북도의 경계를 이루는 강이다.

한강

③ 바다

- 동해안은 바다의 수심이 깊고, 남해안은 해안선이 복잡하고 섬이 많으며, 서해안은 수심이 얕고 갯벌이 넓게 발달하였다.

동해	대한민국의 동쪽에 있는 바다로 울릉도와 독도가 있다.
서해	대한민국의 서쪽에 있는 바다로 수심이 얕고 갯벌이 넓게 발달하였다.
남해	대한민국의 남쪽에 있는 바다로 낙동강이 흐르다가 만나며 해안선이 복잡하고 섬이 많다.

남해

④ 섬

제주도	남쪽에 있는 섬으로 돌, 바람, 여자가 많아서 '삼다도'라고도 불리며 대한민국에서 가장 큰 섬이다.
마라도	대한민국의 가장 남쪽에 있는 섬으로 작고 외딴섬이다.
울릉도	동해에 발달해 있는 화산섬이다.
독도	대한민국의 가장 동쪽에 있는 화산섬으로 '우산도'라고 불렸으며, 명백한 대한민국 영토이지만, 일본과의 영토분쟁이 계속되고 있다.

제주도

독도

(3) 한국의 지역별 특징

① 수도권

• 수도권은 서울특별시 · 인천광역시 · 경기도 등 수도인 서울을 중심으로 형성되는 광역대도시권을 말한다.

지역	특징	관광명소
서울특별시	• 대한민국의 수도이며 한반도의 중앙에 있다. • 1988년 올림픽과 2002년 월드컵 대회가 개최되었다. • 교통이 잘 발달하였고, 정치·경제·문화의 중심지로 한국 인구의 1/5이 서울에서 거주하고 있다.	• 서울 4대문(조선 시대에 건립한 한양 도성의 정문) - 숭례문(남대문) : 국보1호, 흥인지문(동대문), 돈의문(서대문), 숙정문(북대문) • 서울 5대 궁궐 - 조선 시대 왕과 그의 가족 및 그들의 생활을 돌보는 사람들이 사는 집 : 경복궁, 경희궁, 덕수궁, 창덕궁, 창경궁 • 청와대, 명동, 국회 등
인천광역시	• 대표적인 항구도시로 인천항과 인천국제공항을 중심으로 제조업과 물류 산업이 발달하였다. - 강화도 산천어, 송어, 빙어 축제 등이 열린다.	을왕리해수욕장, 마니산, 장봉도, 월미도 등

지역	특징	관광명소
경기도	• 서울특별시와 인천광역시를 둘러싸고 있으며 해당 두 개 시와 함께 대한민국의 수도권을 형성하고 있다. • 대한민국 전체에서 가장 인구가 많고, 유일하게 인구가 1,000만 명을 넘는 광역자치단체이다. - 양주 눈꽃축제, 포천 얼음낚시축제 등이 열린다.	한국민속촌, 광명동굴, 산정호수 등

② 중부지방

지역	특징	관광명소
강원도	• 한반도의 중부 동쪽에 위치해있으며 동해 바다와 닿아있다. • 면적 80%가 산으로 국내에서 자연환경과 생태계 보존이 잘 되어 있으며 목축업과 고랭지 농업이 발달했다. - 고니골빛축제, 대관령 눈꽃 축제 등이 열린다.	경포대, 정동진, 설악산 등
충청지역	• 서해를 끼고 있는 중남부지역이다. • 공주, 부여 : 백제의 수도로 많은 문화유적들을 볼 수 있다. - 보은 대추축제, 괴산 고추축제, 영동 포도축제, 보령 머드축제 등이 열린다.	독립기념관, 대천해수욕장, 계룡산 등
대전광역시	• 한국 최대의 과학·연구도시이며 교육도시이다. • 충청권 제1의 도시로 중부지방과 영·호남을 잇는 교통의 중심이다. - 대청호 벚꽃축제, 유성 온천문화축제 등이 열린다.	엑스포과학공원, 한밭수목원, 보문산 등
세종특별자치시	• 정부의 행정기관 이전으로 지역개발 및 국가 균형발전을 목적으로하는 행정중심복합도시이다. - 조치원 복숭아 축제가 열린다.	금강수목원, 세종호수공원 등

③ 남부지방

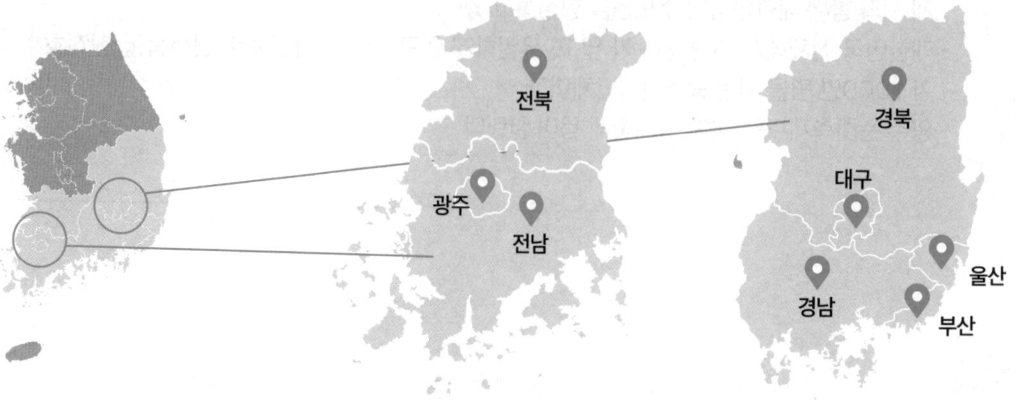

지역	특징	관광명소
경상지역 (영남지방)	• 한반도 동남부에 위치하는 지역으로 산이 많고, 동해 바다와 닿아있다. • 구미(섬유·전자), 포항(제철), 경주(불교 및 문화유산), 안동(유교 문화) 발달했다. - 청도 프로방스 빛축제, 진주 남강 유등축제, 함양 산삼 축제 등이 열린다.	첨성대, 안동하회마을, 욕지도, 다랭이 마을 등
전라지역 (호남지방)	• 한반도 서남부에 위치하는 지역으로 호남평야가 펼쳐져 있어 주로 논농사를 지으며, 새만금개발사업의 중심 지역이다. • 전주(한옥마을 관광도시)이다. - 진안 홍삼 축제, 고창 갯벌 축제, 무주 반딧불 축제 등	전주한옥마을, 고창 읍성, 보성 녹차밭, 순천만습지 등
광주광역시	• 전라남도 중북부에 있는 호남 최대도시이다. • 4.19 혁명, 5.18 민주화운동이 일어났다. - 광주 세계 김치축제 등이 열린다.	무등산, 국립 광주박물관 등
대구광역시	• 경상북도와 경상남도의 중앙에 위치해 있는 광역자치 단체이다. - 수성못 불빛축제, 대구 할로윈 축제 등이 열린다.	팔공산, 달성공원, 두류공원 등
울산광역시	• 항구도시이자 한반도 최대의 공업 도시이다. - 울산 고래축제, 태화강 봄꽃 축제 등이 열린다.	대왕암공원, 장생포 고래박물관 등
부산광역시	• 대한민국 제2의 도시이자 대한민국 최초의 광역시이고 국내 최대 국제무역항이다. - 해운대 빛축제, 낙동강 유채꽃 축제 등이 열린다.	광안리해수욕장, 감천 문화마을, 태종대 등

④ 남부지방 섬

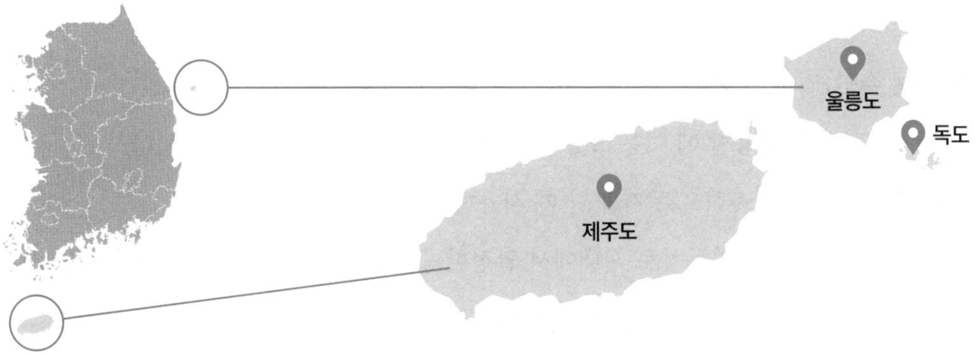

지역	특징	관광명소
울릉도	• 동해에 발달해 있는 화산섬이다. - 울릉도 오징어 축제가 열린다.	나리분지, 봉래폭포 등
독도	• 대한민국의 가장 동쪽에 있는 화산섬으로 '우산도'라고 불렸다. • 명백한 대한민국 영토이지만, 일본과의 영토분쟁이 계속되고 있다.	-
제주도	• 남쪽에 있는 가장 큰 섬이다. • 돌, 바람, 여자가 많아서 '삼다도'라고도 불린다. - 한라산 눈꽃 축제, 휴애리 매화 축제 등이 열린다.	협재해수욕장, 우도, 용두암 등

- **도시**: 도시는 사회·경제·정치 활동의 중심이 되는 곳으로 교통이 잘 발달하였고 교육, 의료, 문화 시설들이 잘 갖추어져 있으나 교통 및 생활로 인한 환경오염과 인구증가로 인한 주택의 문제 등이 발생한다.
- **농촌**: 농촌은 농업을 직업으로 하는 사람들이 거주하는 지역사회로 교육, 의료, 문화 시설들이 부족하여 인구 부족 현상이 일어나고 있다.
- **님비현상**: 지역 주민이 지대와 치안, 환경, 정서 등을 이유로 교도소, 쓰레기 매립지, 발전소 등 혐오시설의 유치를 거부하며 집단행동을 하는 것을 말한다.
- **개발제한구역**: 도시의 경관을 정비하고, 환경을 보전하기 위해서 설정된 녹지대로 그림벨트라고도 한다.

(4) 한국의 교통

1) 대중교통 수단

① **시내**(가까운 거리) **구간 이동 수단**: 시내버스, 지하철, 택시, 자전거 등이 있다.

② **시외**(먼거리) **구간 이동 수단**: 기차, 고속버스나 시외버스, 배, 비행기 등이 있다.

③ **이용 요금**: 버스, 지하철, 택시 등 이용할 때 이용 요금은 현금이나 교통(신용)카드로 지불된다.

- **교통카드**: 버스, 지하철의 운임을 전자적으로 지불 할 때 사용하는 카드이다.
- **버스**: 여러 사람을 태울 수 있는 대형 자동차로 시내에서 일정한 구간을 운행하는 시내버스와 시내에서 그 도시 바깥의 특정한 지역까지 운행하는 버스인 시외버스가 있다.
- **지하철**: 대도시에서 교통의 혼잡을 완화하고, 빠른 속도로 운행하기 위하여 땅속에 터널을 파고 부설한 철도이다.
- **택시**: 요금을 받고 손님이 원하는 곳까지 태워다 주는 영업용 승용차를 말한다.
- **KTX**: 우리나라에서 운행 중인 고속철도로 가장 빠른 기차이다.
- **경인선**: 서울과 인천을 잇는 우리나라 최초의 철도이다.
- **경부선**: 서울과 부산을 잇는 복선 철도로 가장 긴 철도이다.
- **경인고속도로**: 서울과 인천를 잇는 우리나라 최초의 고속도로이다.
- **경부고속도로**: 서울과 부산을 잇는 가장 긴 고속도로이다.
- **안전벨트**: 자동차 · 비행기 등에서 사고 시 충격으로부터 보호하기 위하여 사람을 좌석에 고정하는 띠이다.

2) 교통제도

- **운전면허증**: 일정한 자격을 갖춘 자에 한하여 도로에서 자동차 또는 오토바이를 운전할 수 있게 하는 행정 처분 증서이다.
- **환승할인제도**: 교통카드를 이용하여 다른 노선이나 대중교통을 갈아탈 수 있게 한 제도이다.
- **버스전용차로제**: 도로에 버스만 다닐 수 있는 차로를 따로 만들어 대중교통을 원활히 하고자 하는 제도이다.
- **어린이보호구역**: 유치원과 초등학교 주변에 설정한 특별보호구역으로 반경 300m 이내의 자동차의 주행 속도를 시속 30km 이내로 제한한다.
- **교통법규**: 사람이나 화물의 수송에 있어서의 안전을 확보하기 위하여 철도, 자동차, 선박, 항공기 등의 운행을 규율하는 법류 명령을 총칭한다.
- **무단횡단**: 횡단보도와 같이, 도로를 건널 수 있는 곳이 아닌 다른 곳에서 도로를 횡단하는 행위이다.
- **범칙금**: 범죄처벌법 · 도로교통법규 등을 범하거나 위반했을 때 부과하는 벌금이다.

| 주요 개념 문제 |

01 한국의 기후에 대한 설명으로 옳지 않은 것은?

① 한국은 봄, 여름, 가을, 겨울 사계절이 있으며 계절별로 특징이 뚜렷하다.

② 봄은 선선하고 건조하며 단풍이 든다.

③ 여름은 온도가 높고 비가 많이 오며 태풍, 장마 등이 일어난다.

④ 겨울은 1년 중 가장 추운 계절로 눈이 내린다.

02 다음 (   )안에 들어갈 알맞은 말은?

> 한국의 산 중 (㉠)는 북한과 중국의 경계에 있는 산으로 한반도에서 제일 높은 산이고, (㉡)는 남쪽에 있는 산으로 제주도에 있으며 대한민국에서 가장 높은 산이다.

① ㉠ 백두산, ㉡ 한라산　　② ㉠ 백두산, ㉡ 설악산

③ ㉠ 설악산, ㉡ 한라산　　④ ㉠ 한라산, ㉡ 백두산

03 세종특별자치시에 대한 설명으로 옳은 것은?

① 항구도시이자 한반도 최대의 공업 도시이다.

② 전라남도 중북부에 있는 호남 최대도시이다.

③ 정부의 행정기관 이전으로 지역개발 및 국가 균형발전을 목적으로 하는 행정중심복합도시이다.

④ 대한민국 제2의 도시이자 대한민국 최초의 광역시이고 국내 최대국제무역항이다.

04 중부지방에 대한 설명으로 옳지 않은 것은?

① 강원도는 면적 80%가 산으로 국내에서 자연환경과 생태계 보존이 잘 되어 있으며 목축업과 고랭지 농업이 발달했다.

② 충청지역의 공주, 부여는 백제의 수도로 많은 문화 유적들을 볼 수 있다.

③ 세종특별자치시는 정부의 행정기관 이전으로 지역개발 및 국가 균형발전을 목적으로 하는 행정중심복합도시이다.

④ 대전광역시는 항구도시이자 한반도 최대의 공업 도시이다.

05 제주도에 대한 설명으로 옳지 않은 것은?

① 남쪽에 있는 가장 큰 섬이다.

② 돌, 바람, 여자가 많아서 '삼다도'라고도 불린다.

③ 관광지로는 협재해수욕장, 우도, 용두암 등이 있고, 한라산 눈꽃 축제, 휴애리 매화 축제 등이 열린다.

④ 명백한 대한민국 영토이지만, 일본과의 영토분쟁이 계속되고 있다.

06 교통카드에 대한 설명으로 옳은 것은?

① 버스, 지하철의 운임을 전자적으로 지불 할 때 사용하는 카드이다.

② 여러 사람을 태울 수 있는 대형 자동차로 시내버스와 시외버스를 말한다.

③ 대한민국 국민으로서 국내에 주소를 두고 거주하는 주민임을 증명하는 증명서를 말한다.

④ 일정한 자격을 갖춘 자에 한하여 도로에서 자동차 또는 오토바이를 운전할 수 있게 하는 행정 처분 증서이다.

07 한국의 농촌에 대한 설명으로 옳지 않은 것은?

① 농촌은 농업을 직업으로 하는 사람들이 거주하는 지역사회이다.

② 도시에 비해 교육, 의료, 문화 시설들이 부족하다.

③ 인구 부족 현상이 일어나고 있다.

④ 교통 및 생활로 인한 환경오염문제가 발생한다.

08 〈보기〉의 내용에서 설명하는 것은?

> • 자동차·비행기 등에서 사고 시 충격으로부터 보호하기 위한 장치이다.
> • 사람을 좌석에 고정하는 띠를 말한다.

① KTX ② 안전벨트 ③ 경부선 ④ 택시

09 다음 ( )안에 들어갈 알맞은 말은?

> (㉠)은 서울과 서울과 인천을 잇는 우리나라 최초의 철도이고, (㉡)는 서울과 부산을 잇는 복선 철도로 가장 긴 철도이다.

① ㉠ 경인고속도로, ㉡ 경부고속도로
② ㉠ 경인선, ㉡ 경부선
③ ㉠ 경인선, ㉡ 경부선
④ ㉠ 경부고속도로, ㉡ 경인고속도로

10 우리나라에서 운행 중인 고속철도로 가장 빠른 기차는?

① KTX ② 경인선 ③ 경부선 ④ 지하철

| 정답 | 01 ② 02 ① 03 ③ 04 ④ 05 ④ 06 ① 07 ④ 08 ② 09 ③ 10 ①

Chapter 03

정치

01 한국의 정치와 민주주의

(1) 한국의 정치

- 정치는 나라를 다스리는 일로 국민들이 인간다운 삶을 살게 하고 사회 질서를 바로잡는 일을 말한다.
- 한국은 국민에 의해 선출된 대표가 권력을 행사하는 대의제 민주주의를 채택한 간접민주주의를 행하고 있다.

(2) 민주주의와 민주정치

1) 민주주의: 국가의 주권이 국민에게 있고 국민을 위해 정치가 이루어지는 제도를 말한다.

① **직접 민주주의**: 국민들이 직접 정치 결정에 참여하는 정치체제이다.

② **간접 민주주의**: 국민이 선거를 통해 선출한 대표자가 정치에 참여하는 제도이다.

| 민주주의 발전에 중요한 사건 |

- 4·19혁명: 1960년 4월에 학생을 비롯한 국민들이 이승만 전 대통령 자유당 정부의 독재와 부정부패, 부정선거에 항의하여 벌인 민주항쟁이다.
- 5·18 민주화운동: 군부 세력의 퇴진 및 민주 정부 수립 등을 요구하며 광주와 전남지역의 시민들이 벌인 민주화운동이다.
- 6월 민주항쟁: 전국에서 일어난 반독재, 민주화 시위를 말하며, 이후 대통령 직선제가 이루어졌다.

2) 민주정치: 국가의 주권이 국민에게 있고, 국민의 의사에 따라 하는 정치를 말한다.

- **헌법 제1조**: 대한민국의 주권은 국민에게 있고, 모든 권력은 국민으로부터 나온다.

| 국민의 정치참여 방법 |

- 선거에 참여하여 투표를 한다.
- 공청회에 참여한다.
- 국가 기관에 의견을 제시한다.
- 시민 단체 활동에 가입하여 활동한다.

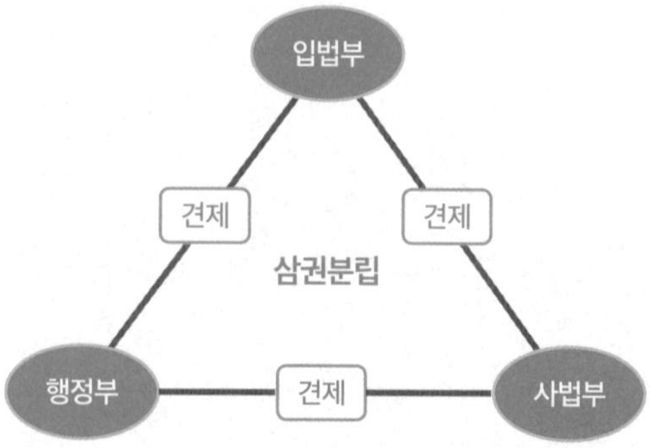

서로 간의 견제를 통해 균형을 이룸

3) 삼권분립: 국가 권력을 입법, 행정, 사법으로 나누어 국가 권력의 집중과 남용을 방지하려는 통치조직원리이다.

02 한국 국가기관의 구성

(1) 행정부

1) 행정을 맡아 보는 곳으로 정부를 말한다.

2) 삼권분립에 의하여 나라 살림을 맡아 하는 국가기관이다.

청와대

① **대통령** : 행정부의 최고 책임자이며 한국을 대표하는 지도자로 대한민국의 국가 원수이다. 임기는 5년이며, 출마할 수 있는 나이는 만 40세 이상이다.

- **역대 대통령** : 이승만(1~3대, 초대대통령) - 윤보선(4대) - 박정희(5~9대) - 최규하(10대) - 전두환(11~12대), 노태우(13대) - 김영삼(14대) - 김대중(15대) - 노무현(16대) - 이명박(17대) - 박근혜(18대) - 문재인(19대) - 윤석열(20대)

② **청와대** : 서울 종로구에 있는 과거 대통령의 집무 및 생활공간으로 푸른색 지붕을 가진 건물이라는 뜻을 가지고 있다.

③ **국무총리** : 행정부의 2인자로 대통령을 도와 여러 가지 일을 처리하며, 대통령의 명을 받아 행정 각부를 통괄하는 대통령의 제1위의 보좌기관이다.

④ **장관** : 국무를 나누어 맡아 처리하는 행정 각 부처의 책임자로 국무총리의 지휘 감독을 받는다.

행정부 조직도

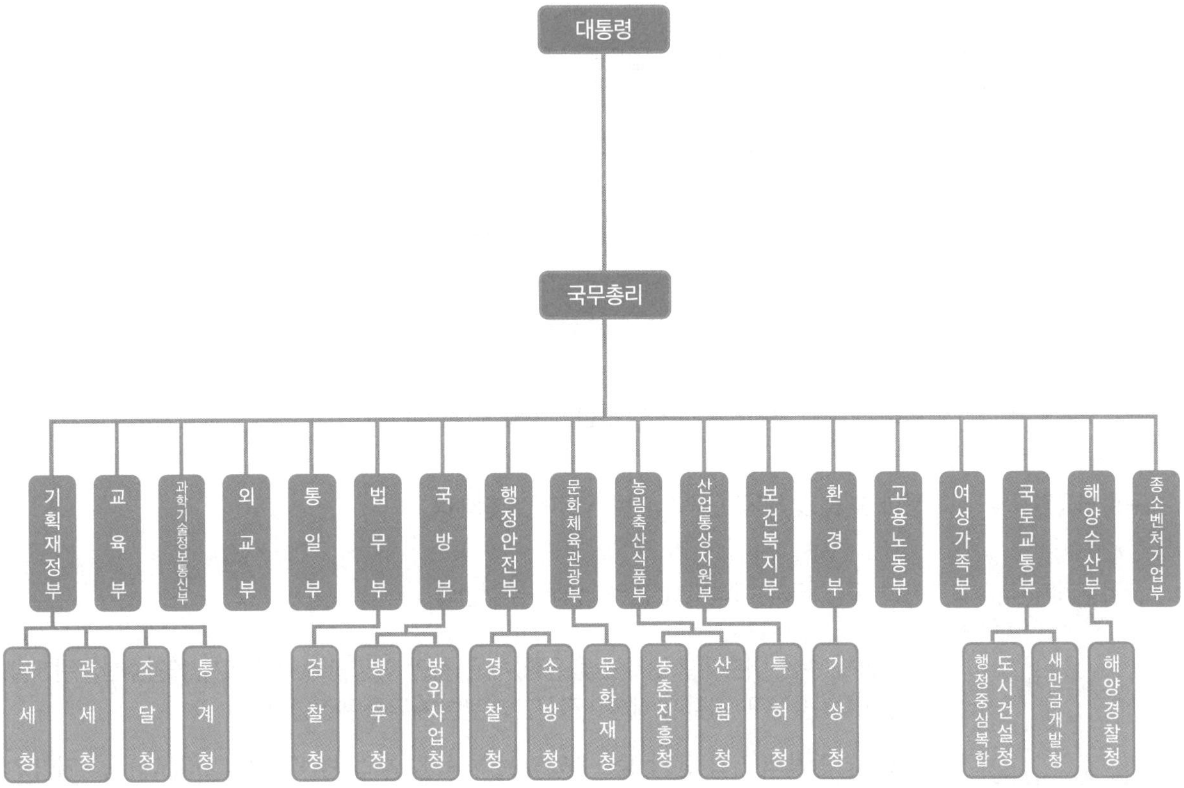

3) 행정부 역할

행정안전부	행정 일반, 행정조직, 지방자치·행정, 선거·투표사무 지원, 치안(경찰), 소방등, 사회 안전에 대한 사무 등을 관장한다.
보건복지부	국민 보건에 관한 사무와 사회복지 증진에 관한 사무를 관장하는 중앙행정기관으로 보건의료·공공보건·건강보험·보건산업·복지·사회서비스·장애인·인구·아동·노인·보육·연금 등에 관한 업무를 수행한다.
고용노동부	고용과 노동에 관한 사무를 관장한다.
외교부	대한민국 국민의 해외여행 업무, 재외국민의 보호, 외교와 국제간 조약(통상업무 제외)을 담당한다.
교육부	대한민국의 인적자원 개발정책과 학교 교육·평생교육 및 학술에 관한 사무를 관장한다.
법무부	검찰·행형·인권 옹호·출입국 관리와 그 밖에 법무에 관한 사무를 관장한다.
환경부	자연환경 및 생활환경의 보전과 환경오염방지에 관한 사무를 관장한다.
여성가족부	여성 정책의 기획·종합, 여성의 권익증진 등 지위 향상, 청소년 및 가족(다문화가족과 건강가정사업을 위한 아동 업무를 포함한다)에 관한 사무를 관장한다.
국방부	국방에 관련된 군정 및 군령과 그 밖에 군사에 관한 사무를 관장한다.
기획재정부	경제정책과 예산 등에 관련 업무를 수행한다.
과학기술정보통신부	과학기술정책과 정보통신 기술 등 관련 업무를 수행한다.
통일부	통일 및 남북 대화·교류 등 관련 업무를 수행한다.
농림축산식품부	농산, 축산, 식량 등 관련 업무를 수행한다.
국토교통부	국토 개발 및 교통물류체계 등 관련 업무를 수행한다.
문화체육관광부	문화·예술 및 체육, 관광 등 관련 업무를 수행한다.
산업통상자원부	산업, 통상, 무역, 에너지 등 관련 업무를 수행한다.
해양수산부	해양정책, 수산, 어촌개발 및 수산물 유통, 해운·항만, 해양환경, 해양조사, 해양수산자원개발, 해양과학기술연구·개발 및 해양안전심판에 관한 사무를 관장한다.
중소벤처기업부	중소기업 정책의 기획·종합, 중소기업의 보호·육성, 창업·벤처기업의 지원, 대·중소기업 간 협력 및 소상공인에 대한 보호·지원에 관한 사무를 관장한다.

(2) 입법부

국회의사당

1) 삼권 분립에 의하여 국회의원들이 모여 법을 제정하거나 나라의 중요한 일을 결정하는 국가 기관으로 국회를 말한다.

① **국회의원**: 국민의 선거로 선출된 국회의 구성원으로 임기는 4년이며, 출마할 수 있는 나이는 만 25세 이상이고, 국회의원의 수는 300명이다.

② **국회의사당**: 국회의원들이 국정을 논의하는 곳이며, 서울 여의도에 있다.

③ **국정감사**: 국회가 행정부가 한 일을 감시하고 감독하는 등 국정 전반에 관하여 행하는 감사이다.

(3) 사법부

1) 법에 따라 재판을 하는 기관으로 사법권을 행사하는 법원을 말한다.

2) 사람들 사이에 다툼이 있거나 법을 어긴 경우, 법에 따라 판결을 내려 사회 질서를 유지하는 곳이다.

① **검사**: 범죄사건을 수사하고, 범죄 여부를 판단하기 위해 범죄의 의심을 받는 사람(피의자)에게 법원의 심판을 구하는 일을 담당한다.

② **판사**: 법원을 대표하여 재판을 담당하고 판결을 내리는 사람이다.

③ **변호사**: 개인 간의 다툼에 관련된 민사사건과 범죄사건에 관련된 형사사건이 발생할 경우 개인이나 단체를 대신해 소송을 제기하거나 재판에서 그들을 변호해 주는 활동을 하는 사람이다.

3) 법원의 종류

① **대법원**: 우리나라 최고의 법원으로 3심 재판을 담당한다.

② **고등법원**: 서울, 대전, 대구, 부산, 광주, 수원에 설치되어 있으며 2심 재판을 담당한다.

③ **지방법원**: 서울 및 각 광역시와 도청소재지를 비롯하여 18개가 설치되어 있으며 1심 재판을 담당한다.

④ **가정법원**: 가정, 소년, 아동 등에 관한 재판을 담당한다.

4) 재판의 종류

① **가사재판**: 가족이나 친척 간의 다툼사건이나 가정에 관한 일반적인 사건을 다루는 재판이다.

② **민사재판**: 개인 간에 발생하는 문제를 해결하기 위한 재판이다.

③ **형사재판**: 사회 질서를 어지럽히는 범죄행위를 처벌하기 위한 재판이다.

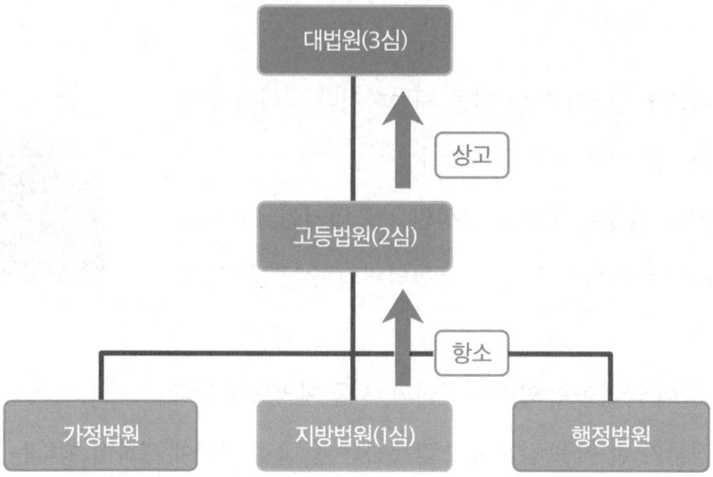

3심 제도

5) **3심 제도**:한 사건에 대해 세 번 재판 받을 수 있는 제도이다.

① **재판**:옳고 그름을 따져 판단하는 것으로 소송 사건을 해결하기 위하여 법원 또는 법관이 공권적 판단을 내리는 일을 말한다.

② **소송**:재판에 의해 분쟁을 법률적으로 해결·조정하기 위해 대립 당사자를 관여시켜 심판하는 절차이다.

03 한국의 정치제도

(1) 지방자치제도

1) 지방자치제도 의미

지방자치단체가 그 지방의 행정사무를 자율적으로 처리하는 활동과정으로 주민이 지방선거를 통해 자치단체장과 지방의원을 직접 선출하여 그 지역의 일을 처리하는 제도를 말한다.

2) 지방자치단체의 종류

광역자치단체	특별시, 광역시, 특별자치시, 도, 특별자치도
기초자치단체	특례시, 시, 군, 자치구

• 행정구역:행정 기관의 권한이 미치는 행정 단위를 말한다.

특별시(1개)	서울특별시
특별자치시(1개)	세종특별자치시
특별자치도(1개)	제주특별자치도
특례시(4개)	수원특례시, 창원특례시, 고양특례시, 용인특례시
광역시(6개)	부산광역시, 대전광역시, 대구광역시, 인천광역시, 광주광역시, 울산광역시
도(8개)	경기도, 강원도, 충청북도, 충청남도, 전라북도, 전라남도, 경상북도, 경상남도

(2) 선거

1) 민주주의 국가에서 정치에 참여하는 기본적인 방법으로 투표를 통해 대표자나 공직자를 뽑는 의사를 결정하는 절차를 말하며, 만 18세 이상 선거에 참여 할 수 있다.

① **선거권**: 선거에 참여하여 투표할 수 있는 국민의 권리를 말한다.

- **외국인 선거권**: 영주권 취득 후 3년이 지난 만 18세 이상 외국인은 지방 선거에 참여 할 수 있다.

② **피선거권**: 공직선거에 입후보할 수 있는 권리이다.

2) **투표**: 선거를 하거나 어떤 일을 결정할 때 정해진 용지에 의견을 표시하여 내는 일이다.

3) **다수결의 원리**: 어떠한 문제에 대해 결정을 내릴 때 다수의 의견을 따르는 방법이다.

4) 선거의 종류

대통령 선거	대통령을 선출하기 위해 치르는 선거를 말하며, 5년에 한 번씩 실시한다.
국회의원 선거	국회의원의 임기 만료에 따라 실시하는 선거로 4년에 한 번씩 실시한다.
지방 선거	지방의회의원 및 지방자치단체의 장, 교육감을 뽑는 선거로 4년에 한 번씩 실시한다.

5) 선거의 4대 원칙

보통선거	일정한 나이(만 18세)가 된 모든 국민은 선거에 참여할 수 있다.
직접선거	선거권을 가진 사람이 직접 투표를 한다.
평등선거	성별, 재산, 종교 등의 영향을 받지 않고 누구나 투표할 수 있다.
비밀선거	누구에게 투표했는지 다른 사람이 알지 못하게 비밀이 보장된다.

- **사전투표**: 선거일에 투표가 어려운 경우 미리 투표할 수 있는 제도이다.
- **선거관리위원회**: 선거와 국민투표의 공정한 관리 및 정당에 관한 여러 가지 일을 처리하는 기관으로 후보자나 유권자들이 선거법을 어기지 않도록 예방하고 감시하며 단속하는 활동을 한다.

(3) 정당

- 동일한 정견을 가진 사람들이 정권을 획득하여 정치적 이상을 실현하기 위하여 조직한 단체를 말한다.

1) **여당**: 대통령을 배출한 정당을 말한다.

2) **야당**: 정권을 담당하고 있지 않은 정당으로 여당을 제외한 나머지 정당을 말한다.

| 주요 개념 문제 |

01 한국의 정치에 대한 설명으로 옳은 것은?

① 국민에 의해 선출된 대표가 권력을 행사하는 대의제 민주주의를 채택한 간접민주주의를 행하고 있다.

② 간접 민주주의는 국민이 돌아가며 정치에 참여하는 제도이다.

③ 민주주의는 국가의 주권이 대통령에게 있고 대통령을 위해 정치가 이루어지는 제도를 말한다.

④ 민주정치는 국가의 주권이 대통령에게 있고, 대통령의 의사에 따라 하는 정치를 말한다.

02 민주주의 발전에 중요한 사건이 아닌 것은?

① 4·19혁명 ② 5·18 민주화운동 ③ 6월 민주항쟁 ④ 6·25전쟁

03 〈보기〉의 내용에서 설명하는 것은?

〈보기〉
국가 권력을 입법, 행정, 사법으로 나누어 국가 권력의 집중과 남용을 방지하려는 통치조직 원리이다.

① 민주정치 ② 삼권분립 ③ 민주주의 ④ 헌법 제1조

04 역대 대통령의 재임순서로 옳은 것은?

① 이승만(1~3대, 초대대통령) - 윤보선(4대) - 박정희(5~9대) - 최규하(10대)

② 최규하(10대) - 전두환(11~12대) - 노태우(13대) - 김영삼(14대)

③ 노무현(15대) - 김대중(16대) - 이명박(17대) - 박근혜(18대)

④ 이명박(17대) - 박근혜(18대) - 문재인(19대) - 윤석열(20대)

05 〈보기〉의 내용에서 설명하는 것은?

〈보기〉
• 행정부의 2인자로 대통령을 도와 여러 가지 일을 처리한다.
• 대통령의 명을 받아 행정 각부를 통괄하는 대통령의 제1위의 보좌기관이다.

① 국무총리　② 대통령　③ 국회의원　④ 변호사

06 다음 (　　　)안에 들어갈 알맞은 말은?

국회의원은 국민의 선거로 선출된 국회의 구성원으로 임기는 (㉠)이며, 출마할 수 있는 나이는 (㉡) 이고, 국회의원의 수는 300명이다.

① ㉠ 4년, ㉡ 만 30세 이상
② ㉠ 5년, ㉡ 만 40세 이상
③ ㉠ 4년, ㉡ 만 25세 이상
④ ㉠ 5년, ㉡ 만 25세 이상

07 입법부에 대한 설명이 아닌 것은?

① 국정감사는 국회가 행정부가 한 일을 감시하고 감독하는 등 국정 전반에 관하여 행하는 감사이다.
② 국회의사당은 국회의원들이 국정을 논의하는 곳이며 서울 여의도에 있다.
③ 입법부는 국회의원들이 모여 법을 제정하거나 나라의 중요한 일을 결정하는 국가 기관으로 국회를 말한다.
④ 국회의원은 대통령이 선출한 국회의 구성원이다.

08 다음 ( )안에 들어갈 알맞은 말은?

> 재판의 종류에는 가족이나 친척 간의 다툼사건이나 가정에 관한 일반적인 사건을 다루는 (㉠), 개인 간에 발생하는 문제를 해결하기 위한 (㉡), 사회 질서를 어지럽히는 범죄행위를 처벌하기 위한 (㉢)이 있다.

① ㉠ 가사재판, ㉡ 민사재판, ㉢ 형사재판

② ㉠ 가사재판, ㉡ 형사재판, ㉢ 민사재판

③ ㉠ 형사재판, ㉡ 민사재판, ㉢ 가사재판

④ ㉠ 민사재판, ㉡ 형사재판, ㉢ 가사재판

09 지방자치제도에 대한 설명으로 옳지 않은 것은?

① 지방자치단체가 그 지방의 행정사무를 자율적으로 처리하는 활동과정을 말한다.

② 광역자치단체는 특별시, 광역시, 특별자치시, 도, 특별자치도가 있다.

③ 기초자치단체는 특례시, 시, 군, 자치구가 있다.

④ 국회의원이 자치단체장과 지방의원을 선출하여 그 지역의 일을 처리하는 제도를 말한다.

10 〈보기〉의 내용에서 설명하는 것은?

> 〈보기〉
> • 선거와 국민투표의 공정한 관리 및 정당에 관한 여러 가지 일을 처리하는 기관이다.
> • 후보자나 유권자들이 선거법을 어기지 않도록 예방하고 감시하며 단속하는 활동을 한다.

① 선거운동회 ② 선거관리위원회 ③ 국회 ④ 행정부

| 정답 | 01 ① 02 ④ 03 ② 04 ④ 05 ① 06 ③ 07 ③ 08 ① 09 ④ 10 ②

Chapter 04

법

01 헌법

(1) 헌법

• 국가의 통치조직과 통치 작용의 기본원리 및 국민의 기본권을 보장하는 근본 규범을 말한다.

1) **헌법 제 1조 2항**: 대한민국의 주권은 국민에게 있고, 모든 권력은 국민으로부터 나온다.

2) **헌법재판소**: 헌법을 수호하고, 국민의 기본권을 보호하는 역할을 하며, 헌법에 관한 분쟁이나 의의를 사법적 절차에 따라 해결하는 특별재판소이다.

헌법

(2) 법 관련 기관

1) **경찰서**: 일정한 구역을 중심으로 일선 치안업무 및 국가의 경찰권을 운영하는 경찰 행정기관으로서 국가의 안녕질서, 관내 치안 유지 및 국민의 생명·재산 보호 등을 그 주요업무를 하는 행정기관이다.

2) **경찰청**: 치안경찰에 관한 사무를 총괄하기 위하여 행정 안전부장관 소속 아래에 둔 중앙행정기관이다.

• **경찰**: 국민의 생명과 재산 보호 및 공공의 안녕과 질서유지를 위하여 국민을 계몽, 지도 또는 명령, 강제하는 일을 한다.

3) **검찰청**: 법무부 소속으로 검사의 사무를 맡아보는 중앙행정기관이다.

• **검찰**: 범죄수사를 통한 형벌권 행사 및 법원의 판단에 의하여 구체화된 형벌권의 내용 실현을 지휘, 감독하는 일을 한다.

• **범죄**: 법을 어기고 저지른 잘못으로 사회의 안전과 질서를 문란하게 만드는 이를 처벌하기 위해 법에 규정되어 있는 행위를 말한다.

검찰청

(3) 권리 보호 기관

1) **국가인권위원회**: 모든 개인이 가지는 불가침의 기본적 인권을 보호·증진하여 인간으로서의 존엄과 가치를 구현하고 민주적 기본질서 확립을 위한 인권전담 독립 국가 기관이다.

2) **국민권익위원회**: 국민 고충 처리, 부패방지, 행정심판 기능을 수행하는 합의제 중앙행정기관이다.

3) **한국소비자원**: 소비자의 권익을 증진하고 소비생활을 향상시키기 위하여 설립된 전문기관이다.

4) **시민단체**: 사회 전체의 이익을 위해 시민들이 자발적으로 만든 집단이다.

5) **대한법률구조공단**: 법률 지식이 부족하면서도 경제적으로 어려워 법적 보호를 제대로 강구하지 못하는 국민에게 법률적 지원을 해주기 위해 설립된 기관이다.

(4) 외국인과 법

1) **출입국관리법**: 대한민국에 입국하거나 대한민국에서 출국하는 모든 사람의 출입국관리와 대한민국에 체류하고 있는 외국인의 등록에 관한 일을 규정한 법이다.

① 한국에 90일을 초과하여 체류하는 외국인은 외국인 등록을 해야 하며 이를 통해 국제법상외국인에게 부여한 권리를 보호받는다.

② 국내에 거주하는 외국인은 세금을 납부해야 하며, 외국인근로자도 국민연금가입대상이다.

③ 영주권 취득 후 3년이 지난 만 18세 이상 외국인은 지방 선거에 참여 할 수 있다.

- **출입국·외국인청**: 외국인등록증의 신청과 발급, 체류지 변경 신고와 체류기간 연장 등을 할 수 있다.
- **외국인등록증**: 외국인 신분을 보장하기 위해 출입국관리사무소에서 등록절차를 통해 발급하는 문서이다.

2) **재한외국인처우기본법**: 한국에 사는 외국인(재한외국인)을 대우하는 일에 관한 법률로 대한민국 사회에 적응하여 대한민국 국민과 서로 이해하고 존중하는 사회 환경을 만들어 대한민국의 발전과 사회 통합에 이바지하는 것을 목적으로 한다.

3) **국적법**: 대한민국 국민의 국적 취득과 상실 요건에 관하여 규정한 법률이다.

4) **영주권**: 일정한 자격을 갖춘 외국인에게 주는, 그 나라에서 영주할 수 있는 권리이다.

5) **국적 취득 절차**:

① 귀화허가 신청

② 귀화허가 심사(사회통합프로그램 귀화용 종합평가, 귀화면접심사)

③ 귀화허가 결과 통지

④ 기본증명서 발급(성명, 생년월일 등 기재사항 확인)

⑤ 외국국적포기 또는 불행사서약

⑥ 주민등록 신청

⑦ 외국인 등록증 반납(주민등록 마친 후 30일 이내 출입국관리사무소에 반납)

⑧ 주민등록증 발급

- **귀화**: 다른 나라의 국적을 취득하고 그 나라의 국민이 되는 일을 말한다.
- **외국 국적 불행사 서약**: 대한민국에서는 외국 국적을 행사할 수 없으며 오직 대한민국 국적만을 행사하겠다는 서약이다.
- **주민등록증**: 대한민국 국민으로서 국내에 주소를 두고 거주하는 주민임을 증명하는 증명서로 만 17세 이상의 대한민국 국민은 반드시 신청해야 한다.

6) 귀화의 종류 및 조건

일반귀화	5년 이상 거주	출생 후 한 번도 대한민국 국민이 된 적이 없는 성년의 외국인
간이귀화	3년 이상 거주	• 부 또는 모가 대한민국의 국민이었던 성년의 외국인 • 대한민국에서 출생한 자로서 부 또는 모가 대한민국에서 출생한 성년의 외국인 • 대한민국 국민의 양자로서 입양 당시 대한민국의 민법에 의하여 성년이었던 외국인
	혼인유지	• 배우자가 대한민국의 국민인 외국인으로서 아래에 해당하는 자 • 그 배우자와 혼인한 상태로 대한민국에 2년 이상 계속하여 주소가 있는 성년의 외국인 • 그 배우자와 혼인한 후 3년이 경과하고 혼인한 상태로 대한민국에 1년 이상 계속하여 주소가 있는 성년의 외국인
	혼인단절	• 한국인 배우자와 혼인한 상태로 국내에 주소를 두고 있던 중 그 배우자의 사망이나 실종 또는 그 밖에 자신에게 책임이 없는 사유로 정상적인 혼인생활을 할 수 없었던 자로서 국적법 기간을 충족한 성년의 외국인 • 한국인 배우자와의 혼인에 따라 출생한 미성년 자녀를 양육하거나 양육하여야 할 자로서 국적법 기간을 충족한 성년의 외국인
특별귀화	국적회복의 자녀	• 귀화자(국적회복자)의 자녀 • 입양 당시 미성년이었던 양자(성년 양자는 간이귀화 신청) • 98.06.13 이전 부계혈통주의 하 외국인 아버지와 한국인 어머니 사이 법률혼 관계에서 태어난 사람 • 한국인 아버지와 외국인 어머니 사이 사실혼 관계에서 출생하여 아버지가 인지한 성년 자녀
	우수인재, 독립유공자	우수인재 제도란 과학·경제·문화 등 사회 각 분야에서 전문적인 지식과 기술 등 특정 능력을 보유하고, 대한민국의 국익에 기여할 것으로 인정하는 사람에게 국적심의위원회 심의를 거쳐 복수국적을 인정하는 제도

- **여권**: 외국을 여행하는 사람의 국적 및 신분을 증명하는 국제 신분증으로 구청, 시청, 도청에서 발급받는다.
- **외교관**: 우리나라를 대표해서 외국에 나가 그 나라와 우리나라 사이에 있는 여러 가지 과제들을 처리하고 외국에 나가 있는 우리나라 사람들을 보호하는 역할을 담당하는 사람이다.

02 국민의 권리

(1) 기본권

- 인간이 태어날 때부터 자연적으로 가지는 권리로 헌법에 의하여 보장되는 국민의 기본적 권리를 말한다.

(2) 국민의 기본권

사회권	자유권	참정권	청구권	평등권
	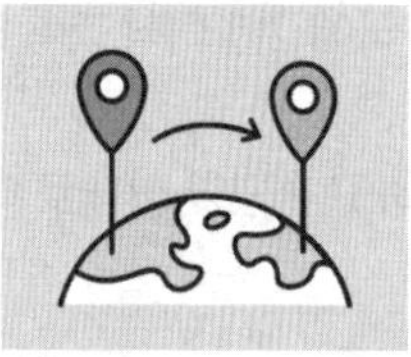			
인간다운 삶을 위하여 필요한 사회적 보장책을 국가에 요구할 수 있는 권리이다.	개인의 자유에 대해 침해받지 않을 권리이다.	국민이 직접·간접으로 국정에 참여할 수 있는 권리이다.	국가에 대해 일정한 요구를 할 수 있는 권리이다.	모든 사람은 평등하며 차별을 받지 않을 권리이다.

03 국민의 의무

(1) 국민의 4대 의무

교육의 의무	국방의 의무	근로의 의무	납세의 의무

모든 국민이 자녀에게 최소한 초등교육과 법률이 정하는 교육을 받게 할 의무이다.	국민으로써 나라를 지켜야 하는 의무이다.	모든 국민이 나라의 발전을 위해 일을 해야 할 의무이다.	모든 국민이 세금을 내야 할 의무이다.

(2) 국민의 6대 의무

- 4대 의무(교육의 의무, 국방의 의무, 근로의 의무, 납세의 의무) + 재산권 행사 공공복리 적합의 의무, 환경 보전의 의무가 있다.

| 주요 개념 문제 |

01 헌법에 대한 설명으로 옳지 않은 것은?

① 국가의 통치조직과 통치 작용의 기본원리 및 국민의 기본권을 보장하는 근본 규범을 말한다.
② 헌법 제 1조 2항은 대한민국의 주권은 국민에게 있고, 모든 권력은 국민으로부터 나온다.
③ 법 관련기관으로는 법대가 있다.
④ 헌법에 관한 분쟁이나 의의를 사법적 절차에 따라 해결하는 특별재판소가 있다.

02 〈보기〉의 내용에서 설명하는 것은?

〈보기〉
• 헌법을 수호하고, 국민의 기본권을 보호하는 역할을 한다.
• 헌법에 관한 분쟁이나 의의를 사법적 절차에 따라 해결하는 특별재판소이다.

① 헌법재판소 ② 법원 ③ 사법부 ④ 선거관리위원회

03 다음 (　　　)안에 들어갈 알맞은 말은?

(㉠)는 모든 개인이 가지는 불가침의 기본적 인권을 보호·증진하여 인간으로서의 존엄과 가치를 구현하고 민주적 기본질서 확립을 위한 인권전담 독립 국가 기관이며, (㉡)는 국민 고충 처리, 부패방지, 행정심판 기능을 수행하는 합의제 중앙행정기관이다.

① ㉠ 국가인권위원회, ㉡ 검찰청
② ㉠ 국가인권위원회, ㉡ 국민권익위원회
③ ㉠ 검찰청, ㉡ 국민권익위원회
④ ㉠ 국민권익위원회, ㉡ 국가인권위원회

04 귀화에 대한 설명으로 옳은 것은?

① 한국인이 되기 위한 과정을 말한다.

② 다른 나라의 국적을 취득하고 그 나라의 국민이 되는 일을 말한다.

③ 한국에서 살고 있다는 것을 증명하는 일이다.

④ 다른 나라에서 살 수 있는 조건을 얻는 것을 말한다.

05 대한민국에서는 외국 국적을 행사할 수 없으며 오직 대한민국 국적만을 행사하겠다는 서약은?

① 외국국적 불행사 서약

② 귀화신청

③ 외국인 등록증 신청

④ 국적회복허가

06 특별귀화의 조건으로 옳지 않은 것은?

① 우수인재

② 독립유공자

③ 국적회복의 자녀

④ 한국 5년 이상 거주

07 다음 (　　　　)안에 들어갈 알맞은 말은?

국민의 권리 중 (　　　　)는 인간이 태어날 때부터 자연적으로 가지는 권리로 헌법에 의하여 보장되는 국민의 기본적 권리를 말한다.

① 자연권　　② 사회권　　③ 기본권　　④ 평등권

08 다음 중 국민의 4대 의무가 아닌 것은?

① 교육의 의무
② 국방의 의무
③ 근로의 의무
④ 세금의 의무

09 교육의 의무에 대한 설명으로 옳은 것은?

① 국민으로써 나라를 지켜야 하는 의무이다.
② 모든 국민이 자녀에게 최소한 초등교육과 법률이 정하는 교육을 받게 할 의무이다.
③ 모든 국민이 나라의 발전을 위해 일을 해야 할 의무이다.
④ 모든 국민이 세금을 내야 할 의무이다.

10 다음 (　　　　)안에 들어갈 알맞은 말은?

(㉠)은 국민이 직접·간접으로 국정에 참여할 수 있는 권리이고, (㉡)는 국가에 대해 일정한 요구를 할 수 있는 권리이며, (㉢)는 모든 사람은 평등하며 차별을 받지 않을 권리이다.

① ㉠ 참정권, ㉡ 청구권, ㉢ 평등권
② ㉠ 청구권, ㉡ 참정권, ㉢ 평등권
③ ㉠ 참정권, ㉡ 자유권, ㉢ 평등권
④ ㉠ 자유권, ㉡ 청구권, ㉢ 평등권

| 정답 | 01 ③ 02 ① 03 ② 04 ② 05 ① 06 ④ 07 ③ 08 ④ 09 ② 10 ①

Chapter 05

경제

01 시장경제체제

1) 사유 재산 제도를 토대로 하여 자유경쟁의 원칙에 의해 시장에서 가격이 형성되는 경제체제로 판매자와 구매자가 서로 만나 거래가 이루어지게끔 하는 제도이다.

2) 화폐

• 한국의 화폐는 동전, 지폐, 수표가 있으며 각종 카드 및 모바일 결제 서비스 이용도 늘고 있다.

① 동전

1원 (무궁화)	5원 (거북선)	10원 (다포탑)	50원 (벼 이삭)	100원 (이순신장군)	500원 (학(두루미))

• **이순신 장군**: 조선시대 장군이며 '난중일기'의 저자로 거북 모양의 전투선인 거북선을 만들어 임진왜란에서 일본의 침략에 맞서 큰 승리를 거두었고, 마지막 전쟁인 노량대첩에서 전사하였다.

② 지폐

천원 (퇴계이황)	오천원 (율곡이이)	만원 (세종대왕)	오만원 (신사임당)	수표

조선 중기 평생 동안 학문 연구에 힘써 성리학(주자학)을 체계화하였고, 도산 서당을 세워 제자를 길러 내는 데 힘썼다. 사후에 제자들이 이황의 학문과 덕행을 기리기 위해 도산서원을 세웠다.	퇴계이황과 함께 조선시대 최고의 성리학자이며 어머니가 신사임당이다.	조선 4대 왕으로 훈민정음(한글) 창제, 과학기술 및 문화 발전에 힘쓴 왕이다.	조선 중기의 화가이자 글을 쓰는 사람이며, 율곡 이이의 어머니로 현모양처를 상징하는 인물이다.	큰 금액의 돈을 대신하여 은행에서 발행된 화폐를 말한다.

③ 기타

신용카드	상품이나 서비스의 대금 지급을 은행이 보증하여 일정 기간 뒤에 지급할 수 있도록 하는 신용 판매 제도에 이용되는 카드이다.
모바일 결제	휴대폰, 스마트폰, 태블릿PC 등의 모바일 기기를 통해 온오프라인 상에서 제품 또는 서비스를 구매하는 기술이다.

02 한국의 경제 발전

(1) 한강의 기적

- 6·25 전쟁 이후부터 이루어진 급격한 경제 성장을 나타내는 말이다.
- 정부와 국민들이 힘써 노력한 결과, 1인당 국민소득은 1953년 67달러에 불과했지만 1977년에는 1,000달러, 2000년에는 1만 달러를 넘어섰으며 최근 2021년에는 3만 4000달러를 넘어섰다. 가난했지만 빠른 성장을 이룬 것으로 인해 '한강의 기적'이라는 말이 나오게 되었다.

(2) 새마을운동

- 1970년부터 시작된 범국민적 지역사회 개발운동으로 근면·자조·협동의 기본 정신과 실천을 범국민적·범국가적으로 추진함으로써 국가발전을 가속적으로 촉진시키려는 목적으로 진행된 운동이다.

(3) IMF외환위기

- 1997년 외환부족으로 정부가 IMF(국제통화기금)에 자금 지원을 요청한 사건을 말한다.
- 공기업의 민영화, 부실 기업 정리, 노동자 정리 해고의 간편화 등으로 인해 실업자와 비정규직 노동자가 늘어나 고용이 불안정해졌으나 금 모으기 운동 등 여러 노력으로 2001년 IMF 관리 체제를 일찍 끝냈다.

(4) 한국의 경제 성장 과정

- **한국의 공업화**: 1962년 제1차 경제개발 5개년 계획이 착수되면서 본격적으로 이루어졌다. 공업부분이 급속하게 성장함에 따라 제조업의 업종이나 생산 품목이 크게 다양화 되었고, 경제성장을 주도하는 업종도 시기에 따라 바뀌었다.

• 한국의 수출품

50년대	원면, 원당, 소맥 등 원조물자와 결합된 산업
60년대	소비재 부분의 수입대체로 직물, 의류 등의 수출산업
70년대	철강, 비철금속, 석유화학 등 기초소재산업과 조선, 전자, 자동차, 기계 등 본격적인 중화학 공업이 경제 성장을 선도하는 산업의 기술집약적 성격이 뚜렷해짐

2021년 연간 수출 실적은 6,445억 달러를 기록했으며, 그 외 다양한 문화 콘텐츠 수출로도 주목받고 있다.

한국의 주요 수출품			
1	반도체	6	자동차부품
2	철강제품	7	선박
3	자동차	8	컴퓨터주변기기
4	석유제품	9	정밀기기
5	무선통신기기	10	가전제품

*출처 : 관세청 2021

• **한국의 경제구조** : 한국의 경제구조는 서비스업이 가장 높은 비율을 차지하고, 제조업 등의 경공업이 2번째로 높은 비중을 차지한다. 그리고 농·임·어업은 가장 낮은 비율을 차지하고 있다.

03 한국의 경제와 생활

(1) 금융

1) 은행의 종류

• **한국은행** : 대한민국의 중앙은행으로 화폐 발행과 금융시스템의 안정, 은행의 은행, 정부의 은행, 외화자산의 보유·운용, 은행 경영분석 및 검사, 경제조사 및 통계작성 등의 기능을 수행한다.

• **시중은행** : 전국적인 지점을 가지고 있는 은행으로 우리은행, 신한은행, 하나은행, KB국민은행, SC제일은행 등이 있다.

• **지역은행** : 지방 금융지원을 위해 설립된 지방에 거점 및 영역구역을 둔 은행으로 광주은행, BNK부산은행, DGB대구은행 등이 있다.

2) 예금의 종류

보통예금	예금과 인출을 자유로이 할 수 있는 통장식 은행예금
정기예금	일정 금액을 일정 기간 동안 금융기관에 맡기고 정한 기한 안에는 찾지 않겠다는 약속으로 하는 예금
정기적금	정해진 기간 동안 일정액을 매월 적립하고 만기일에 약정금액을 지급받는 것을 내용으로 하는 전형적인 적립식 예금

3) 금융제도

- **금융실명제** : 금융기관과 거래를 할 때 가명이나 남의 이름이 아니라 자신의 이름으로만 쓰도록 한 제도이다.
- **예금자 보호제도** : 금융기관의 부도 등으로 고객의 금융자산을 반환하지 못할 경우 예금 보호 기금을 통해 일정 금액 한도 내에서 돌려주는 제도이다.

4) 금융거래방법

- **방문** : 은행에 직접 방문하여 금융거래를 한다.
- **텔레뱅킹** : 직접 은행을 찾지 않고 전화로 금융거래가 가능한 제도로 고객의 돈을 은행 내 또는 계좌로 즉각 이체시킬 수 있으며 24시간 금융거래를 할 수 있는 시스템이다.
- **인터넷뱅킹** : 인터넷을 이용해 은행의 서비스를 이용할 수 있는 시스템이다.

  * **보이스피싱** : 전화를 통하여 신용카드 번호 등의 개인정보를 알아낸 뒤 이를 범죄에 이용하는 전화금융사기 수법이다.

(2) 한국의 생활

1) **시장** : 여러 가지 상품을 사고파는 일정한 장소를 말한다.

정기시장	일정한 기간의 간격을 두고 정기적으로 열리는 시장	3일장, 5일장
상설시장	언제든지 이용할 수 있고, 여러 가지 상품을 사고파는 장소	슈퍼마켓, 마트, 재래시장(전통시장) 등
통신판매	통신수단으로 주문을 받고 상품을 파는 방법	인터넷 쇼핑, tv 홈쇼핑 등

- **유통기한 표시제** : 제조사별로 생산 후 특정 기간 이내에 사용하도록 만든 제도이다.

  * **유통기한** : 상품이 시중에 유통될 수 있는 기한, 음식이 만들어지고 나서 유통될 수 있는 기간을 뜻한다.

- **원산지 표시제** : 농수산물 및 그 가공품의 원산지 표시를 의무화한 제도이다.

  * **원산지** : 상품이 생산된 지역을 의미한다. 동·식물의 경우 성장한 지역을 제조품의 경우 생산, 제조, 가공 과정이 이루어진 지역을 말한다.

- **제조물 책임법**: 제조물의 결함으로 인하여 발생한 손해로부터 피해자를 보호하기 위해 제정된 법률이다.
- **리콜제도**: 회사 측이 제품의 결함을 발견하여 보상해 주는 소비자보호제도이다.
- **영수증**: 돈이 물품을 받은 사람이 준 사람에게 이를 받았음을 인증하며, 영수 내용을 기재하여 제시해 주는 증서로 환불, 교환 할 때 꼭 있어야 한다.
  * **환불**: 이미 지불한 돈을 되돌려주는 것을 말한다.
  * **교환**: 서로 바꾼다는 뜻이다.

2) 주거

- **전세**: 보증금을 맡기고 남의 집에 임차한 뒤 계약 기간이 끝나면 보증금을 돌려받는 주택임대차 유형이다.
- **월세**: 임차인이 임대인에게 월 단위로 집세를 내는 임대차 계약방식이다.
- **자가**: 자신이 소유하고 있는 집을 말한다.
- **집들이**: 새집에 들어가거나 이사를 한 후, 이웃과 친지를 불러 집을 구경시키고 음식을 대접하는 문화이다.
- **주택임대차보호법**: 주택이나 상가 건물의 임대차에 대한 권리를 보호하기 위한 법률이다.
- **층간소음이웃사이센터**: 층간소음 현장진단 및 아파트 단지별 맞춤형 교육 서비스를 제공하여 당사자 간의 이해와 갈등 완화를 유도하는 기관이다.
- **계약서**: 계약이 성립되었음을 증명하기 위하여 작성하는 서류로 집 거래 때 꼭 작성해야 한다.

- **등기부등본**: 부동산에 관한 권리관계를 적어 두는 등기부를 복사한 증명 문서로 집이나 땅, 건물 등과 같은 부동산 계약을 할 때 계약자가 실제 주인인지, 은행 빚이 없는지, 압류등 다른 법적인 문제는 없는지를 반드시 확인해야 하는 문서이다.
- **전입신고**: 거주지를 옮길 때에 새로 살게 된 곳의 관할 관청에 그 사실을 알리는 일. 또는 그 서류이다.
- **확정일자**: 법원 또는 행정복지센터 등에서 주택임대차 계약을 한 날짜를 확인해 주기 위해 임대차 계약서에 도장을 찍어 주는 날짜이다.

3) 세금

국가 또는 지방 공공 단체가 필요한 경비로 사용하기 위하여 국민이나 주민으로부터 거두어들이는 돈을 말한다.

- **소득세**: 개인이 한 해 동안 벌어들인 돈에 대하여 액수별 기준에 따라 매기는 세금이다.

- **국세청**: 내국세의 부과 · 감면 및 징수에 관한 사무를 맡아보는 중앙행정기관이다.
- **세무서**: 국세청 산하의 지방국세청에 소속되어 관할 구역의 내국세의 부과 · 감면 · 징수에 관한 사무를 담당하는 세무행정기관이다.

4) 관공서

국가 또는 지방자체단체의 사무를 처리하는 기관이다.

- **병무청**: 국방부 소속으로 징집, 소집 등의 병무 행정에 관한 사무를 맡아보는 국방부 산하의 행정기관이다.
- **기상청**: 우리나라의 기상 상태를 관측하고 예보하며, 기상과 기후정보를 생산하고 연구하는 중앙행정기관이다.
- **통계청**: 통계의 기준 설정과 인구 조사 및 각종 통계에 관한 사무를 맡아보는 중앙행정기관이다.
- **산림청**: 산림의 보호 · 육성, 산림자원의 증식과 임산물의 이용 개발 및 산림경영의 연구와 개선업무를 관장하는 농림축산식품부 소속 중앙행정기관이다.
- **소방청**: 소방 및 방화, 방재, 대국민 신변안전관리 및 감독, 재난 대비 및 복구관리, 사후 관리대책 등의 사무를 관장하기 위한 중앙행정기관이다.

  * **소방서**: 화재 예방과 진압, 인명 구조와 구급 등의 업무를 담당하는 행정 기관으로 화재를 예방하고 진압하는 등 소방 업무를 담당하는 행정기관이다.
- **우체국**: 우편 업무, 즉 편지나 소포 등을 모아 배달하는 일을 하는 곳으로 우편 · 우편환 · 우편대체 · 우체국예금 · 우체국보험에 관한 사무를 시행하기 위한 기관이다.

5) 통신수단

- **우편**: 우편으로 전달되는 서신이나 물품을 통틀어 이르는 말이다.
- **메일**: 컴퓨터의 단말기 이용자끼리 통신 회선을 이용하여 주고받는 글이다.

6) 의료

- **약국**: 약사가 처방에 의하여 약을 지어주는 곳이다.
- **처방전**: 의사가 환자를 치료하기 위해 필요한 약제에 대하여 기재한 문서이다.
- **예방접종**: 전염성 질환을 예방하기 위하여 독력이 약화된 균이나 죽은 균 또는 독소를 인체에 주사하는 것이다.
- **보건소**: 국가 보건 행정의 합리적인 운영과 국민 보건의 향상을 도모하기 위한 의료기관이다.

7) 대중매체

• **신문**: 사회에서 발생한 사건에 대한 사실이나 해설을 널리 신속하게 전달하기 위한 정기 간행물로 기사를 실은 종이이다.

• **라디오**: 방송국에서 일정한 시간 안에 음악 · 드라마 · 뉴스 · 강연 등을 보낸 전파를 수신하여 음성으로 바꿔주는 기계 장치이다.

• **TV**: 전파신호를 받아 그것을 영상으로 보여주는 전자기기이다.

8) 일반상식

• 긴급전화번호

범죄신고	112
화재, 구조, 재난신고	119

• 올림픽 및 월드컵

- **88 서울올림픽**: 1988년 한국의 서울에서 개최된 제24회 하계 올림픽 경기대회이다.
- **2002 한일월드컵**: 2002년 한국과 일본이 공동 개최한 월드컵축구대회이다.
- **2018 평창동계올림픽**: 2018년 2월 9일부터 2월 25일까지 대한민국의 강원도 평창군에서 열렸던 동계올림픽대회이다.

• 한국을 빛낸 사람들

- **김대중 전 대통령**: 2000년 한국인 최초로 노벨평화상을 수상한 인물이다.
- **반기문**: 한국인 최초의 유엔사무총장이다.
- **김연아**: 피겨 스케이팅 선수로 대한민국 최초의 올림픽 메달리스트, 세계선수권대회 메달리스트이다.
- **박태환**: 대한민국의 수영 역사상 최초로 2008년 베이징 올림픽 자유형 400m에서의 금메달과 자유형 200m에서의 은메달을 획득하였다.

| 주요 개념 문제 |

01 한국에서 화폐로 사용되지 않는 것은?

① 동전 ② 지폐 ③ 신용카드 ④ 차용증

02 〈보기〉의 내용에서 설명하는 것은?

〈보기〉
사유 재산 제도를 토대로 하여 자유경쟁의 원칙에 의해 시장에서 가격이 형성되는 경제체제로 판매자와 구매자가 서로 만나 거래가 이루어지게끔 하는 제도이다.

① 시장경제체제 ② 사유재산제도
③ 자유경쟁제도 ④ 시장경보제도

03 한국의 경제 성장 과정에 대한 설명으로 옳지 않은 것은?

① 1962년 제 1차 경제개발 5개년 계획이 착수되면서 한국의 공업화가 이루어졌다.
② 공업부분이 급속하게 성장함에 따라 특정부분의 수출만 늘어났다.
③ 최근 문화 콘텐츠 수출로도 주목받고 있다.
④ 주요 수출품으로 반도체, 철강제품, 자동차 등이 있다.

04 큰 금액의 돈을 대신하여 은행에서 발행된 화폐는?

① 모바일결제 ② 신용카드 ③ 수표 ④ 오만원권

05 〈보기〉의 내용에서 설명하는 것은?

〈보기〉
금융기관과 거래를 할 때 가명이나 남의 이름이 아니라 자신의 이름으로만 쓰도록 한 제도이다.

① 금융실명제 ② 예금자 보호제도 ③ 금융제도 ④ 본인실명제

06 한국의 경제구조 중 가장 높은 비율을 차지하는 것은?

① 경공업 ② 서비스업 ③ 농업 ④ 어업

07 한국의 세금에 대한 설명으로 옳지 않은 것은?

① 국세청은 내국세의 부과·감면 및 징수에 관한 사무를 맡아보는 중앙행정기관이다.
② 소득세는 개인이 벌어들인 돈에 대하여 액수별 기준에 따라 매기는 세금이다.
③ 세금은 정부가 국민들에게 나눠주는 돈을 말한다.
④ 세무서는 관할 구역의 내국세의 부과·감면·징수에 관한 사무를 담당하는 세무행정기관이다.

08 한국의 은행의 종류가 아닌 것은?

① 한국은행 ② 시중은행 ③ 지역은행 ④ 서울은행

09 〈보기〉의 내용에서 설명하는 것은?

〈보기〉
직접 은행을 찾지 않고 전화로 금융거래가 가능한 제도로 고객의 돈을 은행 내 또는 계좌로 즉각 이체시킬 수 있으며 24시간 금융거래를 할 수 있는 시스템이다.

① 텔레뱅킹 ② 인터넷뱅킹 ③ 우편뱅킹 ④ 예약뱅킹

10 다음 ( )안에 들어갈 알맞은 말은?

긴급전화번호로는 범죄신고는 (㉠), 화재·구조·재난신고는 (㉡)이다.

① ㉠ 112, ㉡ 119
② ㉠ 111, ㉡ 119
③ ㉠ 112, ㉡ 113
④ ㉠ 113, ㉡ 119

| 정답 | 01 ④ 02 ① 03 ② 04 ③ 05 ① 06 ② 07 ③ 08 ④ 09 ① 10 ①

Chapter 06

교육

01 보육제도

(1) 출산 및 보육지원 제도(출산 장려 정책)

- **국민행복카드**: 출산을 장려하고 양육에 대한 경제적 부담을 줄여주기 위해 임신, 출산, 양육에 필요한 비용의 일부를 국가에서 지원해 주기 위해 발급되는 카드이다.
- **아이행복카드**: 만 0세부터 만 5세까지 취학 전 아동을 대상으로 정부에서 제공하는 보육료 · 유아학비 지원서비스를 이용할 수 있는 카드를 말한다.
- **양육수당**: 0~5세 아이를 어린이집 등에 보내지 않고 가정에서 키울 경우 받는다.
- **아동수당**: 아동의 건강한 성장 환경을 만들어서 아동의 기본적 권리와 복지 증진에 기여하기 위해 도입된 제도이다.
- **출산휴가 및 육아휴직**: 근로자가 임신한 경우, 아이를 출산하기 전이나 후에 출산휴가를 받는다. 또한 만 8세 이하 또는 초등학교 2학년 이하 자녀를 양육하기 위해 육아휴직(육아기 근로시간 단축) 제도를 이용할 수도 있다.

(2) 영 · 유아 보육, 교육기관

구분	내용	관리부처
어린이집	만 0세부터 취학 전까지의 아동을 대상으로 보호와 교육을 담당하는 시설	보건복지부
유치원	만 3세부터 취학 전까지의 아동을 대상으로 교육을 담당하는 교육기관	교육부

02 교육기관 및 교육제도

(1) 교육기관

의무교육	초등학교	6년	국민 생활에 필요한 기초적인 초등교육을 실시하는 교육기관	• 국·공립초등학교 • 사립초등학교
	중학교	3년	초등학교를 졸업한 사람에게 중등 보통 교육을 실시하기 위한 학교	• 일반 중학교 • 특수목적 중학교(예술, 체육 등 분야에 관한 교육을 중심으로 실시하는 학교)
고등학교		3년	중학교를 졸업한 사람에게 고등 보통 교육과 실업 교육을 실시하는 학교	• 일반계 고등학교 • 특수목적 고등학교(예술, 체육 등 분야에 관한 교육을 중심으로 실시하는 학교) • 특성화 고등학교(전문적인 기술을 교육해서 취업이 목적인 학교)

1) 대학교

- 고등교육기관으로 고등학교 졸업자 또는 이와 동등한 학력이 있다고 인정된 사람이 입학하며 교육을 이수하면 학사학위를 받는다.
- 종합대학교, 교육대학교, 예술대학교 등이 있으며 디지털 대학교, 방송통신대학교, 사이버대학교 등 방송이나 인터넷으로 강의를 듣는 학교도 있다.

2) 대학원

- **대학교를 졸업**한 사람이 입학할 수 있고, 연구·교육에 종사하는 최상층의 교육기관으로 석사과정과 박사과**정이 있다.**
  * **공교육**: 국가 또는 지방자치단체가 설립·운영하는 학교 교육 또는 이에 준하여 시행하는 학교 교육을 의미하며 국·공립, 사립학교 교육 모두를 포함한다.
  * **사교육**: 국가가 관리하는 교육기관 밖에서 이루어지는 교육을 말한다.
  * **교육청**: 시·도의 교육·학예에 관한 사무를 분장하게 하기 위하여 1개 또는 2개 이상의 시·군 및 자치구를 관할 구역으로 해서 설치된 교육행정기관이다.

(2) 교육제도

- **의무교육**: 의무교육기간은 9년이다. (초등학교 6년+중학교 3년)
- **대학수학능력시험**: 대학에서 공부할 수 있는 능력을 평가하기 위해 교육부에서 해마다 실시하는 시험으로 고등학교 졸업자 또는 이와 동등한 학력이 있다고 인정된 사람만이 응시 할 수 있다.

- **평생교육**: 언제, 어디서나, 무엇이든 자신이 공부하고 싶은 것들을 할 수 있게 하는 교육활동이다. 학교의 정규교육과정을 제외한 학력 보완교육, 성인 기초·문자해득교육, 직업능력 향상교육, 인문교양 등이 있다.
- 외국인 및 이민자 교육
  * **사회통합프로그램**(KIIP): 이민자의 한국 생활에 필요한 한국어, 경제, 사회, 법률 등 기본소양을 체계적으로 습득할 수 있는 프로그램으로 이민자의 한국어 능력, 한국 사회 이해 정도 등을 측정하기 위한 기본소양 사전평가 및 이수 레벨지정이 있으며 해당 과정을 이수하고 시험에 합격하면 국적 취득 등의 혜택이 주어진다.

(3) 교육열

1) 높은 진학률

- 대부분의 학생들이 의무교육이 아닌 고등학교에 진학하며, 대학교 진학률 또한 2021년 기준 73.3%로 높은 편에 속한다.

구분	중학교	고등학교	고등교육기관
진학률	100%	99.7%	73.3%

*출처: 한국교육개발원 교육통계분석자료집. 통계청2021

2) 높은 교육열

- **장점**: 높은 교육열로 인해 뛰어난 인적자원을 길러낼 수 있어 경제 발전 및 국가 발전 등에 도움이 될 수 있다.
- **단점**: 입시로 인한 스트레스, 사교육비 지출에 대한 부담, 정서적 불안감 등이 생길 수 있다.

| 주요 개념 문제 |

01 근로자가 임신한 경우, 아이를 출산하기 전이나 후에 받는 휴가는?

① 출산휴가 ② 임신휴가 ③ 양육휴가 ④ 육아휴직

02 다음 ( )안에 들어갈 알맞은 말은?

(㉠)는 출산을 장려하고 양육에 대한 경제적 부담을 줄여주기 위해 임신, 출산, 양육에 필요한 비용의 일부를 국가에서 지원해 주기 위해 발급되는 카드이며, (㉡)는 만 0세부터 만 5세까지 취학 전 아동을 대상으로 정부에서 제공하는 보육료·유아학비 지원서비스를 이용할 수 있는 카드를 말한다.

① ㉠ 국민행복카드, ㉡ 신용카드
② ㉠ 국민행복카드, ㉡ 아이행복카드
③ ㉠ 복지카드, ㉡ 아이행복카드
④ ㉠ 아이행복카드, ㉡ 국민행복카드

03 영유아보육기관에 대한 설명으로 옳은 않은 것은?

① 어린이집은 보건복지부 소속이다.
② 유치원은 교육부 소속이다.
③ 어린이집은 만 0세부터 만 3세까지의 아동을 보호와 교육을 담당하는 시설이다.
④ 유치원은 만 3세부터 취학 전까지의 아동에 대상으로 교육을 담당하는 교육기관이다.

04 한국의 의무교육기간으로 옳은 것은?

① 10년 ② 6년 ③ 12년 ④ 9년

05 **한국의 의무교육에 대한 설명으로 옳은 것은?**

① 의무교육기간은 총 6년이다.

② 초등학교, 중학교는 의무교육 과정이다.

③ 자녀가 원하지 않을 경우 보내지 않아도 된다.

④ 고등학교까지는 무조건 다녀야 한다.

06 **〈보기〉의 내용에서 설명하는 것은?**

> 〈보기〉
> 시·도의 교육·학예에 관한 사무를 분장하게 하기 위하여 1개 또는 2개 이상의 시·군 및 자치구를 관할 구역으로 해서 설치된 교육행정기관이다.

① 교육청 ② 교육부 ③ 지역아동센터 ④ 평생교육원

07 **한국의 교육제도에 대한 설명으로 옳은 것은?**

① 한국은 자녀에게 교육을 받게 해야 하는 의무는 없다.

② 의무교육기간은 총 12년이다.

③ 평생교육은 학교 정규교육과정에 포함된다.

④ 대학수학능력시험은 대학에서 공부할 수 있는 능력을 평가하기 위해 교육부에서 해마다 실시하는 시험이다.

08 **고등교육기관으로 고등학교 졸업자 또는 이와 동등한 학력이 있다고 인정된 사람이 입학하며 교육을 이수하면 학사학위를 받는 것은?**

① 고등학교 ② 대학원 ③ 대학교 ④ 평생교육원

09 한국의 교육열에 대한 설명으로 옳은 것은?

① 한국은 대부분의 학생들이 의무교육이 아닌 고등학교에 진학하는 높은 진학률을 보인다.
② 한국의 대학교 진학률을 매우 낮은 편이다.
③ 높은 교육열의 장점은 입시로 인한 스트레스와 사교육비 지출 등이 있다.
④ 높은 교육열의 단점은 인적자원을 길러낼 수 있다.

10 〈보기〉의 내용에서 설명하는 것은?

〈보기〉
이민자의 한국 생활에 필요한 한국어, 경제, 사회, 법률 등 기본소양을 체계적으로 습득할 수 있는 프로그램으로 이민자의 한국어 능력, 한국사회 이해 정도 등을 측정하기 위한 기본소양 사전평가 및 이수 레벨지정이 있으며 해당 과정을 이수하고 시험에 합격하면 국적 취득 등의 혜택이 주어진다.

① 한국생활가이드 ② 사회통합프로그램
③ 한국어능력시험 ④ 평생교육

| 정답 | 01 ① 02 ② 03 ③ 04 ④ 05 ② 06 ① 07 ④ 08 ③ 09 ① 10 ②

Chapter 07

역사

01 한국 역사의 흐름

고조선
↓
삼국시대
↓
남북국시대
↓
고려시대
↓
조선시대
↓
일제강점기
↓
대한민국

02 고조선

단군왕검

- 우리나라 역사상 최초의 국가로 기원전 2333년 10월 3일에 고조선이 세워졌다.
- **도읍지**: 아사달
- **시조**(세운 왕): 단군왕검
- **건국이념**: 홍익인간(널리 인간을 이롭게 한다는 뜻)

* **단군신화**: 민족의 시조 단군에 관한 신화로 '삼국유사'를 통해 전해진다.

| 단군신화 |

하늘을 다스리는 신(환인)의 아들인 환웅은 인간 세상을 사랑해서 나라를 만들어 다스렸다. 어느 날 곰과 호랑이가 찾아와 인간이 되게 해달라고 부탁했는데 환웅은 쑥과 마늘만을 먹고 동굴에서 100일을 견디면 인간이 될 수 있다고 했다. 그러나 호랑이는 동굴에서 나왔고, 곰은 21일 만에 인간이 되었다. 환웅은 인간 여자로 변한 곰(웅녀)과 결혼해 아들을 낳았는데, 그가 바로 단군이다. 단군은 태백산에 나라를 세우고 이름을 고조선이라고 했다.

* **8조법**: 한국 역사에 최초로 등장한 법으로, 고조선 시대에 있던 8개 조항의 법을 말하며 지금은 3개의 조항만 전해진다.

- 사람을 죽인 자는 즉시 사형에 처한다.
- 남에게 상처를 입힌 자는 곡물로써 배상한다.
- 남의 물건을 훔친 자는 노비로 삼되, 용서를 받으려면 돈 50만 전을 내야 한다.

- **문화재**

고인돌	청동기 시대 지배층의 무덤 역할을 하기 위해 세운 무덤이다.
비파형 동검	비파처럼 생긴 청동기 시대의 대표적인 무기의 하나인 동검이다.
참성단	단군왕검이 하늘에 제사를 지낸 곳이다.

고인돌

참성단

03 삼국시대

고구려, 백제, 신라의 세 나라가 함께 발전하며 대립하고 교류하던 시대이다.

(1) 고구려

- 삼국시대 세 나라 중 북쪽에 위치했던 군주제 국가이다.
- **시조**(세운 왕): 주몽
- **광개토대왕**: 북진정책으로 영토를 크게 넓혀 가장 넓은 영토를 차지하였다.
- **주요 인물**

소수림왕	불교를 도입하고, 태학을 설립하였으며 고구려의 전성기의 기틀을 마련하였다.
을지문덕 장군	살수대첩에서 수나라 군대를 물리쳤다.
장수왕	고구려 제20대 왕으로 도읍을 평양으로 옮기고, 남하정책을 추진하였다.

- **주요 문화재**: 광개토대왕릉비, 무용총, 수산리 고분 등이 있다.
  * **광개토대왕릉비**: 고구려 광개토대왕의 업적을 기록한 비석이다.

(2) 백제

• 해상무역의 발달로 삼국 중 가장 먼저 전성기를 맞았고, 중국과 교류하며 일본 문화에도 많은 영향을 주었다.

• 주요 인물

온조왕	고구려를 세운 주몽의 아들이며 백제의 시조이다.
근초고왕	백제의 13대 왕으로 고구려의 남평양을 빼앗고 한성을 도읍으로 하여 백제의 전성기를 이끌었다.

• **주요 문화재** : 정림사지 5층 석탑, 미륵사지 석탑, 백제 기와 등이 있다.

정림사지 5층 석탑

미륵사지 석탑

(3) 신라

• 삼국시대 세 나라 중 영남을 중심으로 세운 나라이며, 수도는 경주이다.

• 신라 진흥왕 때 인재양성을 목적으로 화랑도라는 청소년으로 조직되었던 수양단체를 만들었다.

• 주요 인물

박혁거세	신라를 세운 왕(시조)이며, 알에서 태어나 나라를 세웠다는 신화가 있다.
진흥왕	신라 제24대 왕으로, 신라의 전성기를 맞아 삼국통일의 기반을 마련하였다.
법흥왕	신라 제23대 왕으로 불교를 나라의 종교로 인정하고, 왕권을 강화하였다.

• **주요 문화재** : 첨성대, 분황사 모전 석탑, 왕릉 등이 있다.

* **첨성대** : 신라 선덕 여왕 때 세운 천문 기상 관측대로 천체의 움직임을 관찰하였다.

첨성대

분황사 모전석탑

왕릉

04 남북국시대

통일신라와 발해가 존재한 시기를 말한다.

(1) 통일신라

- 삼국 통일 이후의 신라를 말한다. 불교 문화를 크게 발전시켰으며 서역과의 활발한 교류를 통해 번성했다.
- **주요 인물**

김유신 장군	화랑 출신으로 삼국통일에 공을 세웠다.
문무왕	신라 제30대 왕으로 삼국통일을 이룩하였다.
장보고	완도에 청해진을 설치하고, 당나라와 일본을 상대로 해상무역을 주도하였다.

- **주요 문화재**: 다보탑, 석가탑, 불국사, 석굴암 등이 있다.
  * **석굴암**: 경상북도 경주시 토함산 동쪽에 있는 남북국시대 통일신라의 김대성이 창건한 사찰로 유네스코에서 제정한 세계문화유산으로 등재된 불상을 모신 석굴이다.
  * **불국사**: 경상북도 경주시 진현동의 토함산 기슭에 있는 사찰 건축물로 석굴암 삼층 석탑, 다보탑 등이 있다.

다보탑

석가탑

불국사

석굴암

(2) 발해

- 고구려가 멸망한 후 대조영이 고구려 사람들을 이끌고 옛 고구려 땅인 만주에서 세운 나라이다. 고구려를 계승하여 씩씩하고 독창적인 문화를 계승·발전해 나갔다.
- **주요 인물**

대조영	고구려 유민으로 만주에서 발해를 세워 고구려의 기상과 문화를 이어간 왕이다.
해동성국	'바다 동쪽의 전성기를 맞이한 나라'라는 뜻으로 당나라에서 불렸던 이름이다.

05 고려시대

- 후삼국을 통일하고 세운 나라로 고구려의 옛 땅을 회복한다는 뜻으로 '고려'라고 지었으며, 북진정책을 실시했다.
- 거란(요), 여진(금), 몽골의 침입으로 도읍지를 강화로 옮겼으며, 부처의 힘으로 몽골을 막아 내기 위해 팔만대장경을 만들었다.
- **무역활동** : 중국, 일본, 아라비아 상인들과 무역을 하였다.

- **벽란도** : 고려시대의 무역항
- **코리아**(Korea) : 외국인들(아라비아 상인)에게 '고려'라는 발음이 어려워 '코리아'가 되었다.

- **주요 인물**

왕건	고려의 1대 왕으로 고려를 세우고, 후삼국을 통일하였다.
문익점	고려시대의 문신으로 원나라에 갔다가 목화씨를 가져와 전국에 보급했다.
강감찬 장군	거란의 침략을 막아낸 영웅이다.

- **주요 문화재**

고려청자	은은하면서 맑고 푸른빛을 띠며 선이 부드러우면서도 생동감이 느껴지는 상감기법으로 만든 자기이다.
삼국사기	고려의 학자 김부식이 삼국시대의 역사를 정리해 만든 책이다.
직지심체요절	사찰 흥덕사에서 만들어진 인쇄물이다. 세계 최초 고려에서 발명한 금속을 이용한 인쇄술로 만든 책으로 유네스코 세계문화유산에 등재되었다.
팔만대장경	몽골이 고려를 침입하자 부처의 힘으로 몽골군을 물리치기 위해 만든 대장경이다.

고려청자

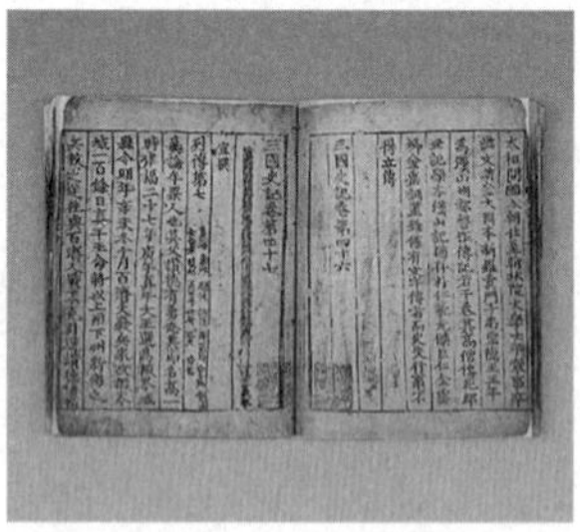

삼국사기

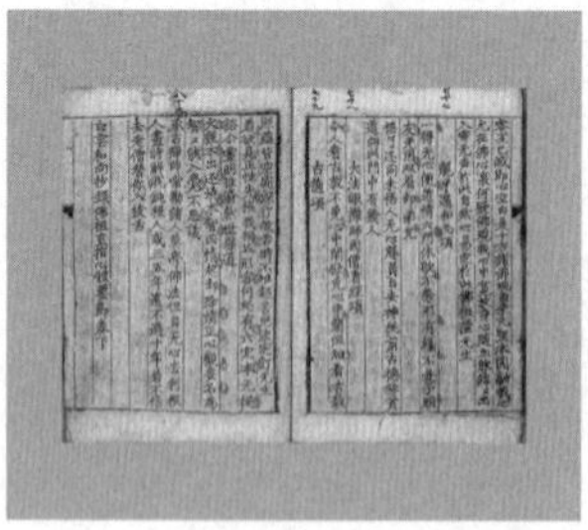

직지심체요절

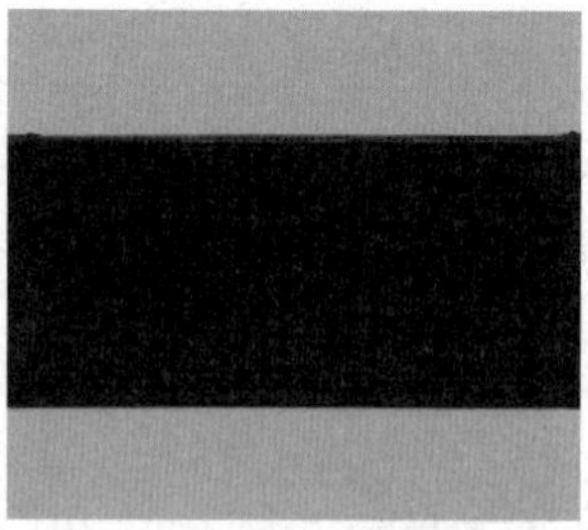

팔만대장경

06 조선시대

불교를 배척하고 유교를 숭상하여 정치, 경제, 사회, 문화 분야에 커다란 변화와 영향을 주었다.

(1) 조선의 건국

- **도읍지** : 한양
- **시조**(세운 왕) : 이성계
- **통치이념** : 유교
- **주요 인물**

세종대왕	조선 4대 왕으로 훈민정음(한글) 창제, 과학 기술 및 문화 발전에 힘쓴 왕이다.
이성계	조선의 1대 왕으로 한양을 도읍으로 정하고 조선을 세웠다.
장영실	조선시대 측우기, 자격루 등 발명품을 만든 과학자이다.
권율장군	임진왜란 때 행주대첩에서 승리를 이끈 장군이다.
정약용	실학자로 과학기술과 상공업 발달에 관심을 가졌으며 목민심서의 저자이다.
이순신	조선시대 장군이며, '난중일기'의 저자로 거북 모양의 전투선인 거북선을 만들어 임진왜란에서 일본의 침략에 맞서 큰 승리를 거두었고, 마지막 전쟁인 노량대첩에서 전사하였다.
흥선대원군	다른 나라와 관계를 맺지 않고 문호를 굳게 닫아 서로 통상하지 않는 쇄국정책을 실시하였다.

(2) 조선의 발전

- **집현전** : 조선 세종 때 궁중에 설치한 학문 연구 기관이다.
- **훈민정음**(한글) : 세종대왕이 만들어 반포한 우리나라 고유의 글자이며, '백성을 가르치는 바른 소리'라는 뜻을 가지고 있다. 소리를 내는 발음 기관의 모양을 따라서 만든 문자이며 세계 문화 유산으로 지정되어 있다.
- **경국대전** : 나라를 다스리는 기준이 된 조선시대의 최고의 법전으로 성종 때 완성이 되었다.
- **실학** : 17세기 중반부터 19세기 초반까지 나라를 다스리거나 사람들이 살아가는 데 도움이 되는 실용적 학문이다.
- **대동여지도** : 조선 후기에 김정호가 만든 한반도 지도이다.
- **홍길동전** : 우리나라 최초의 한글 소설로 조선 중기 허균이 지은 고전소설이다.
- **과학기구**

- **측우기** : 비가 내린 양을 재는 기구이다.
- **혼천의** : 천체의 운행과 위치를 측정하는 천문 관측기구이다.
- **자격루**(물시계) : 물의 흐름으로 자동으로 시간을 알려주는 물시계이다.

- **앙부일구**(해시계) : 해의 그림자에 따라 시간을 알려주는 해시계이다.

측우기

혼천의

자격루

앙부일구

(3) 외세의 침략

- **임진왜란** : 1592년~1598년 일본의 침략으로 일어난 전쟁이다.

- **임진왜란의 3대 대첩** : 한산도대첩, 진주대첩, 행주대첩

한산도대첩	1592년 한산도 앞바다에서 조선 수군이 일본 수군을 크게 무찌른 전투이다.
진주대첩	임진왜란 때 진주성의 조선군과 백성들이 일본군을 물리친 싸움이다.
행주대첩	임진왜란 때 권율이 행주산성에서 왜군을 크게 물리친 싸움이다.

- **거북선** : 이순신 장군이 만든 거북 모양의 철갑선으로 왜적을 물리치기 위해 제작되었다.
- **노량대첩** : 1598년 임진왜란의 마지막 싸움으로 이순신 장군이 전사한 해전이다.
- **난중일기** : 이순신 장군이 임진왜란 때 쓴 일기이다.
- **권율장군** : 임진왜란 때 행주대첩에서 승리를 이끈 장군이다.
- **강화도조약** : 고종 때 조선과 일본 사이에 체결된 조약으로 불평등 조약이다.
- **갑신정변** : 1884년 개화파가 개화사상을 바탕으로 조선의 자주독립과 근대화를 목표로 일으킨 정변이다.
- **갑오개혁** : 근대 국가에 걸맞은 제도를 만들기 위해 추진한 개혁이다.
- **을미사변** : 1895년 일본 자객들이 경복궁을 습격하여 명성황후를 시해한 사건을 말한다.

07 일제강점기와 독립운동

(1) 일제강점기

일제에게 나라를 빼앗긴 1910년부터 해방된 1945년까지 시대를 말하며, 우리의 국권을 강탈해 간 일제는 조선총독부를 설치한 뒤 행정, 입법, 사법 및 군대까지 손에 쥐고 우리 민족을 탄압했다.

- **을사조약**: 1905년 일본이 대한민국의 외교권을 박탈하기 위해 강제로 체결한 조약을 말한다.
- **한일병합조약**: 1910년 일본의 강압 아래 대한제국의 통치권을 일본에 양여함을 규정한 조약이다.

(2) 독립운동

- **3·1운동**(삼일운동): 1919년 3월 1일 일본의 식민지 지배에 저항하여 대한독립을 외치던 만세운동이다.
- **대한민국 임시정부**: 3·1운동 이후 조국의 광복을 위해 중국 상하이에 세워졌다.
- **독립선언서**: 3·1운동에서 민족대표로 나온 33인이 대규모 만세운동 전에 낭독한 것이다.
- **백범일지**: 독립운동가인 백범 김구가 쓴 자서전이다.
- **청산리전투**: 1920년 김좌진과 홍범도 등이 이끄는 독립군 부대가 10여 차례에 걸친 전투에서 일본군에게 크게 승리한 전투이다.
- **광복**: 1945년 8월 15일, 우리나라가 일본 제국주의자들에게 빼앗겼던 나라의 주권을 다시 찾았다.
- **독립운동가**

유관순	안중근	김구	윤봉길	안창호

3·1운동을 주도한 독립운동가로 태극기를 나눠주며 시위를 주도하다가 체포되어 옥중에서 순국하였다.	만주 하얼빈에서 이토 히로부미를 사살하고 순국하였다.	대한민국 임시정부 조직에 참여하고, 주석에 선임되었으며 '백범일지'저서를 남겼다.	홍커우 공원에서 도시락 폭탄을 던져 일본군의 주요 인물들을 죽였다.	독립협회, 신민회, 흥사단에서 독립 운동 활동을 하였으며, 대성학교를 설립하였다.

08 남북관계와 국제관계

(1) 남북관계

8·15 광복 이후 북쪽에는 소련군이, 남쪽에는 미군이 일본군의 무장 해제 담당

⬇

• 선거가 가능한 남한에서만 제헌 국회 의원을 선출하는 총선거가 실시
• 대통령 선출과 대한민국 정부 수립 선포

• 북한 최고 인민 회의를 구성 / 북한 정권을 수립

⬇

1950년 6월 25일, 북한은 38도 선을 넘어 불시에 남침

⬇

유엔군 개입 후 인천상륙작전을 실시하여 서울 탈환

⬇

중국군 개입으로 1.4후퇴하게 됨 (정부가 수도 서울에서 철수한 사건)

⬇

1953년 7월 27일, 휴전선을 정하여 휴전 협정

(2) 6·25전쟁

• 북한군이 북위 38도선 전역에 걸쳐 기습 남침하여 발발한 전쟁으로 이산가족이 생겼다.

- **38선**: 1945년 8월 15일부터 1953년 7월 27일 6·25전쟁으로 인한 휴전이 성립될 때까지 남한과 북한과의 정치적 경계선이다.

- **이산가족**: 남북 분단 등의 사정으로 서로 흩어져 만날 수 없게 된 가족이다.

• 통일의 필요성

- 병역 유지를 위한 국방비 절감, 국가 경쟁력 강화, 이산가족 아픔 해소 등이 있다.

  * **통일**: 하나로 합치다는 의미로 분단국가가 하나의 조직·체계로 통합되는 것을 말한다.

(3) 국제관계

- 한국의 국제 활동

- **국제 협력기구 가입**: WHO(세계보건기구), G20(주요 20개국을 회원으로 하는 국제 기구), UN(국제연합), APEC(아시아태평양경제협력체) 등
- **국제적 행사개최**: 24회 서울올림픽(1988), 17회 한일월드컵(2002), 23회 평창 동계올림픽(2018) 등

- 주변국가

미국	한국의 우방 국가로서 군사적, 경제적, 정치적으로 긴밀한 관계를 맺고 있는 나라이다.
일본	과거 식민지 지배와 독도 문제로 갈등이 있으나 경제적, 문화적 교류가 활발한 나라이다.
러시아	한국전쟁 당시 북한을 지원하였지만 현재는 에너지, 기술, 자원 등의 영역에서 서로 도움을 주고 받으며 우호적인 관계를 이어가고 있는 나라이다.
중국	역사적으로 한자, 유교, 불교 등 우리나라에 문화적으로 많은 영향을 주었고, 현재 최대 교역국가이다.

| 주요 개념 문제 |

01 한국 역사의 흐름 순서로 옳은 것은?

① 고조선 - 삼국시대 - 고려시대 - 남북극시대 - 조선시대 - 일제강점기 - 대한민국
② 고조선 - 삼국시대 - 남북극시대 - 고려시대 - 조선시대 - 일제강점기 - 대한민국
③ 고조선 - 남북극시대 - 삼국시대 - 고려시대 - 조선시대 - 일제강점기 - 대한민국
④ 고조선 - 남북극시대 - 고려시대 - 삼국시대 - 조선시대 - 일제강점기 - 대한민국

02 고조선에 대한 설명으로 옳은 것은?

① 우리나라 역사상 최초의 국가로 기원전 2333년 10월 2일에 세워졌다.
② 고조선의 도읍지는 조선이다.
③ 고조선의 시조는 주몽이다.
④ 건국이념은 널리 인간을 이롭게 한다는 뜻의 홍익인간이다.

03 다음 (　　　　)안에 들어갈 알맞은 말은?

고조선은 우리나라 역사상 최초의 국가로 도읍지는 (㉠)이며, 시조는 (㉡)이다.

① ㉠ 아사달, ㉡ 단군왕검
② ㉠ 한양, ㉡ 주몽
③ ㉠ 경주, ㉡ 단군왕검
④ ㉠ 한양, ㉡ 온조왕

04 한국 역사에 최초로 등장한 법으로 〈보기〉의 내용에서 설명하는 것은?

〈보기〉
• 사람을 죽인 자는 즉시 사형에 처한다.
• 남에게 상처를 입힌 자는 곡물로써 배상한다.
• 남의 물건을 훔친 자는 노비로 삼되, 용서를 받으려면 돈 50만 전을 내야 한다.

① 경국대전　　② 유교　　③ 8조법　　④ 삼국사기

05 고조선의 문화재가 아닌 것은?

① 고인돌 ② 비파형 동검 ③ 참성단 ④ 광개토대왕릉비

06 삼국시대에 대한 설명으로 옳은 것은?

① 고구려, 백제, 신라의 세 나라가 함께 발전하며 대립하고 교류하던 시대이다.

② 고구려는 세 나라 중 동쪽에 위치했던 군주제 국가이다.

③ 백제는 러시아과 교류하며 중국 문화에도 많은 영향을 주었다.

④ 신라는 영토확장을 목적으로 화랑도라는 조직을 만들었다.

07 〈보기〉에서 설명하는 인물은?

〈보기〉
고구려 왕으로 북진정책으로 영토를 크게 넓혀 가장 넓은 영토를 차지하였다.

① 소수림왕 ② 광개토대왕 ③ 근초고왕 ④ 문무왕

08 삼국시대의 나라가 아닌 것은?

① 고구려 ② 백제 ③ 신라 ④ 조선

09 신라 진흥왕 때 인재 양성을 목적으로 조직된 청소년 수양단체는?

① 벽란도 ② 집현전 ③ 화랑도 ④ 불국사

10 독립선언서에 대한 설명으로 옳은 것은?

① 이순신 장군이 임진왜란 때 쓴 일기이다.

② 독립운동가인 백범 김구가 쓴 자서전이다.

③ 3·1운동에서 민족대표로 나온 33인이 대규모 만세운동 전에 낭독한 것이다.

④ 사람들이 살아가는 데 도움이 되는 실용적 학문이다.

| 정답 | 01 ② 02 ④ 03 ① 04 ③ 05 ④ 06 ① 07 ② 08 ④ 09 ③ 10 ③

Chapter 08

문화

01 명절

한국에는 설날, 정월대보름, 한식, 단오, 추석 등이 있다.

- **4대 명절**: 설날, 한식, 단오, 추석

구분	풍습	음식	놀이
설날 (음력 1월 1일)	한해가 시작되는 첫날로, 조상들께 차례를 지낸다.	떡국	윷놀이, 연날리기, 제기차기
정월대보름 (음력 1월 15일)	설날 이후 처음 맞는 보름날로 한 해의 건강과 소원을 빈다.	오곡밥, 약밥, 귀밝이술, 김과 취나물	부럼깨물기, 줄다리기, 다리밟기, 고싸움, 돌싸움, 쥐불놀이 등
한식 (동지 후 105일째 되는 날)	불을 쓰지 않고 찬 음식을 먹는다.	찬 음식	-
단오 (음력 5월 5일)	단오떡을 해 먹고 여자는 창포물에 머리를 감고 그네를 뛰며 남자는 씨름을 하면서 하루를 보낸다.	수리취떡, 쑥떡, 망개떡, 약초떡	그네뛰기, 씨름, 탈춤
추석 (음력 8월 15일)	팔월의 한가운데 날이라는 뜻을 지니고 있고, 한가위라고도 부르며 햅쌀과 햇과일로 차례를 지낸다.	송편	강강술래, 줄다리기, 가마싸움

설날

정월대보름

단오

추석

02 전통 의식주

(1) 전통의상

- **한복**: 직선과 약간의 곡선이 조화를 이루어 아름다운 고유의 의복으로 남자는 바지와 저고리를 입고, 여자는 짧은 저고리와 넉넉한 치마를 입는다.
- **한복의 재료**: 더운 여름에는 삼베나 모시로 옷을 만들었고, 추운 겨울에는 비단이나 솜으로 옷을 만들어 입었다.
- **한복 입는 날**: 주로 결혼식, 돌잔치, 명절과 같은 중요한 날에 한복을 입으며 요즘에는 입기 편한 개량한복이 만들어져 일상생활을 하며 입는 사람들이 늘고 있다.

한복

(2) 전통 음식

- **한식**: 한국식 요리를 말하며 주로 한국의 전통식 요리를 뜻한다.

- 기본적으로 밥(쌀), 국, 여러 가지 반찬으로 이루어지며 숟가락과 젓가락을 이용해 먹는다.
- 봄, 여름, 가을 겨울 기후의 변화에 따라 간장, 된장, 고추장 등의 발효음식도 발달했다.

1) 대표음식

- **비빔밥**: 밥에 나물 · 고기 · 고명 등을 넣어 참기름과 양념으로 비빈 밥이다.
- **불고기**: 쇠고기 등을 얇게 저며서 양념에 재웠다가 불에 구워 먹는 요리로 예전에는 너비아니라고 불렀다.
- **삼계탕**: 닭에 인삼, 대추, 찹쌀 등을 넣어서 고아 만드는 음식으로 원기를 돕는다하여 여름철 복날에 가장 많이 먹는 보양식이다.
- **떡**: 쌀 등의 곡류를 찌거나, 찐 것을 빚어서 만든 음식을 통틀어 이르는 말이다.

비빔밥

불고기

삼계탕

떡

2) 발효음식

- **김치**: 대표적인 채소 발효식품으로 소금에 절인 배추와 무 등을 양념에 버무려 만드는 음식이다.
  * **김장**: 겨울 동안 먹기 위해 김치를 한꺼번에 많이 담그는 것을 말한다.
- **된장**: 콩을 발효시켜 만든 전통음식이다.
  * **메주**: 콩·보리·밀·쌀 등을 삶아 띄워 만드는데 된장, 고추장, 간장을 담그는 원료로 쓴다.
- **고추장**: 찹쌀에 고춧가루, 엿기름, 메줏가루 등을 섞어 발효시킨 한국의 전통 조미료이다.

김치

김장

된장

고추장

3) 대표 간식

- **식혜**: 밥을 엿기름으로 삭혀서 달고 시원하게 마시던 전통 음료이다.
- **수정과**: 생강이나 계피를 달인 물에 설탕이나 꿀을 넣고 끓여서 식힌 다음 기호에 따라 곶감이나 잣을 띄워 마신 전통 음료이다.
- **한과**: 우리나라 전통 과자로 유밀과 중 하나로 밀가루를 꿀이나 설탕에 반죽하여 납작하게 만들어서 기름에 튀겨 물들인 것으로 흔히 잔칫상이나 제사상에 놓는다.

4) 특별한 날 먹는 음식

- **국수**: 밀이나 메밀과 같은 곡물을 가루 내어 반죽한 것을 가늘게 만든 후, 국물에 말거나, 비비거나, 볶아 먹는 음식의 총칭으로 전통적으로 결혼식에 가면 먹게 되는 음식이다.
- **미역국**: 미역으로 끓인 국으로 생일날이나 출산 이후 빨리 회복되기 위해서 주로 먹는 음식이다.
- **찹쌀떡**: 찹쌀로 만든 떡으로 시험을 치는 사람에게 합격하라는 의미로 찹쌀떡을 선물한다.

국수

미역국

찹쌀떡

(3) 전통 가옥(집)

1) **한옥** : 우리나라 고유의 형식으로 지은 집이다.

2) 한옥의 구성

- **온돌** : 전통 난방방식으로 바닥에 구들을 깔고 불을 지펴 돌을 달구어 난방하는 우리 고유의 주거문화이다.
- **마루** : 지면으로부터 일정한 높이로 들어 올린 방과 방 사이의 넓은 공간이다. 마루는 습기나 지열 혹은 해충이나 짐승을 피하기 위해 거주 공간을 구성하였다.
- **기와** : 지붕을 이는 데에 쓰기 위하여 흙을 굽거나 시멘트 따위를 굳혀서 만든 건축 자재로 눈과 빗물의 침수를 차단하고 이를 흘러내리게 하여 지붕 재목의 부식을 방지함과 동시에 건물의 경관과 치장을 위하여 사용된다.
- **처마** : 외벽 경계선 바깥쪽으로 노출된 지붕의 일부분으로 비바람으로부터 벽체를 보호하고 뜨거운 볕을 가려 준다.

한옥

온돌

마루

기와

처마

03 전통놀이

- **강강술래**: 밝은 보름달이 뜬 밤에 수십 명의 마을 처녀들이 모여서 손을 맞잡아 둥글게 원을 만들어 도는 민속놀이이다.
- **줄다리기**: 두 패로 나누어 굵은 줄을 서로 당겨 자기편으로 끌어온 쪽이 이기는 경기 또는 놀이이다.
- **씨름**: 두 사람이 샅바를 잡고 힘과 기술을 겨루어 상대를 넘어뜨리는 것으로 승부를 겨루는 우리나라 전통의 민속놀이이다.
- **윷놀이**: 4개의 윷가락을 던지고, 그 결과에 따라 말을 사용하여 승부를 겨루는 전통놀이이다.
- **제기차기**: 제기를 바닥에 떨어뜨리지 않고 발로 차는 민속놀이이다.

강강술래

줄다리기

씨름

윷놀이

04 전통문화

1) **아리랑**: 우리나라 대표적인 민요로 구전으로 전승되고 재창조되어 왔다.

- **3대 아리랑**: 정선아리랑, 밀양아리랑, 진도아리랑

2) **판소리**: 순수한 우리 음악이며 한 명의 소리꾼이 북장단에 맞추어 이야기의 줄거리를 노래, 말, 몸짓을 섞어가며 이야기를 풀어내는 공연예술이다.

3) **사물놀이**: 꽹과리 · 장구 · 북 · 징의 네 가지 악기를 가지고 연주하도록 편성한 음악이다.

아리랑

판소리

사물놀이

05 세계문화유산(유네스코)

(1) 한국의 세계유산

- 석굴암, 불국사, 조선왕릉, 고창·화순·강화의 고인돌 유적, 창덕궁, 종묘, 수원화성, 남한산성, 해인사대장경판 등

창덕궁

종묘

수원화성

남한산성

(2) 한국의 세계기록유산

- 훈민정음, 직지심체요절, 해인사 대장경판(팔만대장경), 난중일기, 조선왕조실록, 조선왕조의궤, 동의보감 등

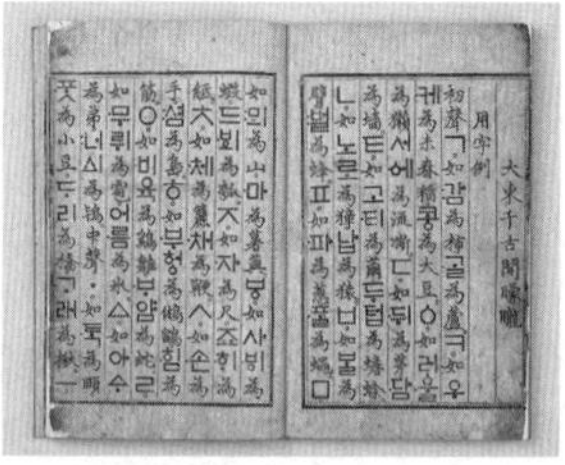
훈민정음

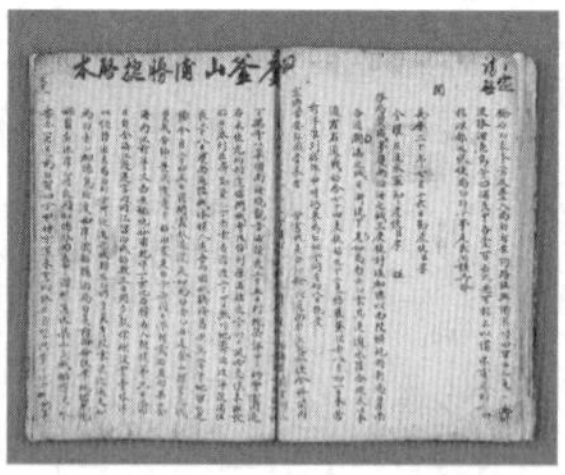
난중일기

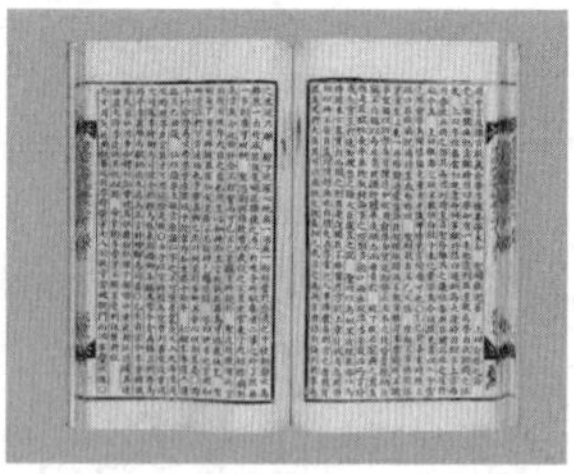
조선왕조실록

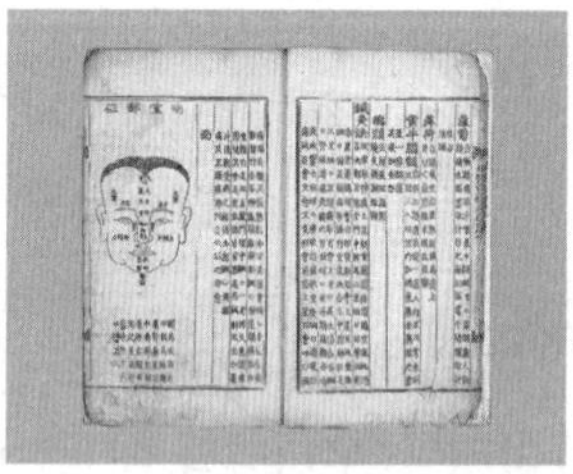
동의보감

(3) 한국의 인류무형문화유산

- 판소리, 강강술래, 택견, 김장, 줄다리기, 씨름, 처용무, 남사당놀이, 아리랑, 줄타기, 제주해녀문화 등

판소리

택견

줄타기

제주해녀문화

- **무형문화재**: 연극, 무용, 음악, 공예 기술 등의 무형의 문화적 소산으로 역사적 또는 예술적으로 가치가 큰 것이며 사람이 지정 대상인 것이다.

06 의례

(1) 결혼

- **결혼식**: 남자와 여자가 부부가 되기로 서약하는 의례이다.
- **축의금**: 결혼식에 갈 때 축하하는 뜻으로 내는 돈이다.
- **청첩장**: 상대방을 결혼식에 초대하기 위하여 작성하는 글이다.
- **혼인신고**: 결혼한 사실을 행정 관청(구청, 시청, 읍·면사무소)에 신고하는 일이다.
  * **결혼나이**: 만 18세 이상(부모님의 동의를 받는다면 만 18세 미만도 가능하다)
- **가족관계등록부**: 국민 개개인별로 출생, 혼인, 사망 등의 신분변동사항을 전산정보처리 조직에 따라 기록·관리하는 등록부이다.
- **출생신고**: 태어난 아기가 대한민국 국민으로 인정받기 위하여 태어난 후 1개월 이내에 읍, 면, 동(행정복지센터)등에 출생신고를 하는 일이다.
- **주민등록등본**: 주민 등록 원본의 전부를 복사한 증명 서류이다.

1) 이혼

- **이혼**: 부부가 혼인 관계를 소멸하고 결혼하지 않은 상태로 되돌리는 행위를 말한다.
- **협의 이혼**: 부부가 서로 이혼에 동의하고 하는 이혼을 말한다.
- **재판상 이혼**: 부부가 이혼에 합의하지 못한 경우 재판을 거쳐 이루어지는 이혼을 말한다.

- 이혼절차
- 부부의 이혼 및 미성년자 자녀양육에 대한 합의(양육권, 양육비, 면접교섭권 등) 등을 한다.
- **양육비**: 이혼 시 비양육자가 양육자에게 지급함으로써 양육 환경을 유지시키기 위한 것이다.
- **면접교섭권**: 부부가 이혼한 뒤 자식을 양육하지 않는 부모가 자식을 만나거나 전화 또는 편지 등을 할 수 있는 권리를 말한다.
- **위자료**: 이혼 때문에 상대방이 입은 신체적인 동시에 정신적인 측면에서 본 종합적인 손해를 청구하는 것이다.
  * **가정폭력**: 가정 내에서 가족 간에 행해지는 폭력

협의 이혼 과정과 절차

01 부부의 이혼 및 미성년 자녀양육에 대한 합의

02 가정법원에 협의이혼 서류 접수

03 숙려기간
* 당사자로 하여금 이혼 의사를 재고하도록 하는 기간
* 자녀가 없거나 성인 자녀가 있는 경우 1개월
* 미성년 자녀가 있는 경우 3개월

04 가정법원의 이혼의사 등 확인

05 행정관청에 3개월 이내에 이혼 신고

(2) 사망

제사

- **장례식**: 죽은 사람의 시신을 처리하는 과정과 절차로 주로 장례식장에서 문상객을 맞이한 후 땅에 묻거나 화장하는 것이다.
- **조의금**: 장례식 등 슬픈 일을 당한 가족에게 위로의 마음으로 내는 돈이다.
- **문상**: 상주를 조문하는 상례 의식으로 죽은 사람과 그 가족을 위로하기 위해 방문하는 일을 말한다.
- **부고**: 사람의 죽음을 알리는 일을 말한다.
- **제사**: 돌아가신 조상을 생각하며 음식을 바치고 정성을 다하는 의례를 말한다.

(3) 생일

- **백일잔치**: 아기가 태어난 지 100일이 되면 하는 기념행사이다.
- **돌잔치**: 아기가 태어나고 1년(12개월)이 되었을 때, 아기가 태어나 처음 맞이하는 생일에 축하하는 잔치이다.

\- **돌잡이**: 첫돌 돌상에 실 · 돈 · 쌀 · 책 · 등을 올리고 아이에게 마음대로 골라잡게 하는 것이다.

- **환갑**(회갑): 사람이 태어나서 60년 만에 맞는 생일(61세 - 만 60세)을 가리키는 세시풍속이다.

\- **환갑**(회갑)**잔치**: 사람이 태어나서 만 60세가 되는 해에 오래 살기를 기원하며 벌이는 잔치를 말한다.

- **칠순**(고희): 나이 70세, 일흔 살 생일을 가리키는 세시풍속이다.

\- **칠순 잔치**(고희연): 사람이 태어나서 70세가 되는 해에 오래 살기를 기원하며 벌이는 잔치를 말한다.

- **팔순**: 나이 80세, 여든 살을 말한다.
- **초대장**: 모임이나 행사에 초대하려고 쓴 글을 말한다.

  * **한국인의 모임**: 동창회, 동호회, 반상회, 부녀회, 송년회, 송별회, 회식 등이 있다.

07 종교

- **불교**:기원전 6세기경 인도의 석가모니가 창시한 후 동양 여러 나라에 전파된 종교이며, 석가모니가 태어난 날은 석가탄신일이며 법정 공휴일이다.
- **가톨릭교**:가톨릭 그리스도의 정통 교의를 믿는 종교이다.
- **개신교**(기독교):예수 그리스도의 인격과 교훈을 중심으로 하는 종교이며, 예수가 태어난 날은 성탄절(크리스마스)이며 법정공휴일이다.
- **유교**:'유학'을 종교적인 관점에서 이르는 말로 삼강오륜을 덕목으로 하고, 사서삼경을 경전으로 하며 효도와 예의를 강조한다.

\- **향교**:고려 · 조선 시대에 유교를 교육하기 위해 국가가 지방에 설립한 중등교육 기관이다.

08 한국인의 문화

- **기**(氣):활동의 바탕이 되는 힘으로 몸 안에 있는 정신적인 기운을 말한다.
- **흥**(興):즐거움을 일어나게 하는 감정을 말한다.
- **정**(情):사랑이나 친근감을 느끼는 마음으로 한국 특유의 감정이다.
- **효**(孝):부모를 잘 섬기고 공경하는 태도를 말한다.
- **예절**:말이나 행동을 겸손하고 예의 바르게 표현하는 것이다.
- **존댓말**(높임말):사람이나 사물을 높여서 이르는 말로 자신보다 나이 · 지위가 높거나 공적인 자리에서 각자의 지위나 나이에 상관없이 사용하는 말이다.
- **보통말**:높이거나 낮추는 것이 없는 말로 상대방이 친구이거나 아랫사람 또는 어린이인 경우에 보통말을 사용한다.
- **상부상조**:서로서로 돕는다는 뜻으로 비슷한 상황을 겪는 사람들이 서로 의지하고 돕는 모습을 가리키는 말이다.
- **산후조리**:아이를 낳은 후 허약해진 몸과 마음을 출산 전의 몸 상태로 회복시키기 위해 보살피는 문화이다.
- 대학수학능력시험이나 다양한 시험 등을 보는 사람에게 합격을 기원하며 찹쌀떡, 엿, 포크 등을 선물한다.

09 기초생활질서

(1) 기초생활질서

- 신호등이 빨간불일때 건너지 않는다.
- 대중교통 기다릴 때 줄을 서서 기다린다.
- 지나친 소음으로 이웃에게 피해를 주지 않는다.
- 쓰레기를 함부로 버리지 않는다.

(2) 버스 지하철 등 대중교통 이용할 때 주의해야 할 질서

- 대중교통을 이용할 때에는 줄을 서서 기다리고, 순서대로 탄다.
- 대중교통을 탈 때에는 먼저 사람들이 다 내리고 난 후에 탄다.
- 노인, 장애인, 임산부 등 노약자에게 자리를 양보한다.
- 차 안에서 뛰거나 큰소리로 이야기하지 않는다.
- 휴대전화 통화예절을 지킨다.
- 대중교통에서 음식을 먹지 않는다.

(3) 공원 및 공공장소 예절

- 화장실 등 공공시설을 깨끗하게 사용한다.
- 쓰레기를 함부로 버리지 않는다.
- 주차를 할 때 지정된 장소에서 한다.
- 담배는 흡연할 수 있는 장소에서 하여야 한다.
- 지나친 소음으로 이웃에게 피해를 주지 않는다.
- 애완견을 데리고 산책 할 때에는 반드시 목줄을 하고 배설물을 잘 치운다.

(4) 박물관 및 영화관 예절

- 전시된 작품을 훼손시키거나 오염시키지 않고 눈으로만 감상한다.
- 음식물을 반입하지 않는다.
- 조용히 관람하며 휴대폰은 무음으로 설정한다.
- 사진 촬영을 하지 않는다.

(5) 식사예절

- 어른이 식사를 시작하고 난 다음 식사를 한다.
- 식사에 방해되지 않도록 조용히 이야기 한다.
- 반찬을 뒤적이지 않는다.
- 소리 내며 먹지 않는다.
- 기침을 할 때는 얼굴을 옆으로 돌리고 손으로 입을 가린다.
- 밥그릇을 식탁에 둔 채로 먹는다.

(6) 환경보호

1) 쓰레기 배출 방법

일반 쓰레기	대형폐기물, 음식물 쓰레기, 재활용품을 제외한 불에 타는 것들	종량제 봉투에 담아 배출한다.
대형 폐기물	가구나 가전제품, 가구류 같은 큰 생활용품들	대형 폐기물 스티커를 부착 후 배출한다.
음식물 쓰레기	소비되고 남은 음식물	• 음식물 전용 종량제 봉투에 담아 배출 • 칩 및 스티커를 수거 용기에 부착해 배출 • 쓰레기 무게 측정해서 수수료 납부
재활용품	종이, 병류, 고철, 플라스틱, 스티로폼 등	이물질은 제거한 후 종류별로 나누어 담아 배출한다.

* **분리수거**: 재질마다 폐기물을 분류하고 그것을 수집하는 것을 말하는 것으로 쓰레기를 종류별로 모아버리는 것이다.
* **무단투기**: 쓰레기를 정해진 곳에 버리지 않거나 종량제 봉투에 넣어 버리지 않는 행위이다.

2) 에너지 절약

- 물을 아껴 쓰고, 사용하지 않는 전기는 전원을 끄고, 냉방기 및 난방기 적정온도를 유지하고, 일회용품 사용을 하지 않도록 한다.

| 주요 개념 문제 |

01 다음 중 한국의 4대 명절은?

① 설날, 정월대보름, 초파일, 추석

② 설날, 정월대보름, 단오, 추석

③ 설날, 한식, 단오, 추석

④ 설날, 삼짓날, 초파일, 추석

02 한국의 명절 한식에 먹는 음식은?

① 찬 음식 ② 송편 ③ 떡국 ④ 수리취떡, 쑥떡, 망개떡 등

03 한국의 전통의상에 대한 설명으로 옳지 않은 것은?

① 직선과 약간의 곡선이 조화를 이루어 아름다운 고유의 의복이다.

② 남자는 바지와 저고리를 입는다.

③ 여자는 짧은 저고리와 넉넉한 치마를 입는다.

④ 최근에는 한복의 날을 만들어 한복 입기 운동을 하고 있다.

04 〈보기〉에서 설명하는 것은?

〈보기〉
닭에 인삼, 대추, 찹쌀 등을 넣어서 고아 만드는 음식으로 원기를 돕는다하여 여름철 복날에 가장 많이 먹는 보양식이다.

① 비빔밥 ② 삼계탕 ③ 떡 ④ 불고기

05 한국의 전통가옥에 대한 설명으로 옳은 것은?

① 온돌은 바닥에 구들을 깔고 불을 지펴 돌을 달구어 난방하는 우리 고유의 주거문화이다.

② 마루은 눈과 빗물을 흘러내리게 하여 지붕 재목의 부식을 방지하였다.

③ 기와은 비바람으로부터 벽체를 보호하고 뜨거운 볕을 가려준다.

④ 처마은 습기나 지열 혹은 해충이나 짐승을 피하기 위해 거주 공간을 구성하였다.

06 다음 (　　　　)안에 들어갈 알맞은 말은?

〈보기〉

(㉠)는 두 패로 나누어 굵은 줄을 서로 당겨 자기편으로 끌어온 쪽이 이기는 경기 또는 놀이이다. (㉡)는 두 사람이 샅바를 잡고 힘과 기술을 겨루어 상대를 넘어뜨리는 것으로 승부를 겨루는 우리나라 전통의 민속놀이이다.

① ㉠ 줄다리기, ㉡ 강강술래　　② ㉠ 강강술래, ㉡ 씨름

③ ㉠ 줄다리기, ㉡ 씨름　　④ ㉠ 제기차기, ㉡ 윷놀이

07 3대 아리랑으로 맞는 것은?

① 정선아리랑, 밀양아리랑, 해주아리랑

② 경기아리랑, 정선아리랑, 진도아리랑

③ 정선아리랑, 상주아리랑, 진도아리랑

④ 정선아리랑, 밀양아리랑, 진도아리랑

08 한국의 결혼에 대한 설명으로 옳은 것은?

① 결혼은 만 19세 이상이면 할 수 있다.

② 부모님의 동의를 받는다면 만 18세 미만도 가능하다.

③ 혼인신고는 법원에 가서 해야 한다.

④ 결혼식에 갈 때 축하하는 뜻으로 조의금을 낸다.

09 〈보기〉에서 설명하는 것은?

〈보기〉

재질마다 폐기물을 분류하고 그것을 수집하는 것을 말하는 것으로 쓰레기를 종류별로 모아 버리는 것이다.

① 분리수거 ② 무단투기 ③ 재활용품 ④ 대형폐기물

10 한국의 기초생활질서 중 옳은 것은?

① 지나친 소음으로 이웃에게 피해를 주지 않는다.
② 신호등이 빨간불일 때 건넌다.
③ 대중교통 기다릴 때 자유롭게 기다린다.
④ 쓰레기는 보이지 않는 구석에 버린다.

| 📖 정답 | 01 ③ 02 ① 03 ④ 04 ② 05 ① 06 ③ 07 ④ 08 ② 09 ① 10 ①

MEMO

Ⅱ 사회통합프로그램 종합평가 Ⅱ

실전 모의고사

/ 제3장 /

CHAPTER 01 실전모의고사 1회

CHAPTER 02 실전모의고사 2회

CHAPTER 03 실전모의고사 3회

CHAPTER 04 실전모의고사 4회

CHAPTER 05 실전모의고사 5회

CHAPTER 06 실전모의고사 6회

CHAPTER 07 실전모의고사 7회

Chapter 01

실전 모의고사 1회

[01~06] 다음 (   )에 알맞은 것을 고르시오.

01

가 : 저는 부모님과 함께 살고 있어요. 띠엔씨는요?
나 : 저는 시부모님과 함께 시골에서 살다가 최근에 (   )했어요.

① 분가　② 보상　③ 매매　④ 협상

02

여름을 맞아 시원하고 달콤한 수박 1(   )을 사서 집으로 왔다.

① 벌　② 개　③ 통　④ 포기

03

선생님, 저희가 필독해야 할 도서를 (   ) 주세요.

① 후회해　② 유지해　③ 추천해　④ 마무리해

04

쓰레기를 아무 데나 마구 버려 주위가 (   ).

① 복잡하다　② 지저분하다　③ 말끔하다　④ 난감하다

05

시장에서 배추를 사려면 돈이 필요한데 지금은 (   )없다.

① 카드를　② 카드는　③ 카드와　④ 카드밖에

06

가 : 내일 김장을 하려고 하는데 어떤 재료가 필요할까요?
나 : 김장을 (   ) 배추와 고추가루, 소금, 마늘 등이 필요해요.

① 하려면　② 하든지　③ 할수록　④ 하자마자

07 다음을 한 문장으로 알맞게 연결한 것을 고르시오.

영화관에 늦게 도착했다. / 잘 안 보이는 뒷자리에서 봤다.

① 영화관에 늦게 도착하는 바람에 잘 안 보이는 뒷자리에서 봤다.
② 영화관에 늦게 도착할까 봐 잘 안 보이는 뒷자리에서 봤다.
③ 영화관에 늦게 도착하기 위해서 잘 안 보이는 뒷자리에서 봤다.
④ 영화관에 늦게 도착할 테니까 잘 안 보이는 뒷자리에서 봤다.

08 다음 (　　　　)에 알맞은 것을 고르시오.

여행을 하다가 배가 고플까 봐 (　　　　　　　　)

① 빵과 물을 준비할 걸 그랬다.
② 빵과 물을 준비할 줄 몰랐다.
③ 빵과 물을 준비해야 할지도 모른다.
④ 빵과 물을 준비하라고 했다.

09 다음 글이 무엇에 대한 이야기인지 고르시오.

국기를 게양하는 날은 5대 국경일과 기념일인 현충일, 국군의 날에 태극기를 게양한다. 삼일절과 제헌절, 광복절, 개천절, 한글날, 국군의 날 및 정부 지정일에는 깃봉과 깃 면의 사이를 떼지 않고 달아야 한다. 하지만 이와 달리 현충일이나 국장기간, 국민장 등에는 깃면의 너비(세로)만큼 내려달아야 한다. 우천 시 게양을 금지하던 시절도 있었으나, 현재는 비가 와도 국기를 게양할 수 있다. 다만 심한 눈이나 바람, 비 등으로 훼손이 우려되는 경우에는 달지 않는다. 게양 위치는 밖에서 바라볼 때 왼쪽이나 중앙에 위치하도록 하는 것이 좋다.

① 국기 게양하는 날
② 국기를 게양하는 방법
③ 국기를 보관하는 방법
④ 국기를 게양하는 위치

10 다음 글의 내용과 같은 것을 고르시오.

> 무궁화는 한국의 국화로 '영원히 피고 또 피어서 지지 않는 꽃'이라는 뜻을 지니고 있으며 우리 민족의 근면성과 순결, 강인함이 무궁화의 생태적 특성과 유사하여 은연중에 나라꽃으로 자리매김이 되었다.
> 무궁화는 일제 강점기 독립투사들에 의해 독립정신과 민족얼의 상징으로 사용되었고, 광복 후에도 자연스럽게 나라꽃으로 자리 잡게 되었으며 독립문 건축 기념행사 때 「무궁화 삼천리 화려강산....」이라는 말이 처음 사용되었다. 국기의 깃봉은 무궁화 꽃봉오리 모양으로 조각되어 있고, 대한민국을 상징하고 휘장하는 국장과 국새 등에도 무궁화가 새겨져 있는 등 정부와 국가기관을 상징하는 많은 곳에 무궁화 문양이 사용되었다.
> 또한 무궁화는 높이 3~5m까지 자라는 낙엽활엽수종으로 뿌리, 꽃, 잎 등은 전통 의약재로 사용된다고 동의보감, 본초강목 등에 기록되어 있다.

① 무궁화는 독이 있어서 의약재로는 사용할 수 없다.
② 무궁화는 일제 강점기 이후부터 상징적으로 사용할 수 없게 되었다.
③ 무궁화는 한번 피고 지는 꽃이다.
④ 무궁화는 정부와 국가기관을 상징하는 많은 곳에 사용되었다.

11 다음 중 태극기를 설명하는 것으로 옳지 않은 것은 무엇입니까?

① 국기 게양은 국경일이나 국가기념일에 태극기를 집 벽에 붙인다.
② 가운데 빨강과 파랑의 태극문양은 전통적으로 한민족을 나타낸다.
③ 모서리에 검은색 4괘는 '건곤감이'라고 한다.
④ 흰색 바탕은 밝음과 순수, 평화를 사랑하는 우리 민족성을 나타낸다.

12 국경일에 대한 설명 중 옳지 않은 것은?

① 제헌절은 대한민국 헌법 공포를 기념하는 국경일이다.
② 개천절은 조선을 건국한 것을 기념하는 국경일이다.
③ 광복절은 일본으로부터 해방된 것을 기념하고, 대한민국 정부 수립을 축하하는 국경일이다.
④ 한글날은 세종대왕이 한글을 만든 것을 기념하고, 한글의 우수성을 기리기 위한 국경일이다.

13 대전광역시에 대한 설명으로 옳지 않은 것은?

① 한국 최대의 과학·연구도시이며 교육도시이다.
② 충청권 제1의 도시로 엑스포과학공원이 있다.
③ 백제의 수도로 많은 문화유적들을 볼 수 있다.
④ 중부지방과 영·호남을 잇는 교통의 중심이다.

14 다음 (　　　　) 안에 들어갈 알맞은 말은?

> • 애국가는 (　　　　)에 의해 작곡되었다.
> • 4절로 이루어져 있으며 후렴구가 있다.

① 반기문　② 김연아　③ 김대중　④ 안익태

15 한국의 산지에 대한 설명으로 옳지 않은 것은?

① 한국의 산지는 국토의 일부만 산지로 이루어져 있어 산을 보기 힘들다.
② 백두산은 북한과 중국의 경계에 있는 산으로 한반도에서 제일 높은 산이다.
③ 한라산은 남쪽에 있는 산으로 제주도에 있으며 대한민국에서 가장 높은 산이다.
④ 설악산은 강원도에 있으며 아름다운 단풍을 볼 수 있는 산이다.

16 선거의 4대 원칙에 대한 바른 설명을 〈보기〉에서 고른 것은?

> 보기
>
> ㄱ. 보통선거는 일정한 나이(만 18세)가 된 모든 국민은 선거에 참여할 수 있는 원칙을 말한다.
> ㄴ. 비밀선거는 누구에게 투표했는지 비밀을 지키지 않아도 된다는 원칙을 말한다.
> ㄷ. 직접선거는 선거권을 가진 사람이 직접 투표를 하는 원칙을 말한다.
> ㄹ. 평등선거는 성별, 학력에 따라 선거에 참여하도록 하는 원칙을 말한다.

① ㄱ, ㄴ　② ㄴ, ㄷ　③ ㄱ, ㄷ　④ ㄷ, ㄹ

17 한국의 국가기관의 구성으로 옳지 않은 것은?

① 행정부는 행정을 맡아 보는 곳으로 정부를 말한다.
② 입법부는 국회의원들이 모여 법을 제정하거나 나라의 중요한 일을 결정하는 국가 기관으로 국회를 말한다.
③ 사법부는 법에 따라 재판을 하는 기관으로 사법권을 행사하는 법원을 말한다.
④ 삼권분립은 국가 권력의 집중시키려고 하는 통치조직원리이다.

18 외국인등록증의 신청과 발급, 체류지 변경 신고와 체류기간 연장 등을 할 수 있는 곳은?

① 법무부 ② 출입국·외국인청 ③ 행정복지센터 ④ 시청

19 다음 ( )안에 들어갈 알맞은 말은?

> 한국의 사계절 중 (㉠)은 선선하며 건조하며, 기후 변화로 식물의 잎이 붉은색이나 누런색으로 변하는 현상인 (㉡)이 든다.

① ㉠ 여름, ㉡ 장마
② ㉠ 가을, ㉡ 단풍
③ ㉠ 봄, ㉡ 꽃샘추위
④ ㉠ 겨울, ㉡ 삼한사온

20 외국인과 법에 대한 설명으로 옳지 않은 것은?

① 한국에 90일을 초과하여 체류하는 외국인은 외국인 등록을 해야 한다.
② 국내에 거주하는 외국인은 세금을 납부해야 하며, 외국인근로자도 국민연금가입대상이다.
③ 외국인도 국회의원 선거에 나갈 수 있다.
④ 영주권 취득 후 3년이 지난 만 18세 이상 외국인은 지방 선거에 참여 할 수 있다.

21 다음 중 금융거래 방법이 아닌 것은?

① 은행에 직접 방문하여 금융거래를 한다.
② 직접 은행을 찾지 않고 우편뱅킹으로 금융거래를 한다.
③ 직접 은행을 찾지 않고 인터넷뱅킹으로 금융거래를 한다.
④ 직접 은행을 찾지 않고 텔레뱅킹으로 금융거래를 한다.

22 다음 (　　　　)안에 들어갈 알맞은 말은?

〈헌법 제1조〉 대한민국의 주권은 (　　　　)에게 있고, 모든 권력은 (　　　　)으로부터 나온다.

① 국회의원　　② 대통령　　③ 국민　　④ 국무총리

23 한국의 화폐에 대한 설명으로 옳지 않은 것은?

① 지폐 오만원권에는 율곡 이이가 그려져 있다.
② 각종 카드 및 모바일 결제 서비스 이용도 늘고 있다.
③ 지폐 만원권에는 세종대왕이 그려져 있다.
④ 한국의 화폐는 동전, 지폐, 수표가 있다.

24 국가 보건 행정의 합리적인 운영과 국민 보건의 향상을 도모하기 위한 의료기관은?

① 대학병원　　② 보건소　　③ 한의원　　④ 약국

25 8조법에 대한 설명으로 옳은 것은?

① 고려의 학자 김부식이 삼국시대의 역사를 정리해 만든 책이다.

② 민족의 시조 단군에 관한 신화로 '삼국유사'를 통해 전해진다.

③ 널리 인간을 이롭게 한다는 의미를 가지고 있다.

④ 한국 역사에 최초로 등장한 법으로, 고조선 시대에 있던 8개 조항의 법을 말한다.

26 다음 (   )안에 들어갈 알맞은 말은?

> (㉠)은 고구려를 세운 주몽의 아들이며 백제의 시조이고, (㉡)은 백제의 13대 왕으로 고구려의 남평양을 빼앗고 한성을 도읍으로 하여 백제의 전성기를 이끌었다.

① ㉠ 진흥왕, ㉡ 근초고왕

② ㉠ 온조왕, ㉡ 근초고왕

③ ㉠ 온조왕, ㉡ 법흥왕

④ ㉠ 문무왕, ㉡ 근초고왕

27 남북극시대에 대한 설명으로 옳은 것은?

① 통일신라의 문화재로는 고려청자, 삼국사기 등이 있다.

② 통일신라는 고구려를 계승하여 씩씩하고 독창적인 문화를 계승·발전해 나갔다.

③ 통일신라와 발해가 존재한 시기를 말한다.

④ 발해는 불교 문화를 크게 발전시켰으며 서역과의 활발한 교류를 통해 번성했다.

28 〈보기〉의 내용에서 설명하는 것은?

| 보기 |

- 지방자치단체가 그 지방의 행정사무를 자율적으로 처리하는 활동과정이다.
- 주민이 지방선거를 통해 자치단체장과 지방의원을 직접 선출하여 그 지역의 일을 처리하는 제도를 말한다.

① 3심 제도 ② 사회보장제도 ③ 지방자치제도 ④ 사회보험제도

29 고려시대 주요 인물에 대한 설명으로 옳은 것은?

① 권율장군은 임진왜란 때 행주대첩에서 승리를 이끈 장군이다.
② 문익점은 거란의 침략을 막아낸 영웅이다.
③ 강감찬 장군은 원나라에 갔다가 목화씨를 가져와 전국에 보급했다.
④ 왕건은 고려를 세우고, 후삼국을 통일하였다.

30 한국의 사망 문화에 대한 설명으로 옳은 것은?

① 장례식은 죽은 사람의 시신을 처리하는 과정과 절차를 말한다.
② 조의금은 사람의 죽음을 알리는 일을 말한다.
③ 제사는 상주를 조문하는 상례의식을 말한다.
④ 문상은 장례식 등 슬픈 일을 당한 가족에게 위로의 마음으로 내는 돈을 말을 말한다.

31 다음 (   )안에 들어갈 알맞은 말은?

(㉠)은 치안경찰에 관한 사무를 총괄하기 위하여 행정 안전부장관 소속 아래에 둔 중앙 행정기관이고, (㉡)은 법무부 소속으로 검사의 사무를 맡아보는 중앙행정기관이다.

① ㉠ 경찰서, ㉡ 검찰청
② ㉠ 경찰청, ㉡ 법원
③ ㉠ 경찰청, ㉡ 검찰청
④ ㉠ 경찰서, ㉡ 법원

32 한국의 주거에 대한 설명으로 옳지 않은 것은?

① 주거 형태로는 자가, 전세 · 월세가 있다.
② 새집에 들어가거나 이사를 한 후, 집들이를 하는 문화가 있다.
③ 집을 계약할 때에는 증인만 있으면 된다.
④ 주택이나 상가 건물의 임대차에 대한 권리를 보호하기 위한 법률이 있다.

33 화재 예방과 진압, 인명 구조와 구급 등의 업무를 담당하는 행정 기관은?

① 소방서 ② 소방청 ③ 산림청 ④ 병무청

34 한국의 전통문화에 대한 설명으로 옳지 않은 것은?

① 아리랑은 우리나라 대표적인 민요로 구전으로 전승되고 재창조되어 왔다.

② 판소리는 한 명의 소리꾼이 북장단에 맞추어 이야기의 줄거리를 노래, 말, 몸짓을 섞어가며 이야기를 풀어내는 공연예술이다.

③ 사물놀이는 꽹과리·장구·북·징의 네 가지 악기를 가지고 연주하도록 편성한 음악이다.

④ 라고리는 공을 던져 돌탑을 쓰러트리는 놀이로 협동심을 강조했다.

35 다음 (　　　)안에 들어갈 알맞은 말은?

> (㉠)은 콩을 발효시켜 만든 전통음식이며, (㉡)는 찹쌀에 고춧가루, 엿기름, 메줏가루 등을 섞어 발효시킨 한국의 전통 조미료이다.

① ㉠ 고추장, ㉡ 된장

② ㉠ 메주, ㉡ 간장

③ ㉠ 간장, ㉡ 된장

④ ㉠ 된장, ㉡ 고추장

36 한국의 명절 단오날 하는 것은?

① 강강술래, 줄다리기를 하며 지낸다.

② 여자는 창포물에 머리를 감고 그네를 뛰며 남자는 씨름을 하면서 하루를 보낸다.

③ 햅쌀과 햇과일로 차례를 지낸다.

④ 보름달을 보며 한 해의 건강과 소원을 빈다.

[37~40:작문형] 다음 내용을 포함하여 '고향의 명소'이라는 제목으로 글을 쓰시오.

※ 작문 시험 시간은 10분이며, 답안지에는 제목을 쓰지 말고 본문만 쓰시오.

- 고향의 대표적인 관광지와 유적지 중 기억에 남는 곳은 어디입니까?
- 그 곳이 기억에 남는 이유는 무엇입니까?
- 친구에게 소개한다면 어떻게 소개하고 싶습니까?

Chapter 01

1회 정답 및 해설

객관식

1	2	3	4	5	6	7	8	9	10
①	③	③	②	④	①	①	④	②	④
11	12	13	14	15	16	17	18	19	20
①	②	③	④	①	③	④	②	②	③
21	22	23	24	25	26	27	28	29	30
②	③	①	②	④	②	①	③	④	①
31	32	33	34	35	36				
③	③	①	④	④	②				

01 부모님과 살고 있는지 물어보는 질문에 '함께 살다가 최근에'라는 문장은 현재 상황이 변화했다는 의미이므로 시부모님과 함께 살고 있지 않다는 '분가'가 정답이다.
② **보상** : 남에게 끼친 손해를 갚아 주기 위하여 제공하는 대상.
③ **매매** : 물건을 팔고 사는 일.
④ **협상** : 어떤 목적에 부합되는 결정을 하기 위하여 여럿이 서로 의논함.

02 수박의 개수를 말하는 문장이므로 배추나 수박 등을 세는 단위인 '통'이 와야 한다.
① **벌** : 옷이나 그릇 등이 두 개 또는 여러 개 모여 갖추는 덩어리를 세는 단위.
② **개** : 여러 물건을 세는 단위.
④ **포기** : 뿌리를 단위로 한 초목의 낱개를 세는 단위.

03 선생님에게 필독해야 할 도서를 요청하는 문장이므로 어떤 조건에 적합한 대상을 책임지고 소개하는 것을 말하는 '추천'이 와야 한다.
① **후회** : 이전의 잘못을 깨치고 뉘우치다.
② **유지** : 어떤 상태나 상황을 그대로 보존하거나 변함없이 계속하여 지탱하다.
④ **마무리** : 일을 끝맺다.

04 쓰레기로 인해 주위가 어떠한 상태로 변했다는 문장이므로 정돈이 되어 있지 아니하고 어수선하다라는 뜻인 '지저분하다'가 와야 한다.

① **복잡하다** : 일이나 감정 따위가 갈피를 잡기 어려울 만큼 여러 가지가 얽혀 있다라는 뜻.

③ **말끔하다** : 티 없이 맑고 환하게 깨끗하다라는 뜻.

④ **난감하다** : 이렇게 하기도 저렇게 하기도 어려워 처지가 매우 딱하다라는 뜻.

05 문장의 마지막에 없다라는 부정표현이 왔으므로 '그것 말고는', '그것 이외에는' 뜻을 나타내는 보조사 '밖에'가 와야 한다.

① **카드를** : 목적격이 되게 하는 조사.

② **카드는** : 단어에 특별한 의미를 더해주거나 가지고 있는 의미를 강조해줄 때 쓰이는 조사.

③ **카드와** : 연속되는 두 가지 단어를 이어주는 조사.

06 '김장을 하려고 하는데~'라고 질문을 했기 때문에 어떤 일이 사실로 실현되기 위해서는 ~이라는 의미를 가진 '하려면'이 와야 한다.

② **하든지** : 나열된 동작이나 상태, 대상들 중에서 어느 것이든 선택될 수 있음을 나타내는 연결 어미.

③ **할수록** : 앞 내용의 어떤 정도가 더하여 가는 것이, 뒷말의 어떤 정도가 더하거나 덜하게 되는 조건이 됨을 나타내는 연결 어미.

④ **하자마자** : 앞 내용이 이루어지자 바로 다음 말의 사건이나 동작이 일어남을 나타내는 연결 어미.

07 '잘 안 보이는 뒷자리에서 봤다'라는 부정적인 결과와 그 원인인 '영화관에 늦게 도착했다'가 있기 때문에 '~하는 바람에'가 와야 한다.

08 '여행을 하다가 배가 고플까 봐'라는 걱정스러운 추측을 나타냈기 때문에 명령을 전달할 때 쓰는 '빵과 물을 준비하라고 했다'라는 표현이 와야 한다.

09 삼일절·제헌절·광복절·개천절·한글날·국군의 날 및 정부 지정일에 태극기를 게양하는 방법, 현충일이나 국장 기간, 국민장 등에 게양하는 방법, 그 외 태극기를 게양하지 않는 경우 등에 대해 나와 있으므로 정답은 국기를 게양하는 방법이다.

10 무궁화는 일제 강점기 독립투사들에 의해 독립정신과 민족 얼의 상징으로 사용되었고, 독립문 건축 기념행사 때 「무궁화 삼천리 화려강산....」이라는 말이 처음 사용되었으며, 국기의 깃봉 모양, 국장과 국새 등 '정부와 국가기관을 상징하는 많은 곳에 무궁화 문양이 사용되었다.'라고 나와 있으므로 정답은 '무궁화는 정부와 국가기관을 상징하는 많은 곳에 사용되었다'이다.

11 국기 게양은 국경일이나 국가기념일에 태극기를 집 문 앞이나 창가에 다는 것이 일반적이다.

12 개천절은 단군이 최초의 국가인 고조선을 건국한 것을 기념하는 국경일이다.

13 백제의 수도로 많은 문화유적을 볼 수 있는 곳은 공주와 부여이다.

14 ① 반기문은 한국인 최초의 유엔사무총장이다.
② 김연아는 피겨 스케이팅 선수로 대한민국 최초의 올림픽 메달리스트, 세계선수권대회 메달리스트이다.
③ 김대중 전 대통령은 2000년 한국인 최초로 노벨평화상을 수상한 인물이다.

15 한국의 산지는 국토의 70%가 산지로 이루어져 있고, 북부지방과 동쪽에는 높은 산지가 모여 있다.

16
- 비밀선거는 누구에게 투표했는지 다른 사람이 알지 못하게 비밀이 보장된다.
- 평등선거는 성별, 재산, 종교 등의 영향을 받지 않고 누구나 투표할 수 있다.

17 삼권분립은 국가 권력을 입법, 행정, 사법으로 나누어 국가 권력의 집중과 남용을 방지하려는 통치조직원리이다.

18 ① 법무부는 검찰·행형·인권 옹호·출입국 관리와 그 밖에 법무에 관한 사무를 관장한다.
③ 행정복지센터는 동을 관리하고 지역 주민들의 행정 업무와 민원 업무를 처리하는 행정기관이며, 아기가 태어나면 출생신고를 하는 곳이다.
④ 시청은 시의 행정 사무를 맡아보는 기관으로 여권 발급, 혼인신고 등을 하는 곳이다.

19 ① ㉠ 여름은 온도가 높고 비가 많이 온다.
㉡ 장마는 여름철 많은 비가 계속해서 내리는 현상을 말한다.
③ ㉠ 봄은 포근하고 따뜻하다.
㉡ 꽃샘추위는 꽃이 피는 시기의 추위를 말한다.
④ ㉠ 겨울은 1년 중 가장 추운 계절로 눈이 내린다.
㉡ 삼한사온은 3일간 춥고, 4일간 따뜻한 날씨를 말한다.

20 영주권 취득 후 3년이 지난 만 18세 이상 외국인은 지방 선거에 참여할 수 있다.

21 직접 은행을 찾지 않고, 금융거래가 가능한 제도는 텔레뱅킹과 인터넷 뱅킹이 있다.

22 ① 국회의원은 국민의 선거로 선출된 국회의 구성원을 말한다.
② 대통령은 행정부의 최고 책임자이며 한국을 대표하는 지도자로 대한민국의 국가 원수이다.
④ 국무총리는 행정부의 2인자로 대통령을 도와 여러 가지 일을 처리하며, 대통령의 명을 받아 행정 각부를 통괄하는 대통령의 제1위의 보좌기관이다.

23 지폐 5만원권에는 율곡 이이의 어머니인 현모양처를 상징하는 인물 신사임당이 그려져 있다.

24 ② 보건소는 국가 보건 행정의 합리적인 운영과 국민 보건의 향상을 도모하기 위한 의료기관이다.
③ 한의원은 한방 의료를 전문적으로 시행하는 의료기관을 말한다.
④ 약국은 약사가 처방에 의하여 약을 지어주는 곳이다.

25 ① 고려의 학자 김부식이 삼국시대의 역사를 정리해 만든 책은 삼국사기이다.
② 민족의 시조 단군에 관한 신화로 '삼국유사'를 통해 전해지는 것은 단군신화이다.
③ 널리 인간을 이롭게 한다는 의미를 가지고 있는 것은 고조선의 건국이념 홍익인간이다.

26 ① ㉠ 진흥왕은 신라 제24대 왕으로, 신라의 전성기를 맞아 삼국통일의 기반을 마련하였다.
③ ㉡ 법흥왕은 신라 제23대 왕으로 불교를 나라의 종교로 인정하고, 왕권을 강화하였다.
④ ㉠ 문무왕은 신라 제30대 왕으로 삼국통일을 이룩하였다.

27 ① 통일신라의 문화재로는 다보탑, 석가탑, 불국사, 석굴암 등이 있다.
② 통일신라는 삼국 통일 이후의 신라를 말하며 불교문화를 크게 발전시켰으며 서역과의 활발한 교류를 통해 번성했다.
④ 발해는 고구려가 멸망한 후 대조영이 고구려 사람들을 이끌고 옛 고구려 땅인 만주에서 세운 나라이다. 고구려를 계승하여 씩씩하고 독창적인 문화를 계승·발전해 나갔다.

28 ① 3심 제도는 한 사건에 대해 세 번 재판 받을 수 있는 제도이다.
② 사회보장제도는 국민의 기본적 욕구 중에서 주로 빈곤·실업·질병과 같은 사회적 위험을 예방하고 치료하기 위한 정부의 입법과 조직적 행정을 말한다.
④ 사회보험제도는 국민에게 발생하는 질병, 장애, 노령, 실업, 사망 등의 사회적 위험을 보험방식에 의하여 대처하는 제도이다.

29 ① 권율 장군은 임진왜란 때 행주대첩에서 승리를 이끈 장군이다.
② 문익점은 고려시대의 문신으로 원나라에 갔다가 목화씨를 가져와 전국에 보급했다.
③ 강감찬 장군은 거란의 침략을 막아낸 영웅이다.

30 ② 조의금은 사람의 죽음을 알리는 일을 말한다.
③ 제사는 상주를 조문하는 상례의식을 말한다.
④ 문상은 장례식 등 슬픈 일을 당한 가족에게 위로의 마음으로 내는 돈을 말을 말한다.

31
- 경찰서는 일정한 구역을 중심으로 일선 치안 업무 및 국가의 경찰권을 운영하는 경찰 행정기관으로서 국가의 안녕질서, 관내 치안 유지 및 국민의 생명·재산 보호 등을 그 주요 업무를 하는 행정기관이다.
- 법원은 법에 따라 재판을 하는 기관으로 사법권을 행사한다.

32 집을 계약할 때는 계약서를 꼭 작성해야 하며, 등기부등본을 확인하여 집이나 땅, 건물 등과 같은 부동산 계약을 할 때 계약자가 실제 주인인지, 은행 빚이 없는지, 압류 등 다른 법적인 문제는 없는지를 반드시 알아봐야 한다.

33 ② 소방청은 소방 및 방화, 방재, 대국민 신변안전 관리 및 감독, 재난대비 및 복구관리, 사후 관리대책 등의 사무를 관장하기 위한 중앙행정기관이다.
③ 산림청은 산림의 보호·육성, 산림자원의 증식과 임산물의 이용개발 및 산림경영의 연구와 개선업무를 관장하는 농림축산식품부 소속 중앙행정기관이다.
④ 병무청은 국방부 소속으로 징집, 소집 등의 병무 행정에 관한 사무를 맡아보는 국방부 산하의 행정기관이다.

34 라고리는 인도의 정통놀이로 공을 던져 돌탑을 쓰러트리는 놀이이다.

35
- 메주는 콩·보리·밀·쌀 등을 삶아 띄워 만드는데 된장, 고추장, 간장을 담그는 원료로 쓴다.
- 간장은 콩으로 메주를 쑤어 소금물에 담근 뒤에 그 즙액을 달여서 만든 장이다.

36 ① 강강술래, 줄다리기는 추석에 주로 한다.
③ 햅쌀과 햇과일로 차례를 지내는 날은 추석이다.
④ 보름달을 보며 한 해의 건강과 소원을 비는 날은 정월대보름이다.

작문형

고향의 명소

❶ 고향의 대표적인 관광지와 유적지 중 기억에 남는 곳은 어디입니까?

❷ 그 곳이 기억에 남는 이유는 무엇입니까?

❸ 친구에게 소개한다면 어떻게 소개하고 싶습니까?

❶ 나의 고향 베트남의 대표적인 관광지
인 다낭이 생각난다. ❷ 그곳은 아름다운
해변과 다양한 길거리 음식 및 볼거리
가 많아 유명한 휴양지이기 때문이다.
❸ 그래서 나는 친구들에게 다낭의 멋진
풍경과 베트남의 음식 사진을 보여주며
나의 고향의 명소인 아름다운 다낭을
소개할 것이다.

Chapter 02

실전 모의고사 2회

[01~06] 다음 (　　　　　)에 알맞은 것을 고르시오.

01

가 : 정말 큰일 날 뻔했어요. 불은 정말 위험해요.
나 : 맞아요. 불은 잘못 다루게 되면 생명과 재산을 잃는 큰 (　　　　　)를 입어요.

① 여가　　② 손해　　③ 선출　　④ 집중

02

오늘 우리 부서에서는 신입 사원을 (　　　　　) 회식이 있었다.

① 환영하는　　② 갈아타는　　③ 무시하는　　④ 선호하는

03

하루 종일 바쁘게 뛰어다녔더니 몸이 너무 (　　　　　).

① 황당하다　　② 모자라다　　③ 피곤하다　　④ 평범하다

04

가 : 장웨이씨, 오늘 기분이 좋아 보이네요.
나 : 네, 오늘이 제 생일인데 하얀 눈이 내려서 얼마나 (　　　　　).

① 좋잖아요　　② 좋은지 몰라요　　③ 좋더라고요　　④ 좋을 걸 그랬어요

05

가을이 되면 예쁜 단풍을 구경하기 위해 산으로 많이 (　　　　　).

① 갈 걸 그랬다　　② 갈 줄 몰랐다　　③ 갈 수밖에 없다　　④ 간다고 한다

06

긍정적이고 적극적인 (　　　　　)을 가진 사람은 어느 환경에서나 적응을 잘한다.

① 경제력　　② 사고방식　　③ 공해　　④ 다수결

07 다음을 한 문장으로 알맞게 연결한 것을 고르시오.

맛있는 과일주스를 만들다. / 신선한 오렌지를 샀다.

① 맛있는 과일주스를 만들 테니까 신선한 오렌지를 샀다.

② 맛있는 과일주스를 만드는 바람에 신선한 오렌지를 샀다.

③ 맛있는 과일주스를 만들기 위해서 신선한 오렌지를 샀다.

④ 맛있는 과일주스를 만들까 봐 신선한 오렌지를 샀다.

08 다음 (　　　　)에 알맞은 것을 고르시오.

기침을 많이 하는 바람에 (　　　　　　　　)

① 목이 아프고 목소리가 변할 수밖에 없다.

② 목이 아프고 목소리가 변할 줄 몰랐다.

③ 목이 아프고 목소리가 변할 걸 그랬다.

④ 목이 아프고 목소리가 변했다.

09 다음 글이 무엇에 대한 이야기인지 고르시오.

> 우리나라 주요 대하천은 주로 태백산맥과 소백산맥에서 만들어져 황해와 남해로 흐른다. 우리나라 하천은 물의 양 변동이 큰 편이기 때문에 하천을 이용한 교통 발달이 어렵고, 물 공급에 어려움을 겪기도 한다. 따라서 다목적 댐, 저수지, 보 등의 수리 시설을 이용하여 물 자원의 활용도를 높이려는 노력이 시행되고 있다. 우리나라 하천은 여름철 강수 집중과 같은 기후적 특징으로 인해 계절에 따라 유량의 변동이 크고 하천의 폭이 넓으며 수심이 대체로 얕은 편이다. 홍수와 가뭄 피해가 잦은 데다가 산업화 과정에서 하천의 유로를 직선화하고, 인공 제방을 축조하였다.

① 한국의 하천의 특징

② 한국의 바다의 특징

③ 한국 산지의 특징

④ 한국 지형의 특징

10 다음 글의 내용과 같은 것을 고르시오.

> 한국 식문화에서 '밥'은 상징적인 존재다. 한국에서 밥은 주식이 되고 간식, 후식이 되며 또 술이 된다. 쌀로 밥을 지어 주식으로 먹고 떡이나 과자를 만들어 간식으로 먹고 밥솥에 남은 밥에 물을 부어 숭늉으로 만들어 후식으로 마시며 또 술을 빚어 마신다.
> 한국의 술은 '밥'으로 만든다는 데 의미가 있다. 여기서 밥이란 단순히 쌀로 만든 것을 뜻하는 것이 아니라 '주식'이라는 의미가 있다. 한국에서 쌀을 주식으로 가장 많이 먹기 때문에 쌀 술이 가장 많지만 감자나 옥수수를 즐겨 먹는 강원도 지역에서는 감자나 옥수수로 술을 빚는다. 또 술을 빚을 때도 쌀로 밥이나 죽, 떡을 만든 뒤 이를 발효시켜 술을 만든다.
> 현대 한국의 독특한 술 문화에는 자리를 옮겨가며 마시는 '회식' 문화가 있다. 보통 직장 일이 끝나는 6시 이후 시작되는 회식은 1차, 2차로 자리를 옮겨가며 12시까지 지속되기도 한다. 이러한 회식문화 때문에 한국에는 '대리운전'이라는 독특한 산업이 발달했다. 대리운전은 차를 두고 택시를 타고 귀가할 수 없을 때 대신 차를 운전해 집에 데려다주는 서비스다.

① 한국의 식문화에서 밥은 주식, 간식, 후식, 술이 된다.
② 한국에서 주식으로 쌀을 가장 적게 먹기 때문에 쌀 술이 가장 적다.
③ 한국에서 독특한 술 문화로 인해 자동차 산업이 발달했다.
④ 한국의 회식은 1차 2차로 자리를 옮겨가며 밥을 먹는다.

11 다음 중 조기 게양에 대한 설명으로 옳지 않은 것은?

① 조의를 표하는 날에는 깃면의 너비(세로)만큼 내려 게양한다.
② 조기 게양일에는 식목일이 포함이 된다.
③ 조기 게양일로는 게양일은 현충일, 국장 기간, 국민장일 및 정부 지정일이다.
④ 조기 게양일은 조의를 표하는 날을 말한다.

12 다음 (　　　　)안에 들어갈 알맞은 말은?

(㉠)은 1960년 4월에 학생을 비롯한 국민들이 이승만 전 대통령 자유당 정부의 독재와 부정부패, 부정선거에 항의하여 벌인 민주항쟁이며 (㉡)는 군부 세력의 퇴진 및 민주 정부 수립 등을 요구하며 광주와 전남지역의 시민들이 벌인 민주화운동이다. (㉢)은 전국에서 일어난 반독재, 민주화 시위를 말하며, 이후 대통령 직선제가 이루어졌다.

① ㉠ 4·19혁명, ㉡ 5·18 민주화운동, ㉢ 6월 민주항쟁

② ㉠ 5·18 민주화운동, ㉡ 4·19혁명, ㉢ 6월 민주항쟁

③ ㉠ 6월 민주항쟁, ㉡ 4·19혁명, ㉢ 5·18 민주화운동

④ ㉠ 4·19혁명, ㉡ 6월 민주항쟁, ㉢ 5·18 민주화운동

13 행정부처에 대한 설명으로 옳지 않은 것은?

① 행정안전부는 행정 일반, 지방자치·행정, 선거·투표사무 지원, 사회 안전 등에 대한 사무 등을 관장한다.

② 외교부는 대한민국 국민의 해외여행 업무, 외교와 국제간 조약 등을 담당한다.

③ 국방부은 대한민국의 인적자원 개발정책과 학교 교육·평생교육 및 학술에 관한 사무를 관장한다.

④ 여성가족부는 여성 정책의 기획·종합, 청소년 및 가족에 관한 사무를 관장한다.

14 한 사건에 대해 세 번 재판 받을 수 있는 제도는?

① 3심 제도

② 사회보장제도

③ 사회보험제도

④ 국민기초생활보장제도

15 다음은 애국가의 가사이다. ㉠과 ㉡에 들어갈 알맞은 것끼리 짝지어 놓은 것은?

> 동해물과 (㉠)이 마르고 닳도록 하느님이 보우하사 우리나라 만세
> (㉡) 삼천리 화려강산 대한사람 대한으로 길이보전하세

① ㉠ 한라산, ㉡ 수선화
② ㉠ 백두산, ㉡ 수선화
③ ㉠ 백두산, ㉡ 무궁화
④ ㉠ 설악산, ㉡ 무궁화

16 제조물 책임법에 대한 설명으로 옳은 것은?

① 제조사별로 생산 후 특정 기간 이내에 사용하도록 만든 제도이다.
② 제조물의 결함으로 인하여 발생한 손해로부터 피해자를 보호하기 위해 제정된 법률이다.
③ 농수산물 및 그 가공품의 원산지표시를 의무화한 제도이다.
④ 회사 측이 제품의 결함을 발견하여 보상해 주는 소비자보호제도이다.

17 국민의 기본권 설명 중 옳은 것은?

> ㄱ. 참여권은 국민이 직접·간접으로 국정에 참여할 수 있는 권리이다.
> ㄴ. 요구권은 국가에 대해 일정 요구를 할 수 있는 권리이다.
> ㄷ. 사회권은 인간다운 삶을 위하여 필요한 사회적 보장책을 국가에 요구할 수 있는 권리이다.
> ㄹ. 자유권은 개인의 자유에 대해 침해받지 않을 권리이다.

① ㄱ, ㄴ ② ㄱ, ㄷ ③ ㄴ, ㄷ ④ ㄷ, ㄹ

18 한국의 도시에 대한 설명으로 옳지 않은 것은?

① 사회·경제·정치 활동의 중심이 되는 곳이다.

② 의료, 문화 시설들이 잘 갖추어져 있다.

③ 인구 부족 현상이 일어나고 있다.

④ 교통이 잘 발달하였다.

19 다음 (   )안에 들어갈 알맞은 말은?

> (   )는 금융기관의 부도 등으로 고객의 금융자산을 반환하지 못할 경우 예금 보호 기금을 통해 일정 금액 한도 내에서 돌려주는 제도이다.

① 예금자 보호제도 ② 텔레뱅킹 ③ 금융실명제 ④ 인터넷뱅킹

20 한국의 관공서에 대한 설명으로 옳지 않은 것은?

① 병무청은 병무 행정에 관한 사무를 맡아보는 국방부 산하의 행정기관이다.

② 기상청은 기상과 기후정보를 생산하고 연구하는 중앙행정기관이다.

③ 우체국은 우편 업무, 즉 편지나 소포 등을 모아 배달하는 일을 하는 곳이다.

④ 통계청은 산림경영의 연구와 개선업무를 관장하는 농림축산식품부 소속 중앙행정기관이다.

21 다음 (　　　　)안에 들어갈 알맞은 말은?

(㉠)는 태어난 아기가 대한민국 국민으로 인정받기 위하여 태어난 후 1개월 이내에 읍, 면, 동(행정복지센터)등에 신고를 하는 일을 말하며, (㉡)는 주민 등록 원본의 전부를 복사한 증명 서류를 말한다.

① ㉠ 출생신고, ㉡ 주민등록등본
② ㉠ 출생신고, ㉡ 가족관계등록부
③ ㉠ 주민등록등본, ㉡ 주민등록증
④ ㉠ 출생신고, ㉡ 주민등록등본

22 〈보기〉의 내용에서 설명하는 것은?

| 보기 |

사회에서 발생한 사건에 대한 사실이나 해설을 널리 신속하게 전달하기 위한 정기 간행물로 기사를 실은 종이이다.

① 라디오　　② 신문　　③ TV　　④ 잡지

23 단군신화에 대한 설명으로 옳은 것은?

① 삼국시대 을지문덕에 관한 신화이다.
② 알에서 나온 주몽에 관한 신화이다.
③ 민족의 시조 단군에 관한 신화로 '삼국유사'를 통해 전해진다.
④ 백제시대 온도왕에 관한 신화이다.

24 <보기>에서 설명하는 국경일은?

| 보기 |

- 일본의 지배에 저항하고, 독립선언서를 발표한 날이다.
- 한국의 독립 의사를 세계에 알린 날을 기념하는 국경일이다.

① 개천절 ② 제헌절 ③ 광복절 ④ 3·1절

25 수도권에 대한 설명으로 옳지 않은 것은?

① 서울특별시·인천광역시·경기도 등 수도인 서울을 중심으로 형성되는 광역대도시권을 말한다.

② 경기도는 대한민국 전체에서 가장 인구가 많고, 유일하게 인구가 1,000만 명을 넘는 광역자치 단체이다.

③ 인천광역시는 대표적인 항구도시로 인천항과 인천국제공항을 중심으로 제조업과 물류 산업이 발달하였다.

④ 서울특별시는 제2의 도시이자 대한민국 최초의 광역시이고 국내 최대 국제무역항이다.

26 간이귀화의 조건으로 옳지 않은 것은?

① 배우자와 혼인한 후 3년이 경과하고 혼인한 상태로 대한민국에 1년 이상 계속하여 주소가 있는 성년의 외국인

② 입양 당시 미성년이었던 양자

③ 한국인 배우자와 혼인한 상태로 국내에 주소를 두고 있던 중 그 배우자의 사망이나 실종 또는 그 밖에 자신에게 책임이 없는 사유로 정상적인 혼인생활을 할 수 없었던 자로서 국적법 기간을 충족한 성년의 외국인

④ 3년 이상 거주 대한민국에서 출생한 자로서 부 또는 모가 대한민국에서 출생한 성년의 외국인

27 〈보기〉의 내용에서 설명하는 것은?

보기

1997년 외환 부족으로 정부가 IMF(국제통화기금)에 자금 지원을 요청한 사건을 말하며 금 모으기 운동 등 여러 노력으로 2001년 IMF 관리 체제를 일찍 끝냈다.

① 1997외환위기 ② 한강의 기적 ③ 새마을운동 ④ IMF외환위기

28 백제에 대한 설명으로 옳은 것은?

① 삼국 시대 세 나라 중 북쪽에 위치했던 군주제 국가이다.
② 해상 무역의 발달로 삼국 중 가장 늦게 전성기를 맞았다.
③ 중국과 교류하며 일본 문화에도 많은 영향을 주었다.
④ 불교 문화를 크게 발전시켰으며 서역과의 활발한 교류를 통해 번성했다.

29 다음 ( )안에 들어갈 알맞은 말은?

국민의 의무 중 (㉠)는 모든 국민이 나라의 발전을 위해 일을 해야 할 의무이고, (㉡)는 모든 국민이 세금을 내야 할 의무이다.

① ㉠ 교육의 의무, ㉡ 근로의 의무
② ㉠ 근로의 의무, ㉡ 납세의 의무
③ ㉠ 국방의 의무, ㉡ 납세의 의무
④ ㉠ 국방의 의무, ㉡ 교육의 의무

30 〈보기〉의 내용에서 설명하는 것은?

| 보기 |

법률 지식이 부족하면서도 경제적으로 어려워 법적 보호를 제대로 강구하지 못하는 국민에게 법률적 지원을 해주기 위해 설립된 기관이다.

① 한국소비자원 ② 시민단체 ③ 대한법률구조공단 ④ 국민권익위원회

31 전통적인 한국 가족의 형태의 특징으로 옳은 것은?

① 부모를 모시지 않고 부부와 미혼 자녀로 구성되는 가족의 형태가 많았다.
② 자녀를 1~2명만 낳았다.
③ 결혼을 하지 않고 혼자 사는 1인 가구도 많았다.
④ 부부와 그들의 미혼자녀 이외에 더 넓은 범위의 친족원을 포함하여 구성되는 대가족이 많았다.

32 〈보기〉에서 설명하는 문화재는?

| 보기 |

경상북도 경주시 토함산 동쪽에 있는 남북국시대 통일신라의 김대성이 창건한 사찰로 유네스코에서 제정한 세계문화유산으로 등재된 불상을 모신 석굴이다.

① 석굴암 ② 불국사 ③ 다보탑 ④ 석가탑

33 다음 ( )안에 들어갈 알맞은 말은?

(㉠)는 후삼국을 통일하고 세운 나라로 중국, 일본, 아라비아 상인들과 (㉡)에서 무역을 하였으며, 외국인들(아라비아 상인)에게 나라 이름의 발음이 어려워 '코리아'가 되었다.

① ㉠ 고구려, ㉡ 한양 ② ㉠ 고려, ㉡ 아사달
③ ㉠ 고려, ㉡ 벽란도 ④ ㉠ 신라, ㉡ 경주

34 한국의 강에 대한 설명으로 옳지 않은 것은?

① 한강은 중부를 흐르는 강으로 서울의 대표적인 강이다.

② 낙동강은 남동쪽에 위치한 대한민국에서 가장 짧은 강이다.

③ 압록강은 북한과 중국의 국경선에 위치한 강으로 한반도에서 가장 긴 강이다.

④ 금강은 충청남도와 전라북도의 경계를 이루는 강이다.

35 한국의 지형의 특징에 대한 설명으로 옳지 않은 것은?

① 동쪽이 높고 서쪽이 낮은 지형으로 동고서저라고 한다.

② 산과 강하천이 많다.

③ 삼면(동쪽, 서쪽, 남쪽)이 바다로 둘러싸여 있는 한반도이다.

④ 섬이 없는 특징이 있다.

36 〈보기〉에서 설명하는 현상은?

보기
오늘날 한국 가족의 형태의 특징 중 하나이다. 태어나는 아이의 수는 줄고, 노인 인구는 늘어나는 현상을 말한다.

① 저출산 고령화 현상

② 노인화 현상

③ 아이 부족 현상

④ 현대화 현상

[37~40:작문형] 다음 내용을 포함하여 '내 인생에서 가장 기억에 남는 일'이라는 제목으로 글을 쓰시오.

※ 작문 시험 시간은 10분이며, 답안지에는 제목을 쓰지 말고 본문만 쓰시오.

- 여러분의 인생에서 가장 기억에 남는 일은 무엇입니까?
- 그 이유는 무엇입니까?
- 앞으로 어떤 삶을 살고 싶습니까?

Chapter 02

2회 정답 및 해설

객관식

1	2	3	4	5	6	7	8	9	10
②	①	③	②	④	②	③	④	①	①
11	12	13	14	15	16	17	18	19	20
②	④	③	①	③	②	④	③	①	④
21	22	23	24	25	26	27	28	29	30
①	②	③	④	①	②	④	③	②	③
31	32	33	34	35	36				
④	①	③	②	④	①				

01 불을 잘못 다루게 되면 생명과 재산을 잃는다고 했으니 물질적으로나 정신적으로 밑짐을 의미하는 '손해'가 와야 한다.

① **여가**: 일이 없어 남는 시간.
③ **선출**: 여럿 가운데서 골라냄.
④ **집중**: 한 가지 일에 모든 힘을 쏟아부음.

02 부서에서 신입 사원을 위하는 회식이 있으므로 오는 사람을 기쁜 마음으로 반갑게 맞는 '환영하는'이 와야 한다.

② **갈아타는**: 타고 가던 것에서 내려 다른 것으로 바꾸어 타다.
③ **무시하는**: 사람을 깔보거나 업신여기다.
④ **선호하는**: 여럿 가운데서 특별히 가려서 좋아하다.

03 바쁘게 뛰어다닌 후 몸의 상태를 말하는 문장이므로 몸이나 마음이 지치어 고달픔을 나타내는 '피곤하다'가 와야 한다.

① **황당하다**: 말이나 행동 따위가 참되지 않고 터무니없다.
② **모자라다**: 기준이 되는 양이나 정도에 미치지 못하다.
④ **평범하다**: 뛰어나거나 색다른 점이 없이 보통이다.

04 기분이 좋아 보이는 모습을 표현하는 문장이니 '매우 그렇다'라는 뜻을 나타낼 때 사용하는 '좋은지 몰라요'가 와야 한다.

① **좋잖아요** : 당연히 그러함을 나타낼 때 사용한다.
③ **좋더라고요** : 직접 경험한 사실이나 느낌을 말할 때 사용한다.
④ **좋을 걸 그랬어요** : 후회나 아쉬움을 나타낼 때 사용한다.

05 예쁜 단풍을 구경하기 위해 산으로 간다고 하는 표현이니 다른 사람에게 들은 내용을 전달할 때 쓰는 표현인 '간다고 한다'가 와야 한다.

① **갈 걸 그랬다** : 지난 행동을 후회할 때 쓰는 표현이다.
② **갈 줄 몰랐다** : 예상하지 못했거나 예상했음을 나타낼 때 쓰는 표현이다.
③ **갈 수밖에 없다** : 어떠한 일 외에 다른 방법이 없을 때 쓰는 표현이다.

06 긍정적이고 적극적인 사람이 잘 적응한다는 내용의 문장이므로 어떤 문제에 대하여 생각하고 궁리하는 방법이나 태도를 말하는 '사고방식'이 와야 한다.

① **경제력** : 개인의 경우는 보통 재산의 정도를 이르고, 국가나 기업의 경우는 생산력이나 축적된 자본 따위를 종합한 힘을 말한다.
③ **공해** : 산업이나 교통의 발달에 따라 공기와 물이 더럽혀지고 자연환경이 파괴되는 문제.
④ **다수결** : 다양한 의견을 하나로 모으기 위해 많은 사람들의 의견에 따라 결정하는 것.

07 오렌지를 산 이유는 맛있는 과일주스를 만들기 위함이므로 앞말의 내용을 이루려고 할 때 쓰는 표현인 '-기 위해서는'이 들어간 '맛있는 과일 주스를 만들기 위해서 신선한 오렌지를 샀다'가 와야 한다.

08 기침을 많이 하는 바람에 목이 아프고 목소리가 변하는 부정적인 결과가 나왔기 때문에 결과를 나타내는 '목이 아프고 목소리가 변했다'가 맞는 표현이다.

09 앞 문장들이 '우리나라 주요 대하천은', '우리나라 하천은'으로 시작하여 설명으로 이루어져 있으므로 정답은 한국 하천의 특징이다.

10 첫 문장에 '한국 식문화에서 밥은 상징적인 존재다. 한국에서 밥은 주식이 되고 간식, 후식이 되며 또 술이 된다.'라고 같은 내용이 있으므로 정답은 '한국의 식문화에서 밥은 주식, 간식, 후식, 술이 된다.' 이다.

11 조기 게양일은 현충일, 국장 기간, 국민장일 및 정부 지정일이다.

12
- 5·18 민주화운동은 군부 세력의 퇴진 및 민주 정부 수립 등을 요구하며 광주와 전남지역의 시민들이 벌인 민주화운동이다.
- 6월 민주항쟁은 전국에서 일어난 반독재, 민주화 시위를 말하며, 이후 대통령 직선제가 이루어졌다.

13 국방부는 국방에 관련된 군정 및 군령과 그 밖에 군사에 관한 사무를 관장한다.

14 ② 사회보장제도는 사회보장제도는 국민의 기본적 욕구 중에서 주로 빈곤·실업·질병과 같은 사회적 위험을 예방하고 치료하기 위한 정부의 입법과 조직적 행정을 말한다.
③ 사회보험제도는 국민에게 발생하는 질병, 장애, 노령, 실업, 사망 등의 사회적 위험을 보험방식에 의하여 대처하는 제도이다.
④ 국민기초생활보장제도는 생활이 어려운 사람에게 필요한 급여(생계, 주거, 교육 등)를 제공한다.

15 애국가 1절 가사이므로 백두산과 무궁화가 들어간다.

동해물과 백두산이 마르고 닳도록 하느님이 보우하사 우리나라 만세
무궁화 삼천리 화려강산 대한사람 대한으로 길이보전하세

16 ① 제조사별로 생산 후 특정 기간 이내에 사용하도록 만든 제도는 유통기한 표시제이다.
③ 농수산물 및 그 가공품의 원산지표시를 의무화한 제도는 원산지 표시제이다.
④ 회사 측이 제품의 결함을 발견하여 보상해 주는 소비자보호제도는 리콜제도이다.

17 • 국민이 직접·간접으로 국정에 참여할 수 있는 권리는 참정권이다.
• 국가에 대해 일정 요구를 할 수 있는 권리는 요구권이다.

18 인구 부족 현상이 일어나고 있는 곳은 농촌이다.

19 ② 텔레뱅킹은 직접 은행을 찾지 않고 전화로 금융거래가 가능한 제도로 고객의 돈을 은행 내 또는 계좌로 즉각 이체시킬 수 있으며 24시간 금융거래를 할 수 있는 시스템이다.
③ 금융실명제는 금융기관과 거래를 할 때 가명이나 남의 이름이 아니라 자신의 이름으로만 쓰도록 한 제도이다.
④ 인터넷뱅킹은 인터넷을 이용해 은행의 서비스를 이용할 수 있는 시스템이다.

20 통계청은 통계의 기준 설정과 인구 조사 및 각종 통계에 관한 사무를 맡아보는 중앙행정기관이다.

21 ② ㉡ 가족관계등록부는 국민 개개인별로 출생, 혼인, 사망 등의 신분변동사항을 전산정보처리 조직에 따라 기록·관리하는 등록부이다.
③ ㉡ 주민등록증은 대한민국 국민으로서 국내에 주소를 두고 거주하는 주민임을 증명하는 증명서로 만 17세 이상의 대한민국 국민은 반드시 신청해야 한다.
④ ㉡ 주민등록등본은 주민 등록 원본의 전부를 복사한 증명 서류이다.

22 ① 라디오는 방송국에서 일정한 시간 안에 음악·드라마·뉴스·강연 등을 보낸 전파를 수신하여 음성으로 바꿔주는 기계 장치이다.
③ TV는 전파신호를 받아 그것을 영상으로 보여주는 전자기기이다.
④ 잡지는 일정한 이름을 가지고 호를 거듭하며 정기적으로 간행하는 출판물을 말한다.

23 단군신화는 한반도에서 처음으로 국가가 세워진 사연을 담은 시조 신화이다.

24 ① 개천절은 단군이 최초의 국가인 고조선을 건국한 것을 기념하는 국경일이다.
② 제헌절은 대한민국 헌법 공포를 기념하는 국경일이다.
③ 광복절은 일본으로부터 해방된 것을 기념하고, 대한민국 정부 수립을 축하하는 국경일이다.

25 서울특별시는 대한민국의 수도이며 한반도의 중앙에 있으며, 1988년 올림픽과 2002년 월드컵 대회가 개최되었고, 교통이 잘 발달하였으며 정치·경제·문화의 중심지로 한국 인구의 1/5이 서울에서 거주하고 있다.

26 입양 당시 미성년이었던 양자는 특별귀화에 속하며, 대한민국 국민의 양자로서 입양 당시 대한민국의 민법에 의하여 성년이었던 외국인은 간이귀화에 속한다.

27 ① 1997 외환위기는 1997년부터 아시아 지역을 중심으로 발생했던 외환 유동성 위기를 통칭하는 말이다.
② 한강의 기적은 6·25 전쟁 이후부터 이루어진 급격한 경제 성장을 나타내는 말이다.
③ 새마을운동은 1970년부터 시작된 범국민적 지역사회 개발운동으로 근면·자조·협동의 기본 정신과 실천을 범국민적·범국가적으로 추진함으로써, 국가발전을 가속적으로 촉진시키려는 목적으로 진행된 운동이다.

28 ① 삼국시대 세 나라 중 북쪽에 위치했던 군주제 국가는 고구려이다.
② 백제는 해상 무역의 발달로 삼국 중 가장 먼저 전성기를 맞았다.
④ 불교문화를 크게 발전시켰으며 서역과의 활발한 교류를 통해 번성한 나라는 통일신라이다.

29 • 교육의 의무는 모든 국민이 자녀에게 최소한 초등교육과 법률이 정하는 교육을 받게 할 의무이다.
• 국방의 의무는 국민으로서 나라를 지켜야 하는 의무이다.

30 ① 한국소비자원은 소비자의 권익을 증진하고 소비생활을 향상시키기 위하여 설립된 전문기관이다.
② 시민단체는 사회 전체의 이익을 위해 시민들이 자발적으로 만든 집단이다.
④ 국민권익위원회는 국민 고충 처리, 부패방지, 행정심판 기능을 수행하는 합의제 중앙행정기관이다.

31 오늘날 한국의 가족형태는 부모를 모시지 않고 부부와 미혼 자녀로 구성되는 가족의 형태가 많으며 자녀를 1~2명만 낳고 결혼을 하지 않고 혼자 사는 1인 가구도 많다.

32 ② 불국사는 경상북도 경주시 진현동의 토함산 기슭에 있는 사찰 건축물로 석굴암 삼층 석탑, 다보탑 등이 있다.
③ 다보탑은 불교의 사상에 따라 건축된 탑의 종류 중 하나이다.
④ 석가탑은 석가모니의 치아, 머리털, 사리 등을 모신 탑을 말한다.

33 ① ㉠ 고구려는 삼국 시대 세 나라 중 북쪽에 위치했던 군주제 국가이다.
㉡ 한양은 조선의 도읍지이다.
② ㉡ 아사달은 고조선의 도읍지이다.
④ ㉠ 신라는 삼국시대 세 나라 중 영남을 중심으로 세운 나라이다.
㉡ 경주는 신라의 수도이다.

34 낙동강은 남동쪽에 위치한 대한민국에서 가장 긴 강이다.

35 한국의 남해안은 해안선이 복잡하고 섬이 많다.

36 오늘날 한국의 가족 형태의 특징은 태어나는 아이의 수는 줄고, 노인 인구는 늘어나는 현상인 저출산 고령화 현상이 나타나고 있다.

작문형

내 인생에서 가장 기억에 남는 일

❶ 여러분의 인생에서 가장 기억에 남는 일은 무엇입니까?

❷ 그 이유는 무엇입니까?

❸ 앞으로 어떤 삶을 살고 싶습니까?

	❶ 나	의		인	생	에	서		가	장		기	억	에		남	는		일
은		2	년		전		병	원	에		입	원	해		있	었	을		때
가		기	억	에		남	는	다	.	❷ 내	가		많	이		아	파	서	
힘	들		때		정	성	을		다	해		치	료	해	주	는		의	사
선	생	님	과		간	호	사	분	들	의		모	습	에		너	무		감
동	받	았	기		때	문	이	다	.	❸ 그	래	서		나	는		앞	으	로
내	가		가	진		재	능	으	로		도	움	이		필	요	한		사
람	들	을		위	해		봉	사	하	며		사	는		삶	을		살	고
싶	다	.																	

Chapter 03

실전 모의고사 3회

[01~06] 다음 (　　　　)에 알맞은 것을 고르시오.

01

가 : 방금 선생님께서 지나가셨는데 보셨나요?
나 : 네. 그래서 저는 선생님께 (　　　　) 바르게 허리를 굽혀 깍듯이 인사를 했어요.

① 보육　② 가사　③ 예의　④ 여가

02

나는 한국어 공부를 하기 위해 복지관 동아리에 (　　　　).

① 가입했다　② 대표했다　③ 선호했다　④ 측정했다

03

모르는 사람과 마주 보고 앉아 있기가 (　　　　).

① 한산하다　② 어색하다　③ 태연하다　④ 서운하다

04

가 : 썸낭씨, 복지관 앞 화단에 꽃이 많이 (　　　　).
나 : 그래요? 벌써 봄이 왔나봐요. 우리 같이 구경 가봐요.

① 폈을 뻔했어요　② 폈나요?　③ 폈기는요　④ 폈대요

05

시장에 (　　　　) 생선과 과일도 사왔다.

① 간 바람에　② 가기 위해서　③ 갈까 봐　④ 간 김에

06

그는 어려서부터 절약하는 (　　　　)이 몸에 배었다.

① 지원　② 호칭　③ 습관　④ 승진

07 다음을 한 문장으로 알맞게 연결한 것을 고르시오.

물놀이를 하며 더위를 식힌다. / 바닷가에 놀러 간다.

① 물놀이를 하며 더위를 식힐 겸 바닷가에 놀러 간다.
② 물놀이를 하며 더위를 식히는 바람에 바닷가에 놀러 간다.
③ 물놀이를 하며 더위를 식힐 테니까 바닷가에 놀러 간다.
④ 물놀이를 하며 더위를 식힐까 봐 바닷가에 놀러 간다.

08 다음 (   )에 알맞은 것을 고르시오.

기상청에서 내일 오후부터 (   ).

① 눈이 오려던 참이다
② 눈이 올 수밖에 없다
③ 눈이 올 줄 몰랐다
④ 눈이 온다고 한다

09 다음 글이 무엇에 대한 이야기인지 고르시오.

단오는 농경의 풍작과 풍요를 기원하는 데서 유래하여 한국의 명절 중 하나로 3대 명절로 알려졌지만 설날이나 추석과는 달리 연휴가 없고 평일에 속해 있으나 단오를 맞아 민속시설 등에서는 단오맞이 민속행사를 열기도 한다. 이때에는 남자들은 씨름을 통해서 자신의 힘 자랑과 실력을 자랑하기도 하며 우승을 한 자는 황소를 상품으로 받으며 천하장사라는 칭호도 얻는다. 또한 택견을 하여 승부를 겨루기도 했다고 한다. 여자들은 창포물로 감은 머리를 단장하며 그네뛰기를 통해서 자신의 실력을 뽐내기도 한다.

① 다른 나라의 단오
② 단오의 유래
③ 단오에 먹는 음식
④ 단오에 하는 행사

10 다음 글의 내용과 같은 것을 고르시오.

> 한국은 훌륭한 민족음식을 창조하고 발전시켰을 뿐 아니라 식생활 과정에서 지켜야 할 도리와 몸가짐, 행동규범에서도 가장 높은 예절을 이룩하고 지켜왔다. 사람들 사이의 상호 관계에서 지켜지는 여러 가지 예절 가운데서도 식사예절은 매우 중요한 자리를 차지하였다.
> 여러 사람이 함께 식사할 때는 밥이나 반찬을 뒤적거리거나 헤쳐가면서 먹는 일이 없었으며 음식을 상에 흘리지 않도록 주의하였다. 교자상에서와 같이 멀리 떨어져 있는 음식이나 양념은 반드시 옆에 있는 사람에게 집어주기를 청하였으며 자기의 팔을 뻗어 집어 오는 것을 삼가하였다.
> 한국 가족 성원이 식사를 함께 나눌 때도 질서와 예절은 정연하였다. 한국은 예로부터 부모를 비롯한 웃어른들을 존경하고 정성을 다하여 섬겼으며 그렇게 하는 것을 인간의 응당한 도리로 여겨 왔다. 식생활에서 웃어른들을 존경하는 것은 음식을 먼저 대접하는 데서 나타났다. 밥을 푸거나 국을 뜨고 반찬을 담을 때 먼저 웃어른들의 것부터 담았으며 상을 차릴 때도 될수록 웃어른들에게는 좋은 음식을 드리기 위해 노력하였다. 특히 노인들에게는 음식을 천천히 들면서 식사하도록 독상을 차려서 대접하였으며 웃어른들이 먼저 수저를 든 다음에야 아랫사람들이 수저를 들곤 하였다.

① 멀리 떨어져 있는 음식은 옆 사람에게 방해를 주지 않기 위해 자기 팔을 뻗어 가져와야 한다.
② 한국의 예절 중 식사 예절은 매우 중요한 자리를 차지하고 있다.
③ 웃어른을 존경하는 마음으로 아랫사람들이 수저를 먼저 들고 웃어른이 늦게 들게 했다.
④ 가족 구성원이 식사를 할 때는 편한 마음으로 자유롭게 식사를 했다.

11 쓰레기 배출 방법에 대한 설명으로 옳은 것은?

① 음식물 쓰레기는 가정에 있는 봉투에 담아 배출한다.
② 대형폐기물은 이물질을 제거한 후 종류별로 나누어 담아 배출한다.
③ 일반쓰레기는 종량제봉투에 담아 배출한다.
④ 재활용품은 재활용 스티커를 붙여 배출한다.

12 다음 ( )안에 들어갈 알맞은 말은?

(㉠)은 옳고 그름을 따져 판단하는 것으로 소송 사건을 해결하기 위하여 법원 또는 법관이 공권적 판단을 내리는 일을 말하며, (㉡)은 재판에 의해 분쟁을 법률적으로 해결·조정하기 위해 대립 당사자를 관여시켜 심판하는 절차를 말한다.

① ㉠ 재판, ㉡ 소송
② ㉠ 소송, ㉡ 1심재판
③ ㉠ 소송, ㉡ 재판
④ ㉠ 재판, ㉡ 3심재판

13 6·25전쟁에 대한 설명으로 옳은 것은?

① 6·25전쟁으로 남과 북이 서로 화합하는 계기가 되었다.
② 38선은 중국과 한반도의 정치적 경계선이다.
③ 이산가족은 헤어져 있지만 주기적으로 만날 수 있는 가족을 말한다.
④ 북한군이 북위 38도선 전역에 걸쳐 기습 남침하여 발발한 전쟁이다.

14 〈보기〉에서 설명하는 것이 아닌 것은?

| 보기 |

대학수학능력시험이나 다양한 시험 등을 보는 사람에게 합격을 기원하며 선물한다.

① 찹쌀떡　② 엿　③ 포크　④ 떡국

15 일반귀화의 조건에 대한 설명으로 옳은 것은?

① 3년 이상 거주 대한민국에서 출생한 자로서 부 또는 모가 대한민국에서 출생한 성년의 외국인
② 한국에서 5년 이상 거주 했으며 출생 후 한 번도 대한민국 국민이 된 적이 없는 성년의 외국인
③ 배우자와 혼인한 후 3년이 경과하고 혼인한 상태로 대한민국에 1년 이상 계속하여 주소가 있는 성년의 외국인
④ 귀화자(국적회복자)의 자녀

16 〈보기〉의 내용에서 설명하는 것은?

| 보기 |

- 저임금 근로자를 보호하는 제도이다.
- 국가가 일정 금액 이상의 임금을 근로자에게 지불하도록 법적으로 정해놓은 제도이다.

① 근로기준법
② 주 5일 근무제
③ 주 52시간 근무제
④ 최저임금제

17 한국의 지폐 설명 중 옳은 것은?

ㄱ. 만원권에는 세종대왕이 그려져 있다.
ㄴ. 오만원권에는 신사임당이 그려져 있다.
ㄷ. 천원권에는 율곡 이이가 그려져 있다.
ㄹ. 오천원권에는 퇴계 이황이 그려져 있다.

① ㄱ, ㄴ ② ㄱ, ㄷ ③ ㄴ, ㄷ ④ ㄷ, ㄹ

18 한국의 주변국가에 대한 설명으로 옳은 것은?

① 러시아는 과거 식민지 지배와 독도 문제로 갈등이 있으나 경제적, 문화적 교류가 활발한 나라이다.
② 일본은 역사적으로 한자, 유교, 불교 등 우리나라에 문화적으로 많은 영향을 주었고, 현재 최대 교역국가이다.
③ 미국은 한국의 우방국가로서 군사적, 경제적, 정치적으로 긴밀한 관계를 맺고 있는 나라이다.
④ 중국은 한국전쟁 당시 북한을 지원하였지만 현재는 에너지, 기술, 자원 등의 영역에서 서로 도움을 주고받으며 우호적인 관계를 이어가고 있는 나라이다.

19 다음 (　　　　)안에 들어갈 알맞은 말은?

> (　　　　)은 대한민국 국민의 국적 취득과 상실 요건에 관하여 규정한 법률이며,
> (　　　　)는 일정한 자격을 갖춘 외국인에게 주는, 그 나라에서 영주할 수 있는 권리이다.

① ㉠ 국적법, ㉡ 영주권
② ㉠ 국적법, ㉡ 출입국관리법
③ ㉠ 영주권, ㉡ 국적법
④ ㉠ 출입국관리법, ㉡ 영주권

20 〈보기〉에서 설명하는 것은?

> 보기
>
> 3·1운동을 주도한 독립운동가로 태극기를 나눠주며 시위를 주도하다가 체포되어 옥중에서 순국하였다.

① 안중근　② 유관순　③ 김구　④ 윤봉길

21 경찰에 대한 설명으로 옳은 것은?

① 국민의 생명과 재산 보호 및 공공의 안녕과 질서유지를 위하여 국민을 지도 또는 명령, 강제하는 일을 한다.

② 범죄수사를 통한 형벌권 행사 및 법원의 판단에 의하여 구체화된 형벌권의 내용 실현을 지휘, 감독하는 일을 한다.

③ 법을 어기고 저지른 잘못으로 사회의 안전과 질서를 문란하게 만드는 이를 처벌하기 위해 법에 규정되어 있는 행위를 말한다.

④ 법원을 대표하여 재판을 담당하고 판결을 내리는 것을 말한다.

22 다음 ( )안에 들어갈 알맞은 말은?

환갑은 사람이 태어나서 (㉠)에 맞는 생일을 말하고, 칠순은 사람이 태어나서 (㉡)에 생일을 가리키는 세시 풍속이다.

① ㉠ 60세, ㉡ 70세

② ㉠ 61세, ㉡ 70세

③ ㉠ 61세, ㉡ 71세

④ ㉠ 60세, ㉡ 71세

23 유통기한 표시제 설명으로 옳은 것은?

① 제조물의 결함으로 인하여 발생한 손해로부터 피해자를 보호하기 위해 제정된 법률이다.

② 농수산물 및 그 가공품의 원산지표시를 의무화한 제도이다.

③ 제조사별로 생산 후 특정 기간 이내에 사용하도록 만든 제도이다.

④ 회사 측이 제품의 결함을 발견하여 보상해 주는 소비자보호제도이다.

24 〈보기〉의 내용에서 설명하는 것은?

보기
층간소음 현장진단 및 아파트 단지별 맞춤형 교육 서비스를 제공하여 당사자 간의 이해와 갈등 완화를 유도하는 기관이다.

① 층간소음이웃사이센터
② 경찰서
③ 행정복지센터
④ 경비실

25 사법부에 대한 설명이 아닌 것은?

① 사법부는 법에 따라 재판을 하는 기관으로 사법권을 행사하는 법원을 말한다.
② 변호사는 국민의 선거로 선출된 사법부의 구성원이다.
③ 판사는 법원을 대표하여 재판을 담당하고 판결을 내리는 사람이다.
④ 검사는 범죄사건을 수사하고, 범죄 여부를 판단하기 위해 범죄의 의심을 받는 사람(피의자)에게 법원의 심판을 구하는 일을 담당한다.

26 일제강점기에 대한 설명으로 옳은 것은?

① 일제에게 나라를 빼앗긴 1910년을 말한다.
② 우리의 국권을 강탈해 간 일제는 우리 민족을 탄압했다.
③ 한일병합조약은 1905년 일본이 대한민국의 외교권을 박탈하기 위해 강제로 체결한 조약을 말한다.
④ 을사조약은 1910년 일본의 강압 아래 대한제국의 통치권을 일본에 양여함을 규정한 조약이다.

27 사회보장제도에 대한 설명으로 옳은 것은?

① 출산, 실업, 은퇴, 질병, 빈곤, 사망 등의 어려움에 처한 사회 구성원들의 생활을 국가 및 지방 자치 단체가 일련의 사회 정책을 통하여 해결해 주는 제도이다.

② 65세 이상 노인 중 소득이 일정 기준 이하인 사람에게 지급하는 연금이다.

③ 생활이 어려운 사람에게 필요한 급여(생계, 주거, 교육 등)를 제공한다.

④ 경제적으로 생활이 어려워 의료비용을 지불하기 어려운 국민을 대상으로 국가가 대신하여 의료비용을 지불하는 제도이다.

28 다음 (　　　　)안에 들어갈 알맞은 말은?

한국의 강 중 (㉠)는 중부를 흐르는 강으로 서울의 대표적인 강이고, 남한강과 북한강으로 나뉜다. 그리고 (㉡)는 남동쪽에 위치한 대한민국에서 가장 긴 강이다.

① ㉠ 낙동강, ㉡ 압록강

② ㉠ 한강, ㉡ 압록강

③ ㉠ 한강, ㉡ 낙동강

④ ㉠ 낙동강, ㉡ 금강

29 한국의 대중교통 수단에 대한 설명으로 옳지 않은 것은?

① 시내(가까운 거리) 구간 이동 수단으로 시내버스, 지하철, 택시, 자전거 등이 있다.

② 시외(먼거리) 구간 이동 수단으로 기차, 고속버스나 시외버스, 배, 비행기 등이 있다.

③ 비행기는 시내와 시외 모두 운행이 가능한 대중교통 수단이다.

④ 버스, 지하철, 택시 등 이용할 때 이용 요금은 현금이나 교통(신용)카드로 지불된다.

30 〈보기〉에서 설명하는 것은?

보기
경상북도 경주시 토함산 동쪽에 있는 남북국시대 통일신라의 김대성이 창건한 사찰로 유네스코에서 제정한 세계문화유산으로 등재된 불상을 모신 석굴이다.

① 불국사 ② 석굴암 ③ 조선왕릉 ④ 종묘

31 한국의 출산 장려 정책에 대한 설명으로 옳은 것은?

① 아이행복카드는 아동의 건강한 성장 환경을 만들어서 아동의 기본적 권리와 복지 증진에 기여하기 위해 도입된 카드이다.

② 양육수당은 취학 전 아동을 대상으로 정부에서 제공하는 보육료·유아학비 지원서비스를 지원받는 것이다.

③ 출산휴가는 초등학교 2학년 이하 자녀를 양육하기 위해 이용할 수 있는 휴가다.

④ 국민행복카드는 출산을 장려하고 양육에 대한 경제적 부담을 줄여주기 위해 위해 발급되는 카드이다.

32 (　　　　)안에 들어갈 말은?

(㉠)는 국가가 일정 금액 이상의 임금을 근로자에게 지불하도록 법적으로 정해놓은 제도로써 저임금 근로자를 보호하는 제도이며, (㉡)는 근로자의 기본적 생활을 보장, 향상시키며 균형 있는 국민경제의 발전을 도모하기 위해 제정한 법이다.

① ㉠ 근로기준법, ㉡ 최저임금제

② ㉠ 최저임금제, ㉡ 근로기준법

③ ㉠ 급여제도, ㉡ 근로기준법

④ ㉠ 최저임금제, ㉡ 헌법

33 주 5일 근무제에 대한 설명으로 옳은 것은?

① 법적으로 일주일 동안 일하는 시간이 52시간이 넘지 않도록 하는 제도이다.
② 국가가 일정 금액 이상의 임금을 근로자에게 지불하도록 법적으로 정해놓은 제도이다.
③ 근로자의 기본적 생활을 보장·향상하며 균형 있는 국민경제의 발전을 도모하기 위해 제정한 법을 말한다.
④ 1주일 동안 휴게시간을 제외한 40시간 일하는 것을 말한다.

34 다음 (　　　　)안에 들어갈 알맞은 말은?

> (　　　　)은 소방 및 방화, 방재, 대국민 신변안전관리 및 감독, 재난대비 및 복구관리, 사후 관리대책 등의 사무를 관장하기 위한 중앙행정기관이다.

① 소방청　　② 소방서　　③ 소방대　　④ 소방센터

35 촌수관계 중 옳지 않은 것은?

① 1촌 : 부모와 자녀 간의 관계이다.
② 2촌 : 형제자매 간의 관계이다.
③ 삼촌 : 나의 부모와 나의 자녀와의 관계이다.
④ 사촌 : 나의 자녀와 남편 형제자매 또는 나의 형제자매의 자녀와의 관계이다.

36 〈보기〉에서 설명하는 기념일은?

> 보기
>
> • 5월 5일은 방정환이 만든 날이다.
> • 어린이들이 바르고 아름답게 자라나도록 하기 위한 마음으로 제정한 날이다.

① 어버이날　　② 스승의날　　③ 어린이날　　④ 식목일

[37~40:작문형] 다음 내용을 포함하여 '에너지 절약'라는 제목으로 글을 쓰시오.

※ 작문 시험 시간은 10분이며, 답안지에는 제목을 쓰지 말고 본문만 쓰시오.

- 에너지 절약이 왜 필요합니까?
- 에너지 절약을 위해 해야 될 일은 무엇입니까?
- 에너지 절약을 위해 내가 실천하는 것들이 있습니까?

Chapter 03

3회 정답 및 해설

객관식

1	2	3	4	5	6	7	8	9	10
③	①	②	④	④	③	①	④	④	②
11	12	13	14	15	16	17	18	19	20
③	①	④	④	②	④	①	③	①	②
21	22	23	24	25	26	27	28	29	30
①	②	③	①	②	②	①	③	③	②
31	32	33	34	35	36				
④	②	④	①	③	③				

01 '예의' 존경의 뜻을 표하기 위하여 예로써 나타내는 말투나 몸가짐을 말한다.

① **보육** : 어린아이들을 돌보아 기르다.

② **가사** : 살림살이에 관한 일.

④ **여가** : 일이 없어 남는 시간.

02 '가입했다'는 조직이나 단체 등에 들어가거나, 서비스를 제공하는 상품 따위를 신청하는 것을 말한다.

② **대표했다** : 전체의 상태나 성질을 어느 하나로 잘 나타내다.

③ **선호했다** : 여럿 가운데서 특별히 가려서 좋아하다.

④ **측정했다** : 일정한 양을 기준으로 하여 같은 종류의 다른 양의 크기를 재다. 기계나 장치를 사용하여 재기도 한다.

03 '어색하다'는 잘 모르거나 아니면 별로 만나고 싶지 않았던 사람과 마주 대하여 자연스럽지 못한 것을 말한다.

① **한산하다** : 인적이 드물어 한적하고 쓸쓸하다.

③ **태연하다** : 마땅히 머뭇거리거나 두려워할 상황에서 태도나 기색이 아무렇지도 않은 듯이 예사롭다.

④ **서운하다** : 마음에 모자라 아쉽거나 섭섭한 느낌이 있다.

04 '폈대요'는 다른 곳에서 들은 내용을 전할 때 사용한다.

① **폈을 뻔했어요** : 앞말이 뜻하는 상황이 일어나지 않았지만 일어날 가능성이 높았을 때 사용한다.

② **폈나요?** : 의견이나 사실에 대해 물어볼 때 사용한다.

③ **폈기는요** : 상대방의 말을 부인할 때 사용하는 말로 뒤에는 반대되는 말이 오기도 한다.

05 '간 김에'는 앞말에 덧붙여 뒤의 말을 할 때 쓰는 표현이다.

① **바람에** : 부정적인 결과의 원인을 나타낼 때 쓰는 표현.

② **위해서** : 앞말의 내용을 이루려고 할 때 쓰는 표현.

③ **~까봐** : 앞말에 대한 걱정스러운 추측을 나타낼 때 쓰는 표현.

06 '습관'은 어떤 행위를 오랫동안 되풀이하는 과정에서 저절로 익혀진 행동 방식을 말한다.

① **지원** : 지지하여 도움.

② **호칭** : 이름 지어 부름. 또는 그 이름.

④ **승진** : 직위의 등급이나 계급이 오름.

07 '물놀이를 하며 더위를 식힌다'와 '바닷가에 놀러 간다'의 두 가지 동작하려 하므로 '- ㄹ 겸'을 써서 '물놀이를 하며 더위를 식힐 겸 바닷가에 놀러 간다'가 정답이다.

08 기상청에서 전한 내용이므로 '- 다고 하다'를 사용해서 '눈이 온다고 한다.'가 정답이다.

09 '단오는 ~ 단오맞이 민속행사를 열기도 한다. 이때에는 씨름과 택견을 하여 승부 겨루기도 했으며, 여자들은 ~ 그네뛰기를 통해서 자신의 실력을 뽐내기도 한다'라고 나와 있기 때문에 '단오에 하는 행사'가 정답이다.

10 '사람들 사이의 상호 관계에서 지켜지는 여러 가지 예절 가운데서도 식사예절은 매우 중요한 자리를 차지하였다.'라는 문장이 있으므로 '한국의 예절 중 식사예절은 매우 중요한 자리를 차지하고 있다.'가 정답이다.

11 ① 음식물 쓰레기는 음식물 전용 종량제 봉투에 담아 배출하거나, 칩 및 스티커를 수거 용기에 부착해 배출, 또는 쓰레기 무게 측정해서 수수료 납부한다.

② 대형폐기물은 대형 폐기물 스티커를 부착 후 배출한다.

④ 재활용품은 이물질은 제거한 후 종류별로 나누어 담아 배출한다.

12 3심 제도는 한 사건에 대해 세 번 재판 받을 수 있는 제도로 1심재판(지방법원) - 2심재판(고등법원) - 대법원(3심재판)으로 이루어져 있다.

13 ① 6 · 25전쟁은 북한군이 북위 38도선 전역에 걸쳐 기습 남침하여 발발한 전쟁이다.

② 38선은 1945년 8월 15일부터 1953년 7월 27일 6 · 25전쟁으로 인한 휴전이 성립될 때까지 남한과 북한과의 정치적 경계선이다.

③ 이산가족은 남북 분단 등의 사정으로 서로 흩어져 만날 수 없게 된 가족이다.

14 떡국은 멥쌀로 만든 가래떡을 얇게 썰어 육수에 넣고 끓인 뒤 다양한 고명을 얹어 먹는 음식이다. 떡국은 음력 1월 1일 새해 첫날, 즉 한국의 설날 아침에 반드시 챙겨 먹는 첫 번째 식사이기도 하다. 또한 새해에 떡국 한 그릇을 먹으면서 나이도 한 살을 더 먹는다는 의미가 담겨 있다. 떡 가락의 희고 긴 모양새가 '순수'와 '장수'를 의미하기 때문에 새해 첫 음식으로 떡국을 먹기도 한다.

15 ① 3년 이상 거주 대한민국에서 출생한 자로서 부 또는 모가 대한민국에서 출생한 성년의 외국인이 대상인 것은 간이귀화이다.

③ 배우자와 혼인한 후 3년이 경과하고 혼인한 상태로 대한민국에 1년 이상 계속하여 주소가 있는 성년의 외국인이 대상인 것은 간이귀화이다.

④ 귀화자(국적회복자)의 자녀가 대상인 것은 특별귀화이다.

16 ① 근로기준법은 근로자의 기본적 생활을 보장, 향상시키며 균형 있는 국민경제의 발전을 도모하기 위해 제정한 법이다.
② 주 5일 근무제는 1주일에 8시간씩 5일을 근무할 수 있도록 한 제도이다.
③ 주 52시간 근무제는 법적으로 일주일 동안 일하는 시간이 52시간이 넘지 않도록 하는 제도이다.

17 ㄷ. 천원권에는 조선 중기 평생 동안 학문 연구에 힘써 성리학(주자학)을 체계화하였고, 도산 서당을 세워 제자를 길러내는 데 힘쓴 퇴계 이황이 그려져 있다.
ㄹ. 오천원권에는 퇴계 이황과 함께 조선시대 최고의 성리학자이며 어머니가 신사임당인 율곡 이이가 그려져 있다.

18 ① 러시아는 한국전쟁 당시 북한을 지원하였지만 현재는 에너지, 기술, 자원 등의 영역에서 서로 도움을 주고받으며 우호적인 관계를 이어가고 있는 나라이다.
② 일본은 과거 식민지 지배와 독도 문제로 갈등이 있으나 경제적, 문화적 교류가 활발한 나라이다.
④ 중국은 역사적으로 한자, 유교, 불교 등 우리나라에 문화적으로 많은 영향을 주었고, 현재 최대 교역국가이다.

19 출입국관리법은 대한민국에 입국하거나 대한민국에서 출국하는 모든 사람의 출입국관리와 대한민국에 체류하고 있는 외국인의 등록에 관한 일을 규정한 법이다.

20 ① 안중근은 만주 하얼빈에서 이토 히로부미를 사살하고 순국하였다.
③ 김구는 대한민국 임시정부 조직에 참여하고, 주석에 선임되었으며 '백범일지' 저서를 남겼다.
④ 윤봉길은 홍커우 공원에서 도시락 폭탄을 던져 일본군의 주요 인물들을 죽였다.

21 ② 범죄수사를 통한 형벌권 행사 및 법원의 판단에 의하여 구체화된 형벌권의 내용 실현을 지휘, 감독하는 일을 하는 것은 검찰이다.
③ 법을 어기고 저지른 잘못으로 사회의 안전과 질서를 문란하게 만드는 이를 처벌하기 위해 법에 규정되어 있는 행위를 말하는 것은 범죄이다.
④ 법원을 대표하여 재판을 담당하고 판결을 내리는 것을 말하는 것은 판결이다.

22 환갑(회갑)은 사람이 태어나서 60년 만에 맞는 생일(61세 - 만 60세)을 가리키는 세시풍속이며, 칠순(고희)은 나이 70세, 일흔살 생일을 가리키는 세시풍속이다.

23 ① 제조물의 결함으로 인하여 발생한 손해로부터 피해자를 보호하기 위해 제정된 법률은 제조물 책임법이다.
② 농수산물 및 그 가공품의 원산지표시를 의무화한 제도는 원산지 표시제이다.
④ 회사 측이 제품의 결함을 발견하여 보상해 주는 소비자보호제도는 리콜제도이다.

24 ② 경찰서는 일정한 구역을 중심으로 일선 치안업무 및 국가의 경찰권을 운영하는 경찰 행정기관으로서 국가의 안녕질서, 관내 치안유지 및 국민의 생명·재산 보호 등을 그 주요업무를 하는 행정기관이다.
③ 행정복지센터는 동을 관리하고 지역 주민들의 행정 업무와 민원 업무를 처리하는 행정기관이며, 아기가 태어나면 출생신고를 하는 곳이다.
④ 경비실은 경비를 서기 위하여 마련한 방을 말한다.

25 ② 변호사는 인간의 다툼에 관련된 민사사건과 범죄사건에 관련된 형사사건이 발생할 경우 개인이나 단체를 대신해 소송을 제기하거나 재판에서 그들을 변호해 주는 활동을 하는 사람이다.

26 일제 강점기는 일제에게 나라를 빼앗긴 1910년부터 해방된 1945년까지 시대를 말하며, 우리의 국권을 강탈해 간 일제는 조선 총독부를 설치한 뒤 행정, 입법, 사법 및 군대까지 손에 쥐고 우리 민족을 탄압했다.

27 ② 65세 이상 노인 중 소득이 일정 기준 이하인 사람에게 지급하는 연금은 기초연금제도이다.
③ 생활이 어려운 사람에게 필요한 급여(생계, 주거, 교육 등)를 제공하는 것은 국민기초생활보장제도이다.
④ 경제적으로 생활이 어려워 의료비용을 지불하기 어려운 국민을 대상으로 국가가 대신하여 의료비용을 지불하는 제도는 의료급여제도이다.

28 • 금강은 충청남도와 전라북도의 경계를 이루는 강이다.
• 압록강은 북한과 중국의 국경선에 위치한 강으로 한반도에서 가장 긴 강이다.

29 비행기는 날개가 달린 교통수단의 일종으로 장거리 이용 시 이용한다.

30 ① 불국사는 경상북도 경주시 진현동의 토함산 기슭에 있는 사찰 건축물로 석굴암 삼층 석탑, 다보탑 등이 있다.
③ 조선왕릉은 519년 동안 지속된 조선시대 역대 왕들의 무덤으로, 2009년 유네스코 세계문화유산으로 지정되었다.
④ 종묘는 유교를 지배 이념으로 삼았던 조선시대의 역대 왕과 왕비 그리고 죽은 뒤 왕으로 추존된 왕과 왕비의 신위를 봉안하고 국가적인 제사를 지내는 곳이다.

31 ① 아이행복카드는 만 0세부터 만 5세까지 취학 전 아동을 대상으로 정부에서 제공하는 보육료·유아학비 지원서비스를 이용할 수 있는 카드를 말한다.
② 양육수당은 0~5세 아이를 어린이집 등에 보내지 않고 가정에서 키울 경우 받는다.
③ 출산휴가는 근로자가 임신한 경우, 아이를 출산하기 전이나 후에 출산휴가를 받는다.

32 • 근로기준법은 근로자의 기본적 생활을 보장, 향상시키며 균형 있는 국민경제의 발전을 도모하기 위해 제정한 법이다.
• 최저임금제는 국가가 일정 금액 이상의 임금을 근로자에게 지불하도록 법적으로 정해놓은 제도로써 저임금 근로자를 보호하는 제도이다.
• 헌법은 국가의 통치조직과 통치 작용의 기본 원리 및 국민의 기본권을 보장하는 근본 규범을 말한다.

33 ① 법적으로 일주일 동안 일하는 시간이 52시간이 넘지 않도록 하는 제도는 주 52시간 근무제이다.
② 국가가 일정 금액 이상의 임금을 근로자에게 지불하도록 법적으로 정해놓은 제도는 최저임금제이다.
③ 근로자의 기본적 생활을 보장, 향상시키며 균형 있는 국민경제의 발전을 도모하기 위해 제정한 법은 근로기준법이다.

34 • 소방서는 화재 예방과 진압, 인명 구조와 구급 등의 업무를 담당하는 행정 기관으로 화재를 예방하고 진압하는 등 소방 업무를 담당하는 행정기관이다.
• 소방대는 소방기본법 제2조에 정의된 조직체. 소방공무원, 의무소방원, 의용소방대원을 말한다.

35 삼촌은 아버지 혹은 어머니의 형제와 내 형제의 자식 사이의 촌수를 말한다.

36 ① 어버이날은 어버이 은혜에 감사하며 부모님의 가슴에 카네이션을 달아드리는 날이다.
② 스승의날은 스승의 은혜에 감사하는 마음을 가지도록 지정한 날이다.
④ 식목일은 나무를 많이 심고, 아껴 가꾸도록 권장하기 위해 제정된 날이다.

작문형

에너지 절약

❶ 에너지 절약이 왜 필요합니까?

❷ 에너지 절약을 위해 해야 될 일은 무엇입니까?

❸ 에너지 절약을 위해 내가 실천하는 것들이 있습니까?

❶ 현재 사용하고 있는 에너지들은 지구에 한정되어 있는 자원이라 언젠가는 고갈될 수 있기 때문에 지구를 지키기 위해서라도 에너지 절약이 필요하다. ❷ 에너지를 절약하기 위한 방법으로는 신재생에너지 설치, 친환경 제품 사용하기 등이 있으며 ❸ 나는 에너지 절약을 위해 쓰지 않는 전자제품코드 뽑기, 자가용 대신 대중교통 이용하기 등을 실천하고 있다.

Chapter 04

실전 모의고사 4회

[01~06] 다음 (　　　　)에 알맞은 것을 고르시오.

01

가 : 우리나라처럼 통일을 이루었던 나라가 있나요?
나 : 네. 독일은 우리보다 먼저 민족 (　　　　)을 극복하고 통일을 이루었어요.

① 보수적　② 송년회　③ 합법　④ 분단

02

공공시설은 개인 (　　　　)가 아니기 때문에 더욱 아껴야 한다.

① 소유　② 능동적　③ 분립　④ 예매

03

작은 것이라도 감사하게 생각해야 한다. (　　　　) 겸손해야 한다는 뜻이다.

① 그러나　② 말하자면　③ 한편　④ 하지만

04

가 : 다니엘씨, 어제 봉사활동 다녀왔다면서요. 어땠나요?
나 : 네. 힘들기는 했지만 봉사를 하니 (　　　　).

① 마음이 뿌듯하기는요　② 마음이 뿌듯할 걸 그랬다
③ 마음이 뿌듯하더라고요　④ 마음이 뿌듯하려던 참이다

05

비바람이 불어서 (　　　　) 조심히 가세요.

① 위험하자마자　② 위험할 텐데　③ 위험한데다　④ 위험하다 보면

06

한국에서는 어른에 대한 (　　　　)를 갖추어 말해야 한다.

① 사고방식　② 습관　③ 예의　④ 책임

07 다음을 한 문장으로 알맞게 연결한 것을 고르시오.

내가 좋아하는 책을 읽는다. / 마음이 한결 편안해졌다.

① 내가 좋아하는 책을 읽을까 봐 마음이 한결 편안해졌다.
② 내가 좋아하는 책을 읽든지 마음이 한결 편안해졌다.
③ 내가 좋아하는 책을 읽는 동안 마음이 한결 편안해졌다.
④ 내가 좋아하는 책을 읽더라도 마음이 한결 편안해졌다.

08 다음 (　　　　)에 알맞은 것을 고르시오.

한국에 놀러 오셨던 부모님이 고향에 잘 (　　　　　　　　　)

① 도착해서 긴장했다.
② 도착해서 추천했다.
③ 도착해서 주도했다.
④ 도착해서 안심했다.

09 다음 글이 무엇에 대한 이야기인지 고르시오.

쓰레기는 분리배출만 잘해도 우리가 살고 있는 지구를 지킬 수 있다. 그래서 분리수거가 중요한데 쓰레기 분리배출 방법을 알아보면 첫째, 페트병을 분리할 때는 안에 내용물을 비우고 물로 한번 헹군 후 바깥 스티커를 제거 후에 압축하여 버린다. 둘째, 비닐은 물로 씻은 후 비닐류로 분리배출하며, 이물질이 많이 묻어있는 경우 일반쓰레기로 분리배출 해야 한다. 셋째, 철이나 캔류는 한곳에 모아 분리하며, 유리는 이물질을 세척하여 분리배출한다. 넷째, 종이박스나 종이류는 물에 젖지 않도록 버리며 박스를 버릴 때는 테이프를 제거한 후 버린다.

① 분리수거 하는 방법
② 분리수거의 정의
③ 분리수거의 유래
④ 분리수거의 장점

10 다음 글의 내용과 같은 것을 고르시오.

> 실업급여는 고용보험에 가입한 근로자가 실직하여 재취업 활동을 하는 기간에 소정의 급여를 지급함으로써 실업으로 인한 생계 불안을 극복하고 생활이 안정될 수 있도록 도와주며 재취업의 기회를 지원해주는 제도이다. 실업급여 조건은 여러 가지가 있다 보니 모든 사람들이 대상자가 되는 것은 아니다. 직장을 잃게 되는 이유가 다양하기는 하지만 본인의 과실로 인한 해고는 대상에서 제외되고 이사나 결혼, 질환 등 회사에 다닐 수 없는 상황일 때만 가능하다. 자진 퇴사의 경우 사유에 따라 대상자가 달라질 수 있어 꼼꼼하게 체크해 봐야 하는데 만약 이직이나 자영업을 할 경우에는 본인의 의지가 반영되었다는 것으로 판단하여 지원받을 수 없다. 하지만 이직 회피 노력을 하려고 했음에도 불구하고 불가피하게 그만두어야 하는 상황이거나 임금 미지급 등 같은 피해를 입어 해당 회사에서 더 이상 재직할 수 없는 경우도 정당한 사유로 인정받을 수 있으니 실업급여 조건에 본인이 부합하는지를 꼼꼼하게 알아봐야 한다.

① 실업급여는 모든 사람들이 대상자가 된다.
② 자진 퇴사의 경우 대상자에서 제외된다.
③ 실업급여를 신청할 때에는 실업급여조건에 본인이 부합하는지 알아보고 신청해야 한다.
④ 실업급여는 근로자가 실직하면 편히 쉴 수 있게 급여를 지원해주는 제도이다.

11 〈보기〉의 내용에서 설명하는 것은?

> 보기
>
> 국가나 공공단체의 회의나 행사에서 제일 먼저 행하는 것으로 국기에 대한 경례(국기에 대한 맹세포함), 애국가 제창, 순국선열 및 호국영령에 대한 묵념 순으로 진행된다.

① 국민자세　② 국민의무　③ 국민맹세　④ 국민의례

12 한국의 바다에 대한 설명으로 옳지 않은 것은?

① 동해는 동쪽에 있는 바다로 울릉도와 독도가 있다.
② 북쪽에 있는 바다로 한반도에서 가장 작은 바다이다.
③ 남쪽에 있는 바다로 낙동강이 흐르다가 만나며 해안선이 복잡하고 섬이 많다.
④ 서쪽에 있는 바다로 수심이 얕고 갯벌이 넓게 발달하였다.

13 〈보기〉의 내용에서 설명하는 것은?

| 보기 |

• 한국에 사는 외국인(재한외국인)을 대우하는 일에 관한 법률을 말한다.
• 대한민국 사회에 적응하여 대한민국 국민과 서로 이해하고 존중하는 사회 환경을 만들어 대한민국의 발전과 사회 통합에 이바지하는 것을 목적으로 한다.

① 영주권 ② 국적법 ③ 재한외국인처우기본법 ④ 출입국관리법

14 조선시대 주요 인물들에 대한 설명으로 옳은 것은?

① 이성계는 조선의 1대 왕으로 한양을 도읍으로 정하였다.
② 권율장군은 쇄국정책을 실시하였다.
③ 정약용은 임진왜란 때 행주대첩에서 승리를 이끌었다.
④ 장영실은 실학자로 과학기술과 상공업 발달에 관심을 가졌으며 목민심서의 저자이다.

15 백제의 문화재가 아닌 것은?

① 정림사지 5층 석탑 ② 첨성대 ③ 백제 기와 ④ 미륵사지 석탑

16 교통제도에 대한 설명으로 옳지 않은 것은?

① 환승할인제도는 교통카드를 이용하여 다른 노선이나 대중교통을 갈아탈 수 있게 한 제도이다.

② 버스전용차로제는 도로에 버스만 다닐 수 있는 차로를 따로 만들어 대중교통을 원활히 하고자 하는 제도이다.

③ 교통법규는 죄처벌법·도로교통법규 등을 범하거나 위반했을 때 부과하는 벌금을 말한다.

④ 어린이보호구역은 유치원과 초등학교 주변에 설정한 특별보호구역으로 반경 300m 이내의 자동차의 주행 속도를 시속 30km 이내로 제한한다.

17 집을 거래할 때 해야 하는 것 중 설명이 옳은 것은?

ㄱ. 계약서는 집의 넓이, 구조가 적혀있는 문서이다.
ㄴ. 등기부등본은 집주인의 가족관계가 적혀있는 문서이다.
ㄷ. 전입신고는 새로 살게 된 곳의 관할 관청에 그 사실을 알리는 일이나 그 서류를 말한다.
ㄹ. 확정일자 : 법원 또는 행정복지센터 등에서 주택임대차 계약을 한 날짜를 확인해 주기 위해 임대차 계약서에 도장을 찍어 주는 날짜이다.

① ㄱ, ㄹ　② ㄴ, ㄹ　③ ㄱ, ㄷ　④ ㄷ, ㄹ

18 다음 (　　　)안에 들어갈 말은?

(　　　)은 기존 지역 고용센터의 구직급여, 직업훈련 서비스 외에 기초생활 보장, 긴급복지 등 복지 서비스를 한꺼번에 제공하는 곳이다.

① 고용복지플러스센터

② 사회복지관

③ 행정복지센터

④ 고용노동부

19 〈보기〉의 내용에서 설명하는 것은?

보기
우리나라를 대표해서 외국에 나가 그 나라와 우리나라 사이에 있는 여러 가지 과제들을 처리하고 외국에 나가 있는 우리나라 사람들은 보호하는 역할을 담당하는 사람이다.

① 대통령　② 외교관　③ 국무총리　④ 국회의원

20 한국의 직장생활에 대한 설명으로 옳지 않은 것은?

① 보통 20대에 취직하며 60세 전후로 직장에서 퇴직이나 은퇴를 한다.
② 많은 사람들이 보다 안정적인 공무원을 선호한다.
③ 여성의 사회진출이 활발해져 맞벌이 부부가 증가하고 있으나 출산과 양육의 문제로 직장을 그만 두는 경우도 많다.
④ 대기업의 인기는 점차 낮아지고 있다.

21 다음 (　　　)안에 들어갈 알맞은 말은?

법원에는 우리나라 최고의 법원으로 3심 재판을 담당하는 (㉠), 2심재판을 담당하는 (㉡), 1심 재판을 담당하는 (㉢)이 있다.

① ㉠ 대법원, ㉡ 고등법원, ㉢ 지방법원
② ㉠ 대법원, ㉡ 지방법원, ㉢ 고등법원
③ ㉠ 고등법원, ㉡ 지방법원, ㉢ 대법원
④ ㉠ 고등법원, ㉡ 대법원, ㉢ 지방법원

22 선거에 대한 설명으로 옳지 않은 것은?

① 만 18세 이상 선거에 참여 할 수 있다.

② 선거일에 투표가 어려운 경우 미리 투표할 수 있는 제도는 없다.

③ 투표를 통해 대표자나 공직자를 뽑는 의사를 결정하는 절차를 말한다.

④ 영주권 취득 후 3년이 지난 만 18세 이상 외국인은 지방 선거에 참여 할 수 있다.

23 통일의 필요성에 대한 설명으로 옳지 않은 것은?

① 병역 유지를 위한 국방비가 절감된다.

② 국가 경쟁력이 강화된다.

③ 전쟁의 위험이 높아져 국방력이 강화된다.

④ 이산가족의 아픔이 해소된다.

24 〈보기〉의 내용에서 설명하는 것은?

보기
서울 종로구에 있는 대통령의 집무 및 생활공간으로 푸른색 지붕을 가진 건물이라는 뜻을 가지고 있다.

① 경복궁　② 국회　③ 법원　④ 청와대

25 부산광역시에 대한 설명으로 옳은 것은?

① 경상북도와 경상남도의 중앙에 위치해 있는 광역자치단체이다.
② 대한민국 제2의 도시이자 대한민국 최초의 광역시이고 국내 최대 국제무역항이다.
③ 전라남도 중북부에 있는 호남 최대도시이다.
④ 항구도시이자 한반도 최대의 공업 도시이다.

26 〈보기〉의 내용에서 설명하는 것은?

보기
• 행정부의 최고 책임자이며 한국을 대표하는 지도자로 대한민국의 국가 원수이다. • 임기는 5년이며, 출마할 수 있는 나이는 만 40세 이상이다.

① 대통령 ② 국무총리 ③ 국회의원 ④ 국민

27 다음 (   )안에 들어갈 알맞은 말은?

한국의 화폐 중 100원 동전에는 (㉠), 500원 동전에는 (㉡)가 있다.

① ㉠ 이순신, ㉡ 거북선
② ㉠ 이순신, ㉡ 학(두루미)
③ ㉠ 거북선, ㉡ 다보탑
④ ㉠ 학(두루미), ㉡ 이순신

28 한글에 대한 설명으로 옳지 않은 것은?

① 조선 전기 세종대왕이 집현전 학자들과 함께 훈민정음이라는 이름으로 창제하여 반포한 우리나라 고유의 문자이다.

② 한글은 자음(14개)와 모음(10개)로 이루어져 한 글자를 이룬다.

③ 독창적이고 창제 원리와 발음 방법 등으로 유네스코에서 최고의 평가를 받은 우리나라 문화이다.

④ 읽고 쓰기가 어려워 우리나라에서만 사용할 수 있는 유산이다.

29 다음 ( )안에 들어갈 알맞은 말은?

> 영수증은 돈이 물품을 받은 사람이 준 사람에게 이를 받았음을 인증하며 영수내용을 기재하여 제시해 주는 증서로 (,) 때 꼭 있어야 한다.

① 구매, 판매 ② 환불, 리콜 ③ 리콜, 교환 ④ 환불, 교환

30 예금의 종류에 대한 설명으로 옳지 않은 것은?

① 보통예금은 예금과 인출을 자유로이 할 수 있는 통장식 은행예금을 말한다.

② 정기예금은 일정 금액을 일정 기간 동안 금융기관에 맡기고 정한 기한 안에는 찾지 않겠다는 약속으로 하는 예금이다.

③ 보통적금은 정해진 기간 동안 자유롭게 적립하여 만기일에 금액을 지급받는 적금이다.

④ 정기적금은 정해진 기간 동안 일정액을 매월 적립하고 만기일에 약정금액을 지급받는 것을 말한다.

31 다음 (　　　)안에 들어갈 알맞은 말은?

> (㉠)는 후사찰 흥덕사에서 만들어진 인쇄물이며, 세계에서 가장 오래된 금속 활자로 인쇄된 책으로 유네스코 세계문화유산에 등재되었고, (㉡)은 몽골이 고려를 침입하자 부처의 힘으로 몽골군을 물리치기 위해 만든 대장경이다.

① ㉠ 직지심체요절, ㉡ 팔만대장경
② ㉠ 직지심체요절, ㉡ 삼국사기
③ ㉠ 팔만대장경, ㉡ 직지심체요절
④ ㉠ 삼국사기, ㉡ 팔만대장경

32 교육기관에 대한 설명으로 옳지 않은 것은?

① 의무교육기간은 초등학교, 중학교, 고등학교 총 12년이다.
② 중학교는 초등학교를 졸업한 사람에게 중등 보통 교육을 실시하기 위한 학교이다.
③ 고등학교는 중학교를 졸업한 사람에게 고등 보통 교육과 실업 교육을 실시하는 학교이다.
④ 초등학교는 국민 생활에 필요한 기초적인 초등교육을 실시하는 교육기관이다.

33 고려시대 인물에 대한 설명으로 옳지 않은 것은?

① 시조는 주몽이다.
② 소수림왕은 불교를 도입하고, 태학을 설립하였으며 고구려의 전성기의 기틀을 마련하였다.
③ 을지문덕 장군은 북진정책으로 영토를 크게 넓혀 가장 넓은 영토를 차지하였다.
④ 장수왕은 고구려 제20대 왕으로 도읍을 평양으로 옮기고, 남하정책을 추진하였다.

34 세종대왕에 대한 설명으로 옳은 것은?

① 실학자로 과학기술과 상공업 발달에 관심을 가졌다.

② 훈민정음(한글) 창제, 과학 기술 및 문화 발전에 힘쓴 왕이다.

③ 다른 나라와 관계를 맺지 않고 문호를 굳게 닫아 서로 통상하지 않았다.

④ 조선의 1대 왕으로 조선을 세웠다.

35 오늘날 한국 가족의 형태의 특징 중 옳지 않은 것은?

① 부부와 미혼 자녀로 구성되는 가족의 형태인 가족인 핵가족이 많았다.

② 1인 가구, 다문화 가족, 한부모 가족, 자녀 없는 부부로 구성된 가족이 늘고 있다.

③ 저출산 고령화 현상이 일어나고 있다.

④ 장남이 부모를 모시고 사는 형태가 많다.

36 다음 (　　　　)안에 들어갈 알맞은 말은?

> (㉠)은 내국세의 부과·감면 및 징수에 관한 사무를 맡아보는 중앙행정기관이고, (㉡)는 국세청 산하의 지방국세청에 소속되어 관할 구역의 내국세의 부과·감면·징수에 관한 사무를 담당하는 세무행정기관이다.

① ㉠ 병무청, ㉡ 세무청

② ㉠ 세무서, ㉡ 기상청

③ ㉠ 통계청, ㉡ 세무서

④ ㉠ 국세청, ㉡ 세무서

[37~40:작문형] 다음 내용을 포함하여 '나의 꿈'이라는 제목으로 글을 쓰시오.

※ 작문 시험 시간은 10분이며, 답안지에는 제목을 쓰지 말고 본문만 쓰시오.

- 꿈이 있습니까?
- 꿈을 꾸게 된 이유는 무엇입니까?
- 꿈을 이루기 위해 노력하고 있는 것은 무엇입니까?

Chapter 04

4회 정답 및 해설

객관식

1	2	3	4	5	6	7	8	9	10
④	①	②	③	②	③	③	④	①	③
11	12	13	14	15	16	17	18	19	20
④	②	③	①	②	③	④	①	②	④
21	22	23	24	25	26	27	28	29	30
①	②	③	④	②	①	②	④	①	③
31	32	33	34	35	36				
①	①	③	②	④	④				

01 '분단'은 서로 나뉘게 끊어 가름을 말한다.

① **보수적** : 새로운 것이나 변화를 반대하고 전통적인 것을 옹호하며 유지하려는.
② **송년회** : 연말에 한 해를 보내며 베푸는 모임.
③ **합법** : 법령이나 규범에 적합함.

02 '소유'는 가지고 있음을 말한다.

② **능동적** : 다른 것에 따라가지 않고 스스로 일으키거나 움직이는.
③ **분립** : 따로 나누어서 세움.
④ **예매** : 물건을 받기 전에 미리 값을 치르고 사 둠.

03 '말하자면'은 앞의 내용을 간추려 다시 한번 말할 때 쓰이는 접속사이다.

① **그러나** : 앞의 내용과 뒤의 내용이 반대되는 내용으로 말하는 경우에 쓰이는 접속사
③ **한편** : 앞의 내용과 다른 새로운 사실을 말할 때 쓰이는 접속사
④ **하지만** : 앞의 내용과 뒤의 내용이 반대되는 내용으로 말하는 경우에 쓰이는 접속사

04 '뿌듯하더라고요'는 직접 경험한 사실이나 느낌을 말할 때 사용한다.
① **하기는요**: 상대방의 말을 부인할 때 사용하는 말로 뒤에는 반대되는 말이 오기도 한다.
② **걸 그랬다**: 후회나 아쉬움을 나타낼 때 사용한다.
④ **려던 참이다**: 어떤 일을 하려는 경우나 할 생각을 나타낼 때 사용한다.

05 '위험할 텐데'는 앞 내용에 대한 강한 확신을 가지고 추측하며 이어서 말할 때 사용하는 어미이다.
① **위험하자마자**: 앞 내용이 이루어지자 바로 다음 말의 사건이나 동작이 일어남을 나타내는 연결 어미.
③ **위험한데다**: 앞 내용과 연관되어 뒤의 내용과 이어질 때 쓰는 연결 어미.
④ **위험하다 보면**: 어떠한 행동을 하면서 새로운 사실을 알게 되거나 상태가 될 때 사용하는 연결 어미.

06 '예의'는 존경의 뜻을 표하기 위하여 예로써 나타내는 말투나 몸가짐을 말한다.
① **사고방식**: 어떤 문제에 대하여 생각하고 궁리하는 방법이나 태도.
② **습관**: 어떤 행위를 오랫동안 되풀이하는 과정에서 저절로 익혀진 행동 방식.
④ **책임**: 맡아서 해야 할 임무나 의무.

07 내가 좋아하는 책을 읽고 마음이 한결 편안해졌으므로 어떤 상태가 지속되는 시간을 나타낼 때 쓰는 표현인 '~는 동안이' 정답이다.

08 한국에 놀러 오셨던 부모님이 고향에 잘 도착하셨으므로 모든 걱정을 떨쳐 버리고 마음을 편히 가지는 '안심했다'가 정답이다.
① **긴장했다**: 악조건이나 고생 따위를 이겨 내다.
② **추천했다**: 어떤 조건에 적합한 대상을 책임지고 소개하다.
③ **주도했다**: 어떤 일에 주장이 되어 이끌다.

09 '쓰레기는 분리배출만 잘해도 우리가 살고 있는 지구를 지킬 수 있다. 그래서 분리수거가 중요한데 쓰레기 분리배출 방법을 알아보면 첫째~ 둘째~ 셋째~ 넷째~ 방법대로 버린다'라고 나와 있으므로 정답은 '분리수거하는 방법'이다.

10 '실업급여조건에 본인이 부합하는지를 꼼꼼하게 알아봐야 한다.'라는 문장이 있으니 정답은 '실업급여를 신청할 때는 실업급여조건에 본인이 부합하는지 알아보고 신청해야 한다.'이다.

11 국민의례는 '각종 공식적인 의식이나 회의 또는 행사에 있어 대한민국 국민으로서 국기에 대한 예를 표하고, 애국가를 제창하며 순국선열 및 호국영령들의 숭고한 뜻을 기리기 위하여 예를 갖추는 일련의 격식'으로 규정되어 있으며 국가나 공공단체의 회의나 행사에서 제일 먼저 행하는 국민적 의례로 국기에 대한 경례, 애국가 제창, 순국선열에 대한 묵념 등의 순서로 진행된다.

12 한국의 지형은 산과 강하천이 많고 삼면(동쪽, 서쪽, 남쪽)이 바다로 둘러싸여 있는 한반도이다.

13 ① 영주권은 일정한 자격을 갖춘 외국인에게 주는, 그 나라에서 영주할 수 있는 권리이다.
② 국적법은 대한민국 국민의 국적 취득과 상실 요건에 관하여 규정한 법률이다.
④ 출입국관리법은 대한민국에 입국하거나 대한민국에서 출국하는 모든 사람의 출입국관리와 대한민국에 체류하고 있는 외국인의 등록에 관한 일을 규정한 법이다.

14 ② 쇄국정책을 실시한 사람은 흥선대원군이다.
③ 임진왜란 때 행주대첩에서 승리를 이끈 사람은 권율 장군이다.
④ 실학자로 과학기술과 상공업 발달에 관심을 가졌으며 목민심서의 저자는 정약용이다.

15 ① 정림사지 5층 석탑은 백제의 문화재이다.
③ 백제 기와는 백제의 문화재이다.
④ 미륵사지 석탑은 백제의 문화재이다.

16 교통법규는 사람이나 화물의 수송에 있어서의 안전을 확보하기 위하여 철도, 자동차, 선박, 항공기 등의 운행을 규율하는 법류 명령을 총칭한다.

17 • 계약서는 계약이 성립되었음을 증명하기 위하여 작성하는 서류로 집 거래 때 꼭 작성해야 한다.
• 등기부등본 : 부동산에 관한 권리관계를 적어 두는 등기부를 복사한 증명 문서로 집이나 땅, 건물 등과 같은 부동산 계약을 할 때 계약자가 실제 주인인지, 은행 빚이 없는지, 압류 등 다른 법적인 문제는 없는지를 반드시 확인해야 하는 문서이다.

18 ② 사회복지관은 지역 사회 내에서 일정한 시설과 전문 인력을 갖추고 지역 사회의 인적, 물적 자원을 동원하여 지역 사회복지를 중심으로 한 종합적인 사회복지 사업을 수행하는 사회복지 시설을 의미한다.
③ 행정복지센터는 동을 관리하고 지역 주민들의 행정 업무와 민원 업무를 처리하는 행정기관이며, 아기가 태어나면 출생신고를 하는 곳이다.
④ 고용노동부는 고용과 노동에 관한 사무를 관장한다.

19 ① 대통령은 행정부의 최고 책임자이며 한국을 대표하는 지도자로 대한민국의 국가 원수이다.
③ 국무총리는 행정부의 2인자로 대통령을 도와 여러 가지 일을 처리하며, 대통령의 명을 받아 행정 각부를 통괄하는 대통령의 제1위의 보좌기관이다.
④ 국회의원은 국민의 선거로 선출된 국회의 구성원이다.

20 한국의 직장으로 많은 사람들이 보다 안정적인 공무원을 선호하나 직원복지와 급여가 높은 대기업도 인기가 많다.

21 • 대법원 : 우리나라 최고의 법원으로 3심 재판을 담당한다.
• 고등법원 : 서울, 대전, 대구, 부산, 광주, 수원에 설치되어 있으며 2심 재판을 담당한다.
• 지방법원 : 서울 및 각 광역시와 도청소재지를 비롯하여 18개가 설치되어 있으며 1심 재판을 담당한다.

22 선거일에 투표가 어려운 경우 미리 투표할 수 있는 사전투표가 있다.

23 통일의 필요성으로는 병역 유지를 위한 국방비 절감, 국가 경쟁력 강화, 이산가족 아픔 해소 등이 있다.

24 ① 경복궁은 서울특별시 종로구 사직로 161(세종로)에 있는 조선시대의 궁궐 중 하나이자 조선의 정궁, 법궁이다.

② 국회는 삼권 분립에 의하여 국회의원들이 모여 법을 제정하거나 나라의 중요한 일을 결정하는 국가 기관이다.

③ 법원은 법에 따라 재판을 하는 기관으로 사법권을 행사한다.

25 ① 경상북도와 경상남도의 중앙에 위치해 있는 광역자치단체는 대구광역시이다.

③ 전라남도 중북부에 있는 호남 최대도시는 광주광역시이다.

④ 항구도시이자 한반도 최대의 공업 도시는 울산광역시이다.

26 ② 국무총리는 행정부의 2인자로 대통령을 도와 여러 가지 일을 처리하며, 대통령의 명을 받아 행정 각부를 통괄하는 대통령의 제1위의 보좌기관이다.

③ 국회의원은 국민의 선거로 선출된 국회의 구성원으로 임기는 4년이며, 출마할 수 있는 나이는 만 25세 이상이고, 국회의원의 수는 300명이다.

④ 국민은 국가를 구성하는 사람. 또는 그 나라의 국적을 가진 사람을 말한다.

27
- 거북선은 이순신 장군이 만든 거북 모양의 철갑선으로 왜적을 물리치기 위해 제작되었다.
- 다보탑은 불교의 사상에 따라 건축된 탑의 종류 중 하나다.

28 동티모르와인도네시아에 '찌아찌아족'이라는 소수민족은 한글을 모국어로 사용하고 있다.

29
- 환불은 이미 지불한 돈을 되돌려주는 것을 말한다.
- 리콜은 어떤 상품에 결함이 있을 때 생산 기업에서 그 상품을 회수하여 점검·교환·수리하여 주는 제도를 말한다.
- 교환은 서로 바꾼다는 뜻이다.

30 보통적금이라는 예금은 없으며 예금의 종류로는 보통예금, 정기예금, 정기적금이 있다.

31 • 삼국사기는 고려의 학자 김부식이 삼국시대의 역사를 정리해 만든 책이다.
• 팔만대장경은 몽골이 고려를 침입하자 부처의 힘으로 몽골군을 물리치기 위해 만든 대장경이다.

32 의무교육기간은 9년이다. (초등학교 6년+중학교 3년)

33 북진정책으로 영토를 크게 넓혀 가장 넓은 영토를 차지한 왕은 광개토대왕이다.

34 ① 실학자로 과학기술과 상공업 발달에 관심을 가진 사람은 정약용이다.
③ 다른 나라와 관계를 맺지 않고 문호를 굳게 닫아 서로 통상하지 않은 사람은 흥선대원군이다.
④ 조선의 1대 왕으로 조선을 세운 사람은 이성계이다.

35 전통적인 한국 가족의 형태는 부부와 그들의 미혼자녀 이외에 더 넓은 범위의 친족원을 포함하여 구성되는 대가족이 많았으며 주로 장남이 부모를 모시고 사는 형태가 많았다.

36 • 통계청은 통계의 기준 설정과 인구 조사 및 각종 통계에 관한 사무를 맡아보는 중앙행정기관이다.
• 기상청은 우리나라의 기상 상태를 관측하고 예보하며, 기상과 기후정보를 생산하고 연구하는 중앙행정기관이다.
• 통계청은 통계의 기준 설정과 인구 조사 및 각종 통계에 관한 사무를 맡아보는 중앙행정기관이다.

작문형

나의 꿈

❶ 꿈이 있습니까?

❷ 꿈을 꾸게 된 이유는 무엇입니까?

❸ 꿈을 이루기 위해 노력하고 있는 것은 무엇입니까?

❶ 나의 꿈은 사회복지사이다. ❷ 어렸을 때 시골에 봉사하러 오신 사회복지사분들이 정성을 다해 마을 사람들을 보살피고 도와주는 것을 본 후 나도 그분들처럼 다른 사람들을 위해 봉사하는 사람이 되고 싶어 꿈꾸게 되었다. ❸ 이 꿈을 이루기 위해 평일에는 일을 마치고 2시간씩 공부를 하고 있으며, 주말에는 나보다 한국어가 서툰 친구들에게 한국어를 가르쳐 주고 있다.

Chapter 05

실전 모의고사 5회

[01~06] 다음 (   )에 알맞은 것을 고르시오.

01

가 : 어제 옆집에 불이 난 이유를 아나요?
나 : 아니요. 그래서 소방서에서 화재의 (   )을 파헤치기 시작했어요.

① 원인　② 선배　③ 부정　④ 구입

02

회사는 근로자의 노동에 대한 정당한 (   )을 지급해야 한다.

① 가장　② 임금　③ 공통점　④ 구입

03

남의 물건을 (   ) 만져서는 안 된다.

① 함부로　② 아울러　③ 소중히　④ 못

04

가 : 마델린씨, 시험 잘 봤나요?
나 : 아니요. 모르는 문제가 많았어요. (   ).

① 공부를 많이 할지도 몰라요　② 공부를 많이 하곤 했어요
③ 공부를 많이 할 걸 그랬어요　④ 공부를 많이 할 줄 몰랐어요

05

길이 미끄러워서 자전거를 타다가 (   ) 걱정했다.

① 넘어질수록　② 넘어질까 봐　③ 넘어지는 동안　④ 넘어지고 보니

06

1년 동안 회사에서 일하기로 (   )을 했다.

① 계약　② 구입　③ 보상　④ 승진

07 다음을 한 문장으로 알맞게 연결한 것을 고르시오.

TV 프로그램이 재미있다. / 웃음소리가 더 커진다.

① TV 프로그램이 재미있을 뿐만 아니라 웃음소리가 더 커진다.

② TV 프로그램이 재미있을 텐데 웃음소리가 더 커진다.

③ TV 프로그램이 재미있을까 봐 웃음소리가 더 커진다.

④ TV 프로그램이 재미있을수록 웃음소리가 더 커진다.

08 다음 (　　　　)에 알맞은 것을 고르시오.

선생님께서 나를 이 학교 (　　　　　　　　)

① 모임에 주도하였다.

② 모임에 추천하였다.

③ 모임에 분담하였다.

④ 모임에 담당하였다.

09 다음 글이 무엇에 대한 이야기인지 고르시오.

> 독도는 우리나라에서 가장 동쪽 끝에 있는 섬이다. 독도는 동도와 서도로 나뉘고 동도와 서도 주위에는 89개의 바위섬들이 있다. 동도는 꼭대기가 비교적 평탄해서 등대와 초소가 있다. 서도는 동도보다 조금 더 크지만 봉우리가 뾰족하고 경사가 심해서 장비 없이 오르기는 힘들다. 독도 주변에서는 전복, 게, 문어 등이 잘 잡히고 해조류도 많이 산다. 독도와 울릉도 주민들은 독도 해안에서 해초나 조개류를 채취하고 양식을 하기도 한다. 독도에는 바다제비, 슴새, 괭이갈매기, 물수리 등 귀한 새가 많이 살고, 각종 철새들이 날아와 쉬었다 가는 새들의 천국이기도 하다.

① 독도의 특산물

② 독도의 유래

③ 독도의 위치

④ 독도의 특징

10 다음 글의 내용과 같은 것을 고르시오.

> 한옥은 한국의 전통 건축양식으로 지은 집으로 우리의 전통주거 문화유산이라는 점과 환경 친화적이라는 점 등 때문에 많은 관심을 보이고 있으며, 세계 건축사에 하나밖에 없는 '온돌과 마루의 조합'이다. 따라서 한옥은 우리의 전통주거 문화유산으로 한국의 문화이며, 난방을 위한 온돌과 냉방을 위한 마루가 균형 있게 결합된 구조를 갖추고 있고 한반도의 더위와 추위를 동시에 해결하기 위한 한국의 독특한 주거 형식이다. 한옥을 짓는 천연 건축 자재는 공해를 일으키지 않으며, 터전을 훼손시키지 않고, 자연을 잘 느낄 수 있으며 더위를 대비해 시원하게 집 구조를 만들었다는 장점이 있다.

① 한옥은 우리의 전통주거 문화유산으로 독특한 주거 형식이다.
② 한옥을 짓는 천연 건축 자재는 공해를 일으킨다.
③ 한옥에 있는 온돌과 마루의 조합은 다른 나라에도 있다.
④ 온돌과 마루는 한반도의 더위와 추위를 해결하지 못한다.

11 애국가에 대한 설명으로 옳지 않은 것은 무엇입니까?

① 애국가는 안익태에 의해 작곡되었다.
② 애국가는 고려시대부터 대한민국 국가로 불리게 되었다.
③ 애국가는 나라를 사랑하는 노래라는 뜻을 가지고 있다.
④ 애국가는 4절로 이루어져 있으며 후렴구가 있다.

12 다음 (　　　　)안에 들어갈 알맞은 말은?

> (　㉠　)는 꽹과리·장구·북·징의 네 가지 악기를 가지고 연주하도록 편성한 음악이며, (　㉡　)는 순수한 우리 음악이며 한 명의 소리꾼이 북장단에 맞추어 이야기의 줄거리를 노래, 말, 몸짓을 섞어가며 이야기를 풀어내는 공연예술이다.

① ㉠ 판소리, ㉡ 사물놀이　　② ㉠ 사물놀이, ㉡ 아리랑
③ ㉠ 사물놀이, ㉡ 판소리　　④ ㉠ 판소리, ㉡ 아리랑

13 한국의 섬에 대한 설명으로 옳지 않은 것은?

① 제주도는 남쪽에 있는 섬으로 '삼다도'라고도 불리며 대한민국에서 가장 큰 섬이다.
② 울릉도는 동해에 발달해 있는 화산섬이다.
③ 독도는 대한민국의 가장 동쪽에 있는 화산섬으로 명백한 대한민국 영토이지만, 일본과의 영토분쟁이 계속되고 있다.
④ 마라도는 대한민국의 가장 서쪽에 있는 섬으로 작고 외딴섬이다.

14 〈보기〉의 내용에서 설명하는 것은?

보기
• 일을 하고 회사로부터 그 대가를 지급받기로 약정하고 작성하는 근로계약 문서이다. • 고용계약기간, 노동의 대가로 받는 임금의 금액 및 받는 시기 등이 나와 있다. • 노동자의 권리를 보호하는 것으로 노동자에게는 중요한 문서이다.

① 노동계약서 ② 근로계약서 ③ 직무계약서 ④ 급여계약서

15 선거의 종류에 대한 설명으로 옳은 것은?

① 대통령 선거는 대통령을 선출하기 위해 치르는 선거를 말하며, 4년에 한 번씩 실시한다.
② 국회의원 선거는 국회의원의 임기 만료에 따라 실시하는 선거로 3년에 한 번씩 실시한다.
③ 국무총리 선거는 5년에 한 번씩 실시한다.
④ 지방선거는 지방의회의원 및 지방자치단체의 장, 교육감을 뽑는 선거로 4년에 한 번씩 실시한다.

16 다음 (   )안에 들어갈 알맞은 말은?

> 조선 시대에는 김정호가 만든 한반도 지도인 (㉠), 우리나라 최고의 한글 소설로 허균이 지은 고전소설인 (㉡)가 있다.

① ㉠ 홍길동전, ㉡ 대동여지도
② ㉠ 대동여지도, ㉡ 경국대전
③ ㉠ 홍길동전, ㉡ 경국대전
④ ㉠ 대동여지도, ㉡ 홍길동전

17 은행의 종류에 대한 설명 중 옳은 것은?

> ㄱ. 한국은행은 대한민국의 중앙은행으로 화폐 발행과 금융시스템의 안정 등의 기능을 수행한다.
> ㄴ. 시중은행은 전국에서 한 곳만 운영하는 은행이다.
> ㄷ. 지역은행은 지방 금융지원을 위해 설립된 지방에 거점 및 영역구역을 둔 은행이다.
> ㄹ. 남부은행은 남부 지방에만 있는 은행이다.

① ㄱ, ㄷ   ② ㄴ, ㄹ   ③ ㄷ, ㄹ   ④ ㄱ, ㄹ

18 서울특별시에 대한 설명으로 옳지 않은 것은?

① 대한민국의 수도이며 한반도의 중앙에 있다.
② 서울특별시의 관광명소인 4대문은 일대문, 이대문, 삼대문, 사대문이다.
③ 교통이 잘 발달하였고, 정치·경제·문화의 중심지로 한국 인구의 1/5이 서울에서 거주하고 있다.
④ 1988년 올림픽과 2002년 월드컵 대회가 개최되었다.

19 <보기>의 내용에서 설명하는 것은?

| 보기 |

• 국민 보건에 관한 사무와 사회복지 증진에 관한 사무를 관장하는 중앙행정기관이다.
• 보건의료·공공보건·복지·사회서비스·장애인·연금 등에 관한 업무를 수행한다.

① 법무부 ② 고용노동부 ③ 외교부 ④ 보건복지부

20 회사에서 일을 하다가 억울한 일을 당하거나 월급을 못 받는 등 문제가 발생하면 신고해야 되는 곳은?

① 행정복지센터 ② 법원 ③ 고용노동부 ④ 경찰서

21 대한민국에 입국하거나 대한민국에서 출국하는 모든 사람의 출입국관리와 대한민국에 체류하고 있는 외국인의 등록에 관한 일을 규정한 법은?

① 국적법 ② 출입국관리법 ③ 영주권 ④ 재한외국인처우기본법

22 <보기>의 내용에서 설명하는 것은?

| 보기 |

• 6·25 전쟁 이후부터 이루어진 급격한 경제 성장을 나타내는 말
• 정부와 국민들이 힘써 노력한 결과 가난했지만 빠른 성장을 이룬 것을 가리키는 말

① 한강의 기적 ② IMF외환위기 ③ 새마을운동 ④ 낙동강의 기적

23 다음 (　　　　)안에 들어갈 알맞은 말은?

(　　　　)는 농 회사 측이 제품의 결함을 발견하여 보상해 주는 소비자보호제도이다.

① 유통기한 표시제　② 원산지 표시제　③ 제조물 책임법　④ 리콜제도

24 무궁화에 대한 설명으로 옳지 않은 것은?

① 무궁화꽃을 심는 날이 정해져 있다.

② 무궁화는 '영원히 피고 또 피어서 지지 않는 꽃'이라는 뜻을 지니고 있다.

③ 국기의 깃봉은 무궁화 꽃봉오리 모양으로 조각되어 있고, 정부와 국가기관을 상징하는 많은 곳에 무궁화 문양이 사용되고 있다.

④ 무궁화는 대한민국을 상징하는 나라의 꽃이다.

25 다음 (　　　　)안에 들어갈 알맞은 말은?

(　　　　)는 부동산에 관한 권리관계를 적어 두는 등기부를 복사한 증명 문서로 집이나 땅, 건물 등과 같은 부동산 계약을 할 때 반드시 확인해야 하는 문서이다.

① 확정일자　② 계약서　③ 주민등록등본　④ 등기부등본

26 한가위에 대한 설명으로 옳지 않은 것은?

① 음력 8월 15일을 말하며 한가위라고도 부른다.

② 가족들과 떡국을 먹는다.

③ 햅쌀과 햇과일로 차례를 지낸다.

④ 팔월의 한가운데 날이라는 뜻을 지니고 있다.

27 조선시대 과학기구에 대한 설명으로 옳은 것은?

① 자격루는 해의 그림자에 따라 시간을 알려주는 해시계이다.

② 혼천의는 물의 흐름으로 자동으로 시간을 알려주는 물시계이다.

③ 측우기는 비가 내린 양을 재는 기구이다.

④ 앙부일구는 천체의 운행과 위치를 측정하는 천문 관측기구이다.

28 다음 중 5대 국경일에 들어가는 것을 〈보기〉에서 고른 것은?

보기			
ㄱ. 3·1절	ㄴ. 성탄절	ㄷ. 제헌절	ㄹ. 석가탄신일

① ㄱ, ㄷ ② ㄴ, ㄷ ③ ㄷ, ㄹ ④ ㄱ, ㄴ

29 특수한 날에 막는 음식에 대한 설명으로 옳지 않은 것은?

① 국수는 전통적으로 결혼식에 가면 먹게 되는 음식이다.
② 미역국은 생일날이나 출산 이후 빨리 회복되기 위해서 주로 먹는 음식이다.
③ 찹쌀떡은 시험을 치는 사람에게 합격하라는 의미로 찹쌀떡을 선물한다.
④ 수정과는 여름 더위에 시원하게 마시던 음료이다.

30 다음 (   )안에 들어갈 알맞은 말은?

조선의 도읍지는 (㉠)이고 이성계가 세웠으며 통치 이념은 (㉡)이다.

① ㉠ 경주, ㉡ 불교   ② ㉠ 한양, ㉡ 불교
③ ㉠ 한양, ㉡ 유교   ④ ㉠ 경주, ㉡ 유교

31 〈보기〉의 내용에서 설명하는 것은?

보기
언제, 어디서나, 무엇이든 자신이 공부하고 싶은 것들을 할 수 있게 하는 교육활동으로 학교의 정규교육과정을 제외한 학력 보완교육, 성인 기초·문자해득교육, 직업능력 향상교육, 인문교양 등이 있다.

① 평생교육   ② 학원   ③ 지역아동센터   ④ 의무교육

32 다음 (   )안에 들어갈 알맞은 말은?

> (㉠)은 1919년 3월 1일 일본의 식민지 지배에 저항하여 대한독립을 외치던 만세운동이며, (㉡)는 3·1운동 이후 조국의 광복을 위해 중국 상하이에 세워졌다.

① ㉠ 독립운동, ㉡ 한일병합조약

② ㉠ 3·1운동, ㉡ 을미사변

③ ㉠ 독립운동, ㉡ 대한민국 임시정부

④ ㉠ 3·1운동, ㉡ 대한민국 임시정부

33 〈보기〉의 내용에서 설명하는 것은?

> | 보기 |
>
> • 세종대왕이 집현전 학자들과 함께 훈민정음이라는 이름으로 창제하여 반포한 문자이다.
>
> • 독창적이고 창제 원리와 발음 방법 등으로 유네스코에서 최고의 평가를 받은 우리나라 문화유산이다.

① 한글　　② 팔만대장경　　③ 한자　　④ 경국대전

34 조선시대 독립운동가에 대한 설명으로 옳은 것은?

① 김구는 독립협회, 신민회, 흥사단에서 독립 운동 활동을 하였으며, 대성학교를 설립하였다.

② 안중근은 만주 하얼빈에서 이토 히로부미를 사살하고 순국하였다.

③ 유관순은 대한민국 임시정부 조직에 참여하고, '백범일지' 저서를 남겼다.

④ 윤봉길은 대한민국 임시정부 조직에 참여하고, '백범일지' 저서를 남겼다.

35 다음 ( )안에 들어갈 알맞은 말은?

(㉠)은 개화파가 개화사상을 바탕으로 조선의 자주독립과 근대화를 목표로 일으킨 정변이고, (㉡)는 근대 국가에 걸맞은 제도를 만들기 위해 추진한 개혁이다.

① ㉠ 을미사변, ㉡ 강화도조약
② ㉠ 갑오개혁, ㉡ 을미사변
③ ㉠ 갑신정변, ㉡ 갑오개혁
④ ㉠ 갑오개혁, ㉡ 갑신정변

36 한국의 대표 음식에 대한 설명 중 옳은 것은?

① 삼계탕은 쌀 등의 곡류를 찌거나, 찐 것을 빚어서 만든 음식을 통틀어 이르는 말이다.
② 불고기는 닭에 인삼, 대추, 찹쌀 등을 넣어서 고아 만드는 음식으로 보양식이다.
③ 비빔밥은 밥에 나물·고기·고명 등을 넣어 참기름과 양념으로 비빈 밥이다.
④ 떡은 쇠고기 등을 얇게 저며서 양념에 재웠다가 불에 구워 먹는 요리로 예전에는 너비아니라고 불렀다.

[37~40:작문형] 다음 내용을 포함하여 '함께 좋은 사회를 만들기 위한 방법'이라는 제목으로 글을 쓰시오.

※ 작문 시험 시간은 10분이며, 답안지에는 제목을 쓰지 말고 본문만 쓰시오.

- 함께 살기 좋은 사회를 만들기 위한 것들으로는 어떤 것들이 있습니까?
- 이런 것들을 지켜야 하는 이유는 무엇입니까?
- 평소에 꼭 지키는 규칙은 무엇입니까?

Chapter 05

5회 정답 및 해설

객관식

1	2	3	4	5	6	7	8	9	10
①	②	①	③	②	①	④	②	④	①
11	12	13	14	15	16	17	18	19	20
②	③	④	②	④	④	①	②	④	③
21	22	23	24	25	26	27	28	29	30
②	③	③	①	④	②	③	①	④	③
31	32	33	34	35	36				
①	④	①	②	③	③				

01 '원인'은 어떤 사물이나 상태를 변화시키거나 일으키게 하는 근본이 된 일이나 사건을 말한다.
② **선배** : 같은 분야에서, 지위나 나이 · 학예 등이 자기보다 많거나 앞선 사람.
③ **부정** : 올바르지 아니하거나 옳지 못함.
④ **구입** : 물건 등을 사들임.

02 '임금'은 근로의 대가로 근로자에게 지급하는 일체의 금품을 말한다.
① **가장** : 한 가정을 이끌어 나가는 사람.
③ **공통점** : 둘 또는 그 이상의 여럿 사이에 두루 통하는 점.
④ **구입** : 물건 등을 사들임.

03 '함부로' 조심하거나 깊이 생각하지 아니하고 마음 내키는 대로 마구라는 뜻이다.
② **아울러** : 한데 섞여 어우러지다.
③ **소중히** : 매우 귀중하게.
④ **못** : 부정의 뜻을 나타내는 말.

04 '공부를 많이 할 걸 그랬어요' 후회나 아쉬움을 나타낼 때 사용한다.

① **-지도 몰라요**: 어떠한 일이 일어날 것을 추측할 때 쓰는 표현.

② **-곤 했어요**: 반복적으로 일어날 때 쓰는 표현.

④ **-줄 몰랐어요**: 예상하지 못했거나 예상했음을 나타낼 때 쓰는 표현.

05 '넘어질까 봐'는 앞말에 대한 걱정스러운 추측을 나타낼 때 쓰는 표현이다.

① **-질수록**: 앞 내용의 어떤 정도가 더하여 가는 것이, 뒷말의 어떤 정도가 더하거나 덜하게 되는 조건이 됨을 나타내는 연결 어미.

③ **-는 동안**: 어떠한 상태가 지속되는 시간을 나타낼 때 쓰는 표현.

④ **-고 보니**: 앞말이 의미하는 상황에서 새로운 사실을 깨닫거나 어떤 상태로 될 때 사용하는 연결 어미.

06 '계약'은 관련되는 사람이나 조직체 사이에서 서로 지켜야 할 의무에 대하여 글이나 말로 정하여 둠을 말한다.

② **구입**: 물건 등을 사들임.

③ **보상**: 남에게 끼친 손해를 갚아 주기 위하여 제공하는 대상.

④ **승진**: 직위의 등급이나 계급이 오름.

07 TV 프로그램이 재미있어서 웃음소리가 더 커졌으므로 앞 내용의 어떤 정도가 더하여 가는 것이 뒷말의 어떤 정도가 더하거나 덜하게 되는 조건이 됨을 나타내는 연결 어미인 '-수록'이 들어간 'TV 프로그램이 재미있을수록 웃음소리가 더 커진다.'가 정답이다.

08 선생님께서 나를 이 학교 모임에 무엇인가를 한 것이므로 어떤 조건에 적합한 대상을 책임지고 소개하는 '추천하였다'가 정답이다.

① **주도하였다**: 어떤 일에 주장이 되어 이끌다.

③ **분담하였다**: 나누어서 맡다.

④ **담당하였다**: 어떤 일을 맡다.

09 독도의 위치, 독도의 주위의 많은 섬, 동도와 서도의 다른 점, 독도에서 잘 잡히는 어류, 독도에서 살고 있는 새들의 종류가 나와 있어서 정답은 '독도의 특징'이다.

10 '한옥은 우리의 전통주거 문화유산으로 한국의 문화이며, 난방을 위한 온돌과 냉방을 위한 마루가 균형있게 결합된 구조를 갖추고 있고 한반도의 더위와 추위를 동시에 해결하기 위한 한국의 독특한 주거 형식이다.'라는 문장으로 보아 '한옥은 우리의 전통주거 문화유산으로 독특한 주거 형식이다.'가 정답이다.

11 애국가는 1948년 8월 15일 정부 수립과 함께 대한민국 국가로 불리게 되었다.

12 아리랑은 우리나라 대표적인 민요로 구전으로 전승되고 재창조되어 왔다.

13 마라도는 대한민국의 가장 남쪽에 있는 섬으로 작고 외딴섬이다.

14
- 노동계약서는 근로자가 임금 등의 대가를 받고 노무를 제공하는 것을 약정하는 노동 근로계약서를 말한다.
- 급여계약서는 회사가 인력을 채용하고 근로자는 일을 하고 회사로부터 그 대가를 지급받기로 약정하고 작성하는 근로계약 문서를 말한다.

15 ① 대통령 선거는 대통령을 선출하기 위해 치르는 선거를 말하며, 5년에 한 번씩 실시한다. - 5년
② 국회의원 선거는 국회의원의 임기 만료에 따라 실시하는 선거로 5년에 한 번씩 실시한다. - 4년
③ 국무총리는 대통령의 명을 받아 행정 각부를 통괄하는 대통령의 제1위의 보좌기관이다.

16 경국대전은 나라를 다스리는 기준이 된 조선시대의 최고의 법전으로 성종 때 완성이 되었다.

17 시중은행은 전국적인 지점을 가지고 있는 은행으로 우리은행, 신한은행, 하나은행, KB국민은행, SC제일은행 등이 있다. 남부지방에만 있는 은행은 없다.

18 서울특별시의 관광명소인 4대문은 숭례문(남대문) - 국보1호, 흥인지문(동대문), 돈의문(서대문), 숙정문(북대문)이다.

19 ① 법무부는 검찰·행형·인권 옹호·출입국 관리와 그 밖에 법무에 관한 사무를 관장한다.
② 고용노동부는 고용과 노동에 관한 사무를 관장한다.
③ 외교부는 대한민국 국민의 해외여행 업무, 재외국민의 보호, 외교와 국제간 조약(통상업무 제외)을 담당한다.

20 ① 행정복지센터는 동을 관리하고 지역 주민들의 행정 업무와 민원 업무를 처리하는 행정기관이며, 아기가 태어나면 출생신고를 하는 곳이다.
② 법원은 법에 따라 재판을 하는 기관으로 사법권을 행사하는 기관이다.
④ 경찰서는 일정한 구역을 중심으로 일선 치안업무 및 국가의 경찰권을 운영하는 경찰 행정기관으로서 국가의 안녕질서, 관내 치안 유지 및 국민의 생명·재산 보호 등을 그 주요업무를 하는 행정기관이다.

21 ① 국적법은 대한민국 국민의 국적 취득과 상실 요건에 관하여 규정한 법률이다.
③ 영주권은 일정한 자격을 갖춘 외국인에게 주는, 그 나라에서 영주할 수 있는 권리이다.
④ 재한외국인처우기본법은 한국에 사는 외국인(재한외국인)을 대우하는 일에 관한 법률로 대한민국 사회에 적응하여 대한민국 국민과 서로 이해하고 존중하는 사회 환경을 만들어 대한민국의 발전과 사회 통합에 이바지하는 것을 목적으로 한다.

22 • 한강의 기적은 6·25 전쟁 이후부터 이루어진 급격한 경제 성장을 나타내는 말이다.
• IMF외환위기는 1997년 외환 부족으로 정부가 IMF(국제통화기금)에 자금 지원을 요청한 사건을 말한다.

23 ① 유통기한 표시제는 제조사별로 생산 후 특정 기간 이내에 사용하도록 만든 제도이다.
② 원산지 표시제는 농수산물 및 그 가공품의 원산지표시를 의무화한 제도이다.
④ 리콜제도는 회사 측이 제품의 결함을 발견하여 보상해 주는 소비자보호제도이다.

24 무궁화꽃을 심는 날이 정해져 있지 않고, 나무를 많이 심고 아껴 가꾸도록 권장하기 위해 제정된 식목일은 있다.

25 ① 확정일자는 법원 또는 행정복지센터 등에서 주택임대차 계약을 한 날짜를 확인해 주기 위해 임대차 계약서에 도장을 찍어 주는 날짜이다.
② 계약서는 계약이 성립되었음을 증명하기 위하여 작성하는 서류로 집 거래 때 꼭 작성해야 한다.
③ 주민등록등본은 주민 등록 원본의 전부를 복사한 증명 서류이다.

26 떡국을 먹는 날은 설날이며, 한가위에는 송편을 만들어 먹는다.

27 ① 자격루는 물의 흐름으로 자동으로 시간을 알려주는 물시계이다.
② 혼천의는 천체의 운행과 위치를 측정하는 천문 관측기구이다.
④ 앙부일구는 해의 그림자에 따라 시간을 알려주는 해시계이다.

28 ㄴ. 성탄절은 예수 그리스도의 탄생기념일로, 영어로 그리스도(Christ)의 미사(mass)를 의미하는 법정공휴일이다.
ㄹ. 석가탄신일은 음력 사월 초파일을 달리 부르는 말이며 석가모니가 태어난 날을 기념하는 법정공휴일이다.

29 수정과는 생강이나 계피를 달인 물에 설탕이나 꿀을 넣고 끓여서 식힌 다음 기호에 따라 곶감이나 잣을 띄워 마신 전통 음료이다.

30 신라의 도읍지는 경주이며, 불교문화가 발달하였다.

31 ② 학원은 일정한 목적·교과 과정·설비·제도 및 법규에 의하여 계속적으로 학생에게 교육을 실시하는 기관을 말한다.
③ 지역아동센터는 「아동복지법」에 의한 아동복지시설의 하나이다.
④ 의무교육은 국가가 국민에게 취학의무를 과하고 국가의 책임 아래 시행하는 교육으로 의무교육기간은 9년이다.

32 • 독립운동은 일제 강점기에, 우리 민족이 독립하기 위하여 여러 가지 민족 운동을 하던 일. 또는 그 운동을 말한다.
• 한일병합조약은 1910년 일본의 강압 아래 대한제국의 통치권을 일본에 양여함을 규정한 조약이다.
• 을미사변은 1895년 일본 자객들이 경복궁을 습격하여 명성황후를 시해한 사건을 말한다.

33 ② 팔만대장경은 몽골이 고려를 침입하자 부처의 힘으로 몽골군을 물리치기 위해 만든 대장경이다.
③ 한자는 현재의 중국 대륙에서 기원해 동아시아로 퍼져나가면서 발달하여 현재의 한국, 일본, 대만, 중국 등지의 한자문화권에서 사용되고 있는 표어문자이다.
④ 경국대전은 나라를 다스리는 기준이 된 조선시대의 최고의 법전으로 성종 때 완성이 되었다.

34 ① 김구는 대한민국 임시정부 조직에 참여하고, 주석에 선임되었으며 '백범일지' 저서를 남겼다.
③ 유관순은 3·1운동을 주도한 독립운동가로 태극기를 나눠주며 시위를 주도하다가 체포되어 옥중에서 순국하였다.
④ 윤봉길은 홍커우 공원에서 도시락 폭탄을 던져 일본군의 주요 인물들을 죽였다.

35 • 을미사변은 1895년 일본 자객들이 경복궁을 습격하여 명성황후를 시해한 사건을 말한다.
• 강화도조약은 고종 때 조선과 일본 사이에 체결된 조약으로 불평등 조약이다.

36 ① 삼계탕은 닭에 인삼, 대추, 찹쌀 등을 넣어서 고아 만드는 음식으로 원기를 돕는다고 하여 여름철 복날에 가장 많이 먹는 보양식이다.
② 불고기는 쇠고기 등을 얇게 저며서 양념에 재웠다가 불에 구워 먹는 요리로 예전에는 너비아니라고 불렀다.
④ 떡은 쌀 등의 곡류를 찌거나, 찐 것을 빚어서 만든 음식을 통틀어 이르는 말이다.

작문형

함께 좋은 사회를 만들기 위한 방법

❶ 함께 살기 좋은 사회를 만들기 위한 것들으로는 어떤 것들이 있습니까?

❷ 이런 것들을 지켜야 하는 이유는 무엇입니까?

❸ 평소에 꼭 지키는 규칙은 무엇입니까?

❶함께 좋은 사회를 만들기 위한 것들
로는 쓰레기 함부로 버리지 않기, 지나
친 소음으로 이웃에게 피해를 주지 않
기, 공공시설을 이용할 때 차례를 지키
며 깨끗히 사용하기 등이 있다. ❷이러한
것들을 지킴으로써 사람들에게 피해를
주지 않고 배려하는 마음으로 행동한다
면 서로 행복하게 만들 수 있다. ❸그래
서 나는 항상 쓰레기를 함부로 버리지
않고 집으로 가져와서 버리고 있다.

Chapter 06

실전 모의고사 6회

[01~06] 다음 (　　　　)에 알맞은 것을 고르시오.

01

가 : 마리씨, 무슨 고민이 있나요?
나 : 네. 이번 달에는 예상하지 못했던 (　　　　)이 많아서 생활비가 부족해요.

① 부정　　② 지출　　③ 무료　　④ 간호

02

항상 친절하고, 다른 사람을 돕는 모습은 그녀의 (　　　　)이다.

① 장점　　② 책임　　③ 예측　　④ 사고방식

03

나는 과일 중에서도 (　　　　)사과를 좋아한다.

① 어쩌면　　② 간신히　　③ 특히　　④ 직접

04

가 : 설리씨, 선생님이 어제 뭐라고 했나요?
나 : 선생님께서 내일 한국어 (　　　　　　　　).

① 공부를 한다고 했어요　　② 공부를 할 뻔했어요
③ 공부를 할 줄 몰랐어요　　④ 공부를 할 걸 그랬어요

05

멀리 사는 친구가 나를 보러 (　　　　) 너무 고맙고 기다려진다.

① 올 테니　　② 온다니까　　③ 올 뿐만 아니라　　④ 오다 보면

06

코로나 예방을 위해 복지관에서 마스트를 (　　　　)로 나누어 주었다.

① 소유　　② 등록　　③ 무료　　④ 예매

07 다음을 한 문장으로 알맞게 연결한 것을 고르시오.

토요일에 김장을 한다. / 친구들이 와서 도와줬다.

① 토요일에 김장을 할 테니 친구들이 와서 도와줬다.
② 토요일에 김장을 할 텐데 친구들이 와서 도와줬다.
③ 토요일에 김장을 하다 보면 친구들이 와서 도와줬다.
④ 토요일에 김장을 한다니까 친구들이 와서 도와줬다.

08 다음 (　　　　)에 알맞은 것을 고르시오.

사랑하는 사람을 만나 행복한 (　　　　　　　　)

① 가정을 이루었다.
② 가정을 환영했다.
③ 가정을 갈아탔다.
④ 가정을 담당했다.

09 다음 글이 무엇에 대한 이야기인지 고르시오.

한복은 우리의 전통미를 상징한다. 특히 여성 한복은 세계적으로도 그 아름다움을 인정받는다. 직선과 곡선이 어우러져 화려하고도 단아한 자태를 풍기는 치마와 저고리는 우리 고유의 전통 의상이다. 팔을 끼워 넣어 입는 저고리는 상체를 작게 보이게 하고, 허리에 감아 입는 치마는 하체를 풍성하게 보이도록 만들어 균형을 잡아준다. 우리나라 여성의 체위는 물론 어떤 나라 여성들 체형에도 무난하게 어울린다. 최근에는 한복의 아름다움과 우수성이 다시 알려지면서 한복을 부활시키려는 노력이 이루어지고 있다. 전통 한복을 개량하여 만든 생활 한복도 나와 사람들의 관심을 끌었다.

① 한복을 입는 방법
② 한복의 아름다움
③ 한복의 장단점
④ 한복의 유래

10 다음 글의 내용과 같은 것을 고르시오.

> 고령화 사회는 전체 인구 중 65세 이상 노인 인구 비율이 높아지는 현상을 말한다. 고령화는 세계적으로 일어나고 있는 현상이며 한국의 고령화 속도도 출산율 감소 속도와 마찬가지로 다른 나라에 비해 매우 빠르게 진행되고 있다. 고령화의 원인으로는 의학 기술이 발달하고 경제 수준의 높아지면서 위생 상태나 영양 상태가 개선되어 평균 수명이 연장된 점도 있지만, 출산율의 하락도 고령화 속도가 빨라지는 주요한 원인이다. 고령화에 의해 발생하는 문제 또한 현상으로서는 노동인구의 고령화, 노동인구의 부족, 가족구조의 변화, 보호수요의 증가, 연금이나 의료 등의 사회보장 지출의 증가 등을 들 수 있다. 앞서 고령화를 경험하고 있는 스웨덴에서는 다양한 고령화 대책이 강구되어 왔다. 고령(화) 사회에 있어서 부족한 노동력을 보충하기 위해 외국인과 여성이 적극적으로 등용되었다. 일본에서는 고령화에 대응하기 위해 연금제도를 비롯한 고령화를 위한 다양한 제도개혁을 서두르고 있다.

① 고령화로 인해 노동인구가 늘어나고 있다.
② 고령화는 노인 인구 비율이 낮아지는 현상을 말한다.
③ 고령화는 세계적으로 일어나고 있는 현상이지만 한국의 고령화 속도는 느리다.
④ 고령화의 주요한 원인은 출산율의 하락이다.

11 국군의 날에 대한 설명 중 옳은 것은?

① 국군의 날은 10월 10일이다.
② 국군의 날은 국경일로 지정되어 있다.
③ 국군의 날은 우리나라 국군들을 위해 감사하는 마음을 가지는 날이다.
④ 국군의 날은 우리나라 군대의 창설과 발전을 기념하여 정한 날이다.

12 주 5일 근무제에 대한 설명으로 옳지 않은 것은?

① 대부분 직장에서 월요일부터 금요일까지 휴게시간을 제외한 40시간 일하는 것을 적용한다.
② 1주일에 8시간씩 5일을 근무할 수 있도록 한 제도이다.
③ 근무여건 및 환경의 특성에 따라 주말에 일하는 경우도 있다.
④ 법적으로 일주일 동안 일하는 시간이 52시간이 넘지 않도록 하는 제도이다.

13 외국인 신분을 보장하기 위해 출입국관리사무소에서 등록절차를 통해 발급하는 문서는?

① 외국인등록증 ② 주민등록증 ③ 주민등록등본 ④ 운전면허증

14 주민등록증에 대한 설명으로 옳지 않은 것은?

① 대한민국 국민은 반드시 신청해야 한다.
② 국내에 주소를 두고 거주하는 주민임을 증명하는 증명서이다.
③ 한국에 거주하는 외국인도 신청할 수 있다.
④ 만 17세 이상 신청할 수 있다.

15 다음 중 한국을 빛낸 사람들 설명으로 옳은 것은?

ㄱ. 김대중 전 대통령은 2000년 한국인 최초로 노벨평화상을 수상한 인물이다.
ㄴ. 반기문은 한국인 최초의 유엔사무총장이다.
ㄷ. 김연아는 대한민국의 수영 역사상 최초로 2008년 베이징 올림픽 자유형 400m에서의 금메달과 자유형 200m에서의 은메달을 획득하였다.
ㄹ. 박태환은 피겨 스케이팅 선수로 대한민국 최초의 올림픽 메달리스트, 세계선수권대회 메달리스트이다.

① ㄱ, ㄹ ② ㄴ, ㄷ ③ ㄷ, ㄹ ④ ㄱ, ㄴ

16 주택이나 상가 건물의 임대차에 대한 권리를 보호하기 위한 법률은?

① 확정일자 ② 전입신고 ③ 주택보호법 ④ 주택법

17 신라시대 주요 인물에 대한 설명으로 옳지 않은 것은?

① 박혁거세는 신라를 세운 왕(시조)이다.

② 진흥왕은 신라의 전성기를 맞아 삼국통일의 기반을 마련하였다.

③ 문익점은 문신으로 원나라에 갔다가 목화씨를 가져와 전국에 보급했다.

④ 법흥왕은 불교를 나라의 종교로 인정하고, 왕권을 강화하였다.

18 다음 (   ) 안에 들어갈 알맞은 말은?

5월 8일 (   )은 어버이 은혜에 감사하며 부모님의 가슴에 카네이션을 달아드리는 날이다.

① 어버이날 ② 스승의 날 ③ 근로자의 날 ④ 부모의 날

19 통일신라에 대한 설명으로 옳은 것은?

① 석굴암은 경상북도 경주시 진현동의 토함산 기슭에 있는 사찰 건축물이다.

② 김유신 장군은 신라 제30대 왕으로 삼국통일을 이룩하였다.

③ 문무왕은 완도에 청해진을 설치하고, 당나라와 일본을 상대로 해상무역을 주도하였다.

④ 삼국 통일 이후의 신라를 말하며 불교 문화를 크게 발전시켰다.

20 발해에 대한 설명으로 옳은 것은?

① 발해는 '바다 동쪽의 전성기를 맞이한 나라'라는 뜻으로 당나라에서 불렸던 이름이다.

② 신라를 계승하여 씩씩하고 비슷한 문화를 계승·발전해 나갔다.

③ 대조영이 신라 사람들을 이끌고 옛 고구려 땅인 만주에서 세운 나라이다.

④ 해동성국은 고구려 유민으로 만주에서 발해를 세운 왕이다.

21 훈민정음에 대한 설명으로 옳지 않은 것은?

① 세종대왕이 만들어 반포한 우리나라 고유의 글자이다.

② '백성을 가르치는 바른 소리'라는 뜻을 가지고 있다.

③ 훈민정음과 한글은 다른 것이다.

④ 세종대왕이 한글을 만든 것을 기념하는 국경일이 있다.

22 설날에 대한 설명으로 옳은 것은?

① 한해가 시작되는 첫날로 조상들께 차례를 지낸다.

② 오곡밥, 약밥, 귀밝이술, 김과 취나물을 먹는다.

③ 여자는 창포물에 머리를 감고, 남자는 씨름을 하면서 하루를 보낸다.

④ 한가위라고도 부르며 송편을 먹는다.

23 다음 (　　　　)안에 들어갈 알맞은 말은?

(　　　　)는 농 회사 측이 제품의 결함을 발견하여 보상해 주는 소비자보호제도이다.

① 유통기한 표시제　② 리콜제도　③ 제조물 책임법　④ 원산지 표시제

24 공공장소를 이용할 때 주의해야 할 질서는?

① 자유롭게 노래 부르고 음악을 틀어도 된다.

② 주차는 가까운 길가에 한다.

③ 애견을 데리고 자유롭게 배설하도록 한다.

④ 담배는 흡연할 수 있는 장소에서 하여야 한다.

25 다음 (   )안에 들어갈 알맞은 말은?

(㉠)는 경상북도 경주시 진현동의 토함산 기슭에 있는 사찰 건축물이다. (㉡)는 이순신 장군이 임진왜란 때 쓴 일기이다.

① ㉠ 해인사, ㉡ 난중일기
② ㉠ 석굴암, ㉡ 난중일기
③ ㉠ 불국사, ㉡ 난중일기
④ ㉠ 팔만대장경, ㉡ 불국사

26 한국의 생일 문화에 대한 설명으로 옳은 것은?

① 돌잔치는 아기가 태어나 처음 맞이하는 생일에 축하하는 잔치이다.
② 백일잔치는 아기가 태어난 날 하는 생일 잔치이다.
③ 환갑은 일흔 살 생일을 가리키는 세시풍속이다.
④ 칠순은 60년 만에 맞는 생일을 가리키는 세시풍속이다.

27 한국의 종교에 대한 설명으로 옳은 것은?

① 가톨릭교는 예수 그리스도의 인격과 교훈을 중심으로 하는 종교이다.
② 불교는 기원전 6세기경 인도의 석가모니가 창시한 후 동양 여러 나라에 전파된 종교이다.
③ 개신교는 사서삼경을 경전으로 하며 효도와 예의를 강조한다.
④ 유교는 가톨릭 그리스도의 정통 교의를 믿는 종교이다.

28 한국 전통놀이에 대한 설명으로 옳은 것은?

| 보기 |

ㄱ. 강강술래는 밝은 보름달이 뜬 밤에 수십 명의 마을 처녀들이 모여서 손을 맞잡아 둥글게 원을 만들어 도는 민속놀이이다.
ㄴ. 줄다리기는 두 사람이 샅바를 잡고 힘과 기술을 겨루어 상대를 넘어뜨리는 것으로 승부를 겨루는 우리나라 전통의 민속놀이이다.
ㄷ. 씨름은 두 패로 나누어 굵은 줄을 서로 당겨 자기편으로 끌어온 쪽이 이기는 경기 또는 놀이이다.
ㄹ. 윷놀이는 4개의 윷가락을 던지고 그 결과에 따라 말을 사용하여 승부를 겨루는 전통놀이이다.

① ㄱ, ㄷ ② ㄴ, ㄷ ③ ㄷ, ㄹ ④ ㄱ, ㄹ

29 한국의 간식에 대한 설명으로 옳지 않은 것은?

① 식혜는 밥을 엿기름으로 삭혀서 달고 시원하게 마시던 전통 음료이다.
② 수정과는 생강이나 계피를 달인 물에 설탕이나 꿀을 넣고 끓여서 식힌 전통 음료이다.
③ 쌀국수는 쌀로 만든 국수로 오랫동안 사랑받고 있다.
④ 한과는 밀가루를 꿀이나 설탕에 반죽하여 납작하게 만들어서 기름에 튀겨 물들인 것이다.

30 한국의 발효음식에 대한 설명으로 옳은 것은?

① 고추장은 된장, 고추장, 간장을 담그는 원료로 쓴다.
② 된장은 찹쌀에 고춧가루, 엿기름, 메줏가루 등을 섞어 발효시킨 한국의 전통 조미료이다.
③ 메주은 콩을 발효시켜 만든 전통음식이다.
④ 김치는 소금에 절인 배추와 무 등을 양념에 버무려 만드는 음식이다.

31 한국에서 개최된 국제행사가 아닌 것은?

① 24회 서울올림픽(1988)
② 17회 한일월드컵(2002)
③ 23회 평창 동계올림픽(2018)
④ 제103회 전국체육대회

32 임진왜란의 3대 대첩은?

① 귀주대첩, 한산도대첩, 진주대첩
② 노량대첩, 행주대첩, 진주대첩
③ 한산도대첩, 진주대첩, 행주대첩
④ 살수대첩, 귀주대첩, 행주대첩

33 〈보기〉의 문화재가 있었던 나라는?

| 보기 |

고려청자는 은은하면서 맑고 푸른빛을 띠는 자기이다.

① 고려　② 신라　③ 조선　④ 고구려

34 외국을 여행하는 사람의 국적 및 신분을 증명하는 국제 신분증으로 구청, 시청, 도청에서 발급 받는 것은?

① 주민등록증 ② 여권 ③ 외국인등록증 ④ 운전면허증

35 고려시대에 대한 설명으로 옳지 않은 것은?

① 거란(요), 여진(금), 몽골의 침입으로 도읍지를 강화로 옮겼다.
② 고구려의 옛 땅을 회복한다는 뜻으로 '고려'라고 지었다.
③ 북진정책을 실시했다.
④ 후삼국을 통일하고 세운 나라이다.

36 한일병합조약에 대한 설명으로 옳은 것은?

① 1905년 일본이 대한민국의 외교권을 박탈하기 위해 강제로 체결한 조약을 말한다.
② 1910년 일본의 강압 아래 대한제국의 통치권을 일본에 양여함을 규정한 조약이다.
③ 1895년 일본 자객들이 경복궁을 습격하여 명성황후를 시해한 사건을 말한다.
④ 1884년 개화파가 개화사상을 바탕으로 조선의 자주독립과 근대화를 목표로 일으킨 것을 말한다.

[37~40:작문형] 다음 내용을 포함하여 '저출산 고령화 문제'이라는 제목으로 글을 쓰시오.

※ 작문 시험 시간은 10분이며, 답안지에는 제목을 쓰지 말고 본문만 쓰시오.

- 저출산 고령화의 뜻을 알고 있습니까?
- 저출산 고령화 현상이 사회에 미치는 영향에 대해 알고 있습니까?
- 이를 극복하기 위한 방법은 어떤 것들이 있습니까?

Chapter 06

6회 정답 및 해설

객관식

1	2	3	4	5	6	7	8	9	10
②	①	③	①	②	③	④	①	②	④
11	12	13	14	15	16	17	18	19	20
④	②	①	③	④	②	③	①	④	③
21	22	23	24	25	26	27	28	29	30
③	①	②	④	③	①	②	④	③	①
31	32	33	34	35	36				
④	③	①	②	④	②				

01 '지출'은 어떤 목적을 위하여 돈을 지급하는 일을 말한다.
① **부정** : 올바르지 아니하거나 옳지 못함.
③ **무료** : 요금이 없음.
④ **간호** : 다쳤거나 앓고 있는 환자나 노약자를 보살피고 돌봄.

02 '장점'은 좋거나 잘하거나 긍정적인 점을 말한다.
② **책임** : 맡아서 해야 할 임무나 의무.
③ **예측** : 미리 헤아려 짐작함.
④ **사고방식** : 어떤 문제에 대하여 생각하고 궁리하는 방법이나 태도.

03 '특히'는 보통과 다르게 라는 뜻이다.
① **어쩌면** : 놀라거나 따지거나 할 때 내는 소리.
② **간신히** : 겨우 또는 가까스로.
④ **직접** : 중간에 아무것도 개재시키지 아니하고 바로.

04 '공부를 한다고 했어요'는 다른 사람에게 들은 내용을 전달할 때 쓰는 표현이다.
② **뻔했어요** : 어떠한 상황이 일어날 가능성이 높았음을 나타낼 때 쓰는 표현.
③ **줄 몰랐어요** : 예상하지 못했거나 예상했음을 나타낼 때 쓰는 표현.
④ **걸 그랬어요** : 지난 행동을 후회할 때 쓰는 표현.

05 '온다니까'는 앞서 말한 내용을 다시 확인하여 말할 때 쓰는 연결 어미를 말한다.
① **-테니** : 어떤 일을 추측하면서 그것이 뒤 절에 대한 근거나 원인이 됨을 나타내는 연결 어미.
③ **-뿐만 아니라** : 앞말의 내용에 더하여 뒷말의 내용이 일어날 때 사용하는 연결 어미.
④ **-다 보면** : 어떠한 행동을 하면서 새로운 사실을 알게 되거나 상태가 될 때 사용하는 연결 어미.

06 '무료'는 요금이 없음을 뜻한다.
① **소유** : 가지고 있음.
② **등록** : 일정한 자격 조건을 갖추기 위하여 단체나 학교 따위에 문서를 올림.
④ **예매** : 물건을 받기 전에 미리 값을 치르고 사 둠.

07 토요일에 김장을 하는데 친구들이 와서 도와준 것이니 앞서 말한 내용을 다시 확인하여 말할 때 쓰는 연결 어미인 '한다니까'가 들어간 '토요일에 김장을 한다니까 친구들이 와서 도와줬다.'가 정답이다.

08 사랑하는 사람을 만나 행복한 가정을 위해 무엇인가 행동한 것이기 때문에 어떤 대상이 일정한 상태나 결과를 생기게 하거나 일으키거나 만드는 '이루었다'가 정답이다.
② **환영했다** : 어떤 대상이 일정한 상태나 결과를 생기게 하거나 일으키거나 만들다.
③ **갈아탔다** : 타고 가던 것에서 내려 다른 것으로 바꾸어 타다.
④ **담당했다** : 어떤 일을 맡다.

09 '여성 한복은 세계적으로도 그 아름다움을 인정받는다. 직선과 곡선이 어우러져~치마는 하체를 풍성하게 보이도록 만들어 균형을 잡아준다. 우리나라 여성의 체위는 물론 어떤 나라 여성들 체형에도 무난하게 어울린다. 최근에는 한복의 아름다움과 우수성이 다시 알려지면서 한복을 부활시키려는 노력이 이루어지고 있다.'의 문장을 보면 '한복의 아름다움'을 설명하고 있다는 것을 알 수 있다.

10 '고령화의 원인으로는 의학 기술이 발달하고 경제 수준의 높아지면서 위생 상태나 영양 상태가 개선되어 평균 수명이 연장된 점도 있지만, 출산율의 하락도 고령화 속도가 빨라지는 주요한 원인이다.' 문장으로 보아 '고령화의 주요한 원인은 출산율의 하락이다.'가 정답이다.

11 ① 국군의 날은 10월 1일이다.
② 국군의 날은 법정기념일로 지정되어 있다.
③ 국군의 날은 한국군의 위용과 전투력을 국내외에 과시하고 국군장병의 사기를 높이기 위하여 지정된 기념일이며 1950년 10월 1일은 한국군이 남침한 북한공산군을 반격한 끝에 38선을 돌파한 날로서, 이날의 의의를 살리기 위하여 매년 10월 1일을 국군의 날로 지정하였다.

12 주 5일 근무제는 1주일에 8시간씩 5일을 근무할 수 있도록 한 제도이다.

13 ② 주민등록증은 대한민국 국민으로서 국내에 주소를 두고 거주하는 주민임을 증명하는 증명서로 만 17세 이상의 대한민국 국민은 반드시 신청해야 한다.
③ 주민등록등본은 주민 등록 원본의 전부를 복사한 증명 서류이다.
④ 운전면허증은 일정한 자격을 갖춘 자에 한하여 도로에서 자동차 또는 오토바이를 운전할 수 있게 하는 행정 처분 증서이다.

14 주민등록증은 대한민국 국민으로서 국내에 주소를 두고 거주하는 만 17세 이상의 대한민국 국민은 반드시 신청해야 한다.

15 • 김연아는 피겨 스케이팅 선수로 대한민국 최초의 올림픽 메달리스트, 세계선수권대회 메달리스트이다.
• 박태환은 대한민국의 수영 역사상 최초로 2008년 베이징 올림픽 자유형 400m에서의 금메달과 자유형 200m에서의 은메달을 획득하였다.

16 ① 확정일자는 법원 또는 행정복지센터 등에서 주택임대차 계약을 한 날짜를 확인해 주기 위해 임대차 계약서에 도장을 찍어 주는 날짜이다.
② 전입신고는 거주지를 옮길 때 새로 살게 된 곳의 관할 관청에 그 사실을 알리는 일. 또는 그 서류이다.
④ 주택법은 국민의 주거 안정과 주거수준의 향상에 이바지할 목적으로 시행한 법률을 말한다.

17 문익점은 고려시대의 문신으로 원나라에 갔다가 목화씨를 가져와 전국에 보급했다.

18 • 스승의 날은 스승의 은혜에 감사하는 마음을 가지도록 지정한 날이다.
• 근로자의 날은 근로자의 노고를 위로하고 사기를 북돋아 주기 위하여 정한 날이다.

19 ① 경상북도 경주시 진현동의 토함산 기슭에 있는 사찰 건축물은 불국사이다.
② 신라 제30대 왕으로 삼국통일을 이룩한 왕은 문무왕이다.
③ 완도에 청해진을 설치하고, 당나라와 일본을 상대로 해상무역을 주도한 왕은 장보고이다.

20 ② 발해는 고구려를 계승하여 씩씩하고 독창적인 문화를 계승·발전해 나갔다.
③ 대조영이 고구려 사람들을 이끌고 옛 고구려 땅인 만주에서 세운 나라이다.
④ 해동성국은 '바다 동쪽의 전성기를 맞이한 나라'라는 뜻으로 당나라에서 불렸던 이름이다.

21 한글은 조선 전기 세종대왕이 집현전 학자들과 함께 훈민정음이라는 이름으로 창제하여 반포한 우리나라 고유의 문자이다.

22 ② 오곡밥, 약밥, 귀밝이술, 김과 취나물을 먹는 날은 정월대보름이다.
③ 여자는 창포물에 머리를 감고, 남자는 씨름을 하면서 하루를 보내는 날은 단오이다.
④ 설날에는 떡국을 먹는다.

23 ① 유통기한 표시제는 제조사별로 생산 후 특정 기간 이내에 사용하도록 만든 제도이다.
③ 제조물 책임법은 제조물의 결함으로 인하여 발생한 손해로부터 피해자를 보호하기 위해 제정된 법률이다.
④ 원산지 표시제는 농수산물 및 그 가공품의 원산지표시를 의무화한 제도이다.

24 공원 및 공공장소 예절은
- 화장실 등 공공시설을 깨끗하게 사용한다.
- 쓰레기를 함부로 버리지 않는다.
- 주차를 할 때 지정된 장소에서 한다.
- 담배는 흡연할 수 있는 장소에서 하여야 한다.
- 지나친 소음으로 이웃에게 피해를 주지 않는다.
- 애완견을 데리고 산책 할 때는 반드시 목줄을 하고 배설물을 잘 치운다.

25 ① 해인사는 경상남도 합천군 가야산에 있는 절로 대한민국의 국보이자 세계기록유산인 팔만대장경이 보관되고 있는 곳으로 유명하며, 대장경을 보관하는 장경판전 역시 국보이자 세계문화유산이다.
② 석굴암은 경상북도 경주시 토함산 동쪽에 있는 남북국시대 통일신라의 김대성이 창건한 사찰로 유네스코에서 제정한 세계문화유산으로 등재된 불상을 모신 석굴이다.
④ 팔만대장경은 몽골이 고려를 침입하자 부처의 힘으로 몽골군을 물리치기 위해 만든 대장경이다.

26 ② 백일잔치는 아기가 태어난 지 100일이 되면 하는 기념행사이다.
③ 환갑은 사람이 태어나서 60년 만에 맞는 생일(61세-만 60세)을 가리키는 세시풍속이다.
④ 칠순은 나이 70세, 일흔 살 생일을 가리키는 세시풍속이다.

27 ① 가톨릭교는 가톨릭 그리스도의 정통 교의를 믿는 종교이다.

③ 개신교는 예수 그리스도의 인격과 교훈을 중심으로 하는 종교이며, 예수가 태어난 날은 성탄절(크리스마스)이며 법정공휴일이다.

④ 유교는 '유학'을 종교적인 관점에서 이르는 말로 삼강오륜을 덕목으로 하며 사서삼경을 경전으로 하며 효도와 예의를 강조한다.

28 • 줄다리기는 두 패로 나누어 굵은 줄을 서로 당겨 자기편으로 끌어온 쪽이 이기는 경기 또는 놀이이다.

• 씨름은 두 사람이 샅바를 잡고 힘과 기술을 겨루어 상대를 넘어뜨리는 것으로 승부를 겨루는 우리나라 전통의 민속놀이이다.

29 ③ 쌀국수는 쌀가루를 이용해 만든 국수로 중국 남부~동남아시아 전역에서 주로 먹는 음식이다.

30 ② 된장은 콩을 발효시켜 만든 전통음식이다.

③ 메주는 콩·보리·밀·쌀 등을 삶아 띄워 만드는데 된장, 고추장, 간장을 담그는 원료로 쓴다.

④ 김치는 대표적인 채소 발효식품으로 소금에 절인 배추와 무 등을 양념에 버무려 만드는 음식이다.

31 한국에서 개최된 국제 올림픽 및 월드컵으로는 88 서울올림픽(1988년 한국의 서울에서 개최된 제24회 하계 올림픽 경기대회), 2002 한일월드컵(2002년 한국과 일본이 공동 개최한 월드컵축구대회), 2018 평창동계올림픽(2018년 2월 9일부터 2월 25일까지 대한민국의 강원도 평창군에서 열렸던 동계올림픽대회)이 있다.

32 ① 귀주대첩은 고려시대 현종 때 강감찬의 지휘로 거란 침략군을 귀주에서 물리쳐 승리한 싸움을 말한다.

② 노량대첩은 1598년 노량 앞바다에서 이순신이 일본 수군과 벌인 마지막 해전을 말한다.

④ 살수대첩은 612년(영양왕 23년), 제2차 고구려-수 전쟁의 대표적인 전투. 살수에서 고구려의 을지문덕의 주도 아래 이루어낸 대첩이다.

33 ② 신라의 주요 문화재는 첨성대, 분황사 모전석탑, 왕릉 등이 있다.
③ 조선의 주요 문화재는 측우기, 혼천의, 자격루, 앙부일구 등이 있다.
④ 고구려의 주요 문화재는 광개토대왕릉비, 무용총, 수산리 고분 등이 있다.

34 ① 주민등록증은 대한민국 국민으로서 국내에 주소를 두고 거주하는 주민임을 증명하는 증명서이다.
③ 외국인등록증은 외국인 신분을 보장하기 위해 출입국관리사무소에서 등록절차를 통해 발급하는 문서이다.
④ 운전면허증은 일정한 자격을 갖춘 자에 한하여 도로에서 자동차 또는 오토바이를 운전할 수 있게 하는 행정 처분 증서이다.

35 ④ 후삼국을 통일하고 세운 나라로 고구려의 옛 땅을 회복한다는 뜻으로 '고려'라고 지었으며, 북진정책을 실시한 나라는 고려이다.

36 ① 1905년 일본이 대한민국의 외교권을 박탈하기 위해 강제로 체결한 조약은 을사조약이다.
③ 1895년 일본 자객들이 경복궁을 습격하여 명성황후를 시해한 사건은 을미사변이다.
④ 1884년 개화파가 개화사상을 바탕으로 조선의 자주독립과 근대화를 목표로 일으킨 정변은 갑신정변이다.

작문형

저출산 고령화 문제

❶ 저출산 고령화의 뜻을 알고 있습니까?

❷ 저출산 고령화 현상이 사회에 미치는 영향에 대해 알고 있습니까?

❸ 이를 극복하기 위한 방법은 어떤 것들이 있습니까?

❶ 저출산 고령화는 태어나는 아이의 수가 감소하여 사회의 출산율이 낮아지고, 노년 인구가 차지하는 비율이 높아지는 현상을 말한다. ❷ 저출산은 산업활동에 투입되는 노동력 부족과 소비 인구 감소에 따른 국내 시장 수요 감소로 이어지며, 고령화는 고령 인구의 증가로 인해 연금을 받는 인구가 증가하여 사회보장 비율이 증가할 수 있다. ❸ 이를 극복하기 위해서는 육아 휴직 확대 등으로 저출산 문제를 해결하며, 노인 복지 정책 마련하기 등으로 고령화 문제를 해결하는 방법이 있다.

Chapter 07

실전 모의고사 7회

[01~06] 다음 (　　　　)에 알맞은 것을 고르시오.

01

가 : 경찰관님, 이 문제가 해결 될 수 있을까요?
나 : 네. 이 문제는 제가 (　　　　)을 지고 해결하겠습니다.

① 책임　② 경쟁　③ 구입　④ 등록

02

아내의 어머니를 부르는 (　　　　)은 장모님이다.

① 관심　② 호칭　③ 유형　④ 분가

03

TV에 나오는 가수들의 의상들은 (　　　　).

① 화려하다　② 유치하다　③ 서먹하다　④ 고요하다

04

가 : 준지씨, 왜 그렇게 서두르나요?
나 : 버스가 도착할 시간이에요. (　　　　).

① 버스가 지나갈 뻔했어요　② 버스가 지나갈 걸 그랬어요
③ 버스가 지나갔을지도 몰라요　④ 버스가 지나가려던 참이예요

05

상처에 약을 발라서 내일은 (　　　　) 걱정하지마요.

① 나아지는 동안　② 나아지다 보면
③ 나아질 뿐만 아니라　④ 나아질 테니까

06

어느 곳으로 여행을 갈지 (　　　　)로 정했다.

① 규칙　② 다수결　③ 등록　④ 분단

07 다음을 한 문장으로 알맞게 연결한 것을 고르시오.

경주는 신라의 수도이다. / 관광지로 유명하다.

① 경주는 신라의 수도이다 보면 관광지로 유명하다.

② 경주는 신라의 수도일 텐데 관광지로 유명하다.

③ 경주는 신라의 수도일 뿐만 아니라 관광지로 유명하다.

④ 경주는 신라의 수도일까 봐 관광지로 유명하다.

08 다음 (   )에 알맞은 것을 고르시오.

울릉도로 가기 위해서는 차를 타고 가서 (   )

① 배로 갈아타야 한다.

② 배로 이끌어야 한다.

③ 배로 환영해야 한다.

④ 배로 주도해야 한다.

09 다음 글이 무엇에 대한 이야기인지 고르시오.

한국의 4계절 중 봄은 겨울의 차가운 공기 덩어리가 점점 물러나는 계절이다. 봄에는 대체로 따뜻하지만, 갑자기 꽃샘바람이 불어와 잠시 추워질 때도 있다. 여름이 되면 북태평양에서 뜨겁고 습기가 많은 공기 덩어리가 몰려오며 한여름의 무더위가 시작된다. 비가 많이 내리는 장마와 태풍이 찾아오기도 하며 밤에도 기온이 내려가지 않고 25℃가 넘는 열대야 현상도 나타난다. 여름이 끝날 때쯤이면 시원한 가을바람을 몰고 오는 새로운 공기 덩어리가 다가온다. 가을에는 하늘이 맑고 높으며 날씨가 선선하다. 먼 시베리아 대륙에서 차갑고 건조한 공기 덩어리가 몰려오면 추운 겨울이 시작된다. 겨울이 되면 건조해지고, 눈이 많이 내린다.

① 한국 계절의 이름

② 한국의 계절별 옷차림

③ 다른 나라와 한국 계절의 차이점

④ 한국 계절의 특징

10 다음 글의 내용과 같은 것을 고르시오.

> 한국은 출산율이 점차 낮아지면서 OECD 국가 중 그 하락 속도가 가장 빠르다. 저출산의 원인을 살펴보면 자녀 양육에 대한 경제적 부담 증가, 여성의 사회 참여 증가, 의료 기술의 발달, 결혼 연령 상승 및 미혼 인구 증가 등 사회·경제적 요인과 결혼과 가족에 대한 가치관 변화 등이 복합적으로 작용하고 있다. 특히 교육에 대한 관심이 높은 한국의 경우, 양육비와 교육비 부담이 출산율 저하를 심화시키고 있다. 게다가 여성의 경제 활동 참여율은 갈수록 증가하고 있지만, 육아를 지원하는 시설과 서비스가 부족하여 여성이 일을 하며 아이를 기르기 어려운 환경도 출산을 피하게 되는 주요한 원인이다. 최근에는 청년층의 취업이 어렵고 취업을 하더라도 고용 상태가 불안정한 경우가 많아 결혼과 출산을 미루거나 피하는 사례가 증가하고 있다. 또한 자녀를 낳아 가문의 대를 이어야 한다고 생각했던 전통적인 가치관이 점차 사라지는 것도 출산율 감소의 원인 중 하나이다.

① 양육비와 교육비 부담이 출산율 상승을 심화시키고 있다.
② 한국은 OECD 국가 중 출산율 하락 속도가 가장 빠르다.
③ 자녀를 낳아 가문의 대를 이어야 한다고 생각했던 전통적인 가치관 또한 출산율 감소의 원인 중 하나이다.
④ 교육에 대한 관심이 높은 한국의 경우 출산율 상승을 심화시키고 있다.

11 현충일에 대한 설명 중 옳지 않은 것은?

① 현충일은 6월 6일이다.
② 현충일은 조기게양을 한다.
③ 현충일은 나라를 위해 목숨을 바친 순국선열의 명복을 빌고, 추모하기 위해 제정된 날이다.
④ 현충일은 가까운 기념관에 방문하여 감사하는 마음을 가지며 성묘한다.

12 근로자의 날에 대한 설명 중 옳은 것은?

① 근로자의 날은 5월 10일이다.
② 근로자의 날은 근로자들을 위한 특별 급여가 나오는 날이다.
③ 근로자의 날은 근로자의 노고를 위로하고 사기를 북돋아 주기 위하여 정한 날이다.
④ 근로자의 날은 근로자들을 위한 체육대회가 열리는 날이다.

13 〈보기〉에서 설명하는 것은?

보기
4개의 윷가락을 던지고 그 결과에 따라 말을 사용하여 승부를 겨루는 전통놀이이다.

① 윷놀이 ② 씨름 ③ 강강술래 ④ 제기차기

14 한국의 의례에 대한 설명으로 옳은 것은?

① 결혼식은 상대방을 결혼식에 초대하기 위하여 작성하는 글이다.
② 혼인신고는 남자와 여자가 부부가 되기로 서약하는 의례이다.
③ 축의금은 대방을 결혼식에 초대하기 위하여 작성하는 글이다.
④ 가족관계등록부는 신분에 관한 사항, 가족 관계에 관한 사항 등을 기록한 공문서이다.

15 국민연금에 대한 설명으로 옳은 것은?

① 근로자가 실직한 경우에 생활 안정을 위하여 일정 기간 동안 급여를 지급하는 사회보험이다.
② 질병이나 부상으로 인해 발생한 고액의 진료비로 가계에 과도한 부담이 되는 것을 방지하기 위한 사회보장제도이다.
③ 나이가 들거나, 갑작스러운 사고나 질병 등으로 소득 활동이 중단된 경우 본인이나 유족에게 연금을 지급함으로써 기본 생활을 유지할 수 있도록 하는 연금제도이다.
④ 산업 재해 근로자를 보호하기 위하여 1964년에 도입된 우리나라 최초의 사회보험제도이다.

16 한국인의 문화에 대한 설명으로 옳은 것은?

① 기는 사랑이나 친근감을 느끼는 마음으로 한국 특유의 감정이다.
② 효는 부모를 잘 섬기고 공경하는 태도를 말한다.
③ 정은 즐거움을 일어나게 하는 감정을 말한다.
④ 흥은 활동의 바탕이 되는 힘으로 몸 안에 있는 정신적인 기운을 말한다.

17 〈보기〉의 내용에서 설명하는 것은?

보기
법적으로 일주일 동안 일하는 시간이 52시간이 넘지 않도록 하는 제도이며, 주 5일 근무제인 40시간 근무 외에 추가 근무로 12시간을 넘을 수 없고, 연장근무를 할 때는 근로 시간 임금의 1.5배를 받는다.

① 야근금지법 ② 주 5일 근무제 ③ 최저임금제 ④ 52시간 근무제

18 정월 대보름에 대한 설명으로 옳은 것은?

① 불을 쓰지 않고 찬 음식을 먹는 날이다.

② 음력 1월 1일을 말하며 떡국을 먹는 날이다.

③ 설날 이후 처음 맞는 보름날로 한 해의 건강과 소원을 빈다.

④ 팔월의 한가운데 날이라는 뜻을 지니고 있다.

19 〈보기〉에서 설명하는 것은?

보기
1895년 일본 자객들이 경복궁을 습격하여 명성황후를 시해한 사건을 말한다.

① 갑오개혁　② 을미사변　③ 갑신정변　④ 강화도조약

20 보험에 대한 설명으로 옳은 것은?

① 어려움에 처한 사회 구성원들의 생활을 국가 및 지방 자치 단체가 사회 정책을 통하여 해결해 주는 제도이다.

② 일정 수준 이하의 저소득 계층의 생활을 보장하고 자립을 지원하는 제도이다.

③ 미래에 예측할 수 없는 재난이나 사고의 위험에 대비하고자 생긴 제도이다.

④ 경제적으로 생활이 어려워 의료비용을 지불하기 어려운 국민을 대상으로 국가가 대신하여 의료비용을 지불하는 제도이다.

21 다음 (　　　　)안에 들어갈 알맞은 말은?

> 이순신 장군은 왜적을 물리치기 위해 거북 모양의 철갑선인 (㉠)을 만들었고, 임진왜란 때 쓴 일기인 (㉡)를 남겼다.

① ㉠ 거북선, ㉡ 경국대전　　② ㉠ 거북선, ㉡ 난중일기
③ ㉠ 측우기, ㉡ 경국대전　　④ ㉠ 혼천의, ㉡ 집현전

22 우리나라 직장문화에 대한 설명 중 옳지 않은 것은?

① 야근은 퇴근 시간이 지나 밤늦게까지 남아서 일하는 것을 말한다.
② 회식은 퇴근 후 직장의 여러 사람이 모여 함께 음식을 먹거나 술을 마시는 문화이다.
③ 최저임금제는 최저임금만 지불하는 제도이다.
④ 맞벌이는 생계 수단을 얻기 위하여 부부가 모두 경제 활동에 종사하는 상태를 가리키는 사회 용어이다.

23 행정구역에 대한 설명으로 옳지 않은 것은?

① 특별자치도(1개) - 독도가 있다.
② 특별시(1개) - 서울특별시가 있다.
③ 광역시(6개) - 부산광역시, 대전광역시, 대구광역시,인천광역시, 광주광역시, 울산광역시가 있다.
④ 도(8개) - 경기도, 강원도, 충청북도, 충청남도, 전라북도, 전라남도, 경상북도, 경상남도가 있다.

24 〈보기〉의 내용에서 설명하는 것은?

> 보기
>
> 언제든지 이용할 수 있고, 여러 가지 상품을 사고파는 장소로 슈퍼마켓, 마트, 재래시장(전통시장) 등이 있다.

① 통신판매　　② 정기시장　　③ 상설시장　　④ 자유시장

25 산재보험에 대한 설명으로 옳은 것은?

① 산업 재해 근로자를 보호하기 위하여 1964년에 도입된 우리나라 최초의 사회보험제도이다.
② 질병이나 부상으로 인해 발생한 고액의 진료비로 가계에 과도한 부담이 되는 것을 방지하기 위한 사회보장제도이다.
③ 근로자가 실직한 경우에 생활 안정을 위하여 일정 기간 동안 급여를 지급하는 사회보험이다.
④ 나이가 들거나, 갑작스런 사고나 질병 등으로 소득 활동이 중단된 경우 본인이 유족에게 연금을 지급함으로써 기본 생활을 유지할 수 있도록 하는 연금제도이다.

26 〈보기〉에서 설명하는 것은?

보기
돌아가신 조상을 생각하며 음식을 바치고 정성을 다하는 의례를 말한다.

① 조의금　② 부고　③ 장례식　④ 제사

27 남부지방에 대한 설명으로 옳지 않은 것은?

① 경상지역은 한반도 동남부에 위치하는 지역으로 산이 많고, 동해와 닿아있다.
② 울산광역시는 한국 최대의 과학·연구도시이며 교육도시이다.
③ 부산광역시는 대한민국 제2의 도시이자 대한민국 최초의 광역시이고 국내 최대국제무역항이다.
④ 전라지역은 한반도 서남부에 위치하는 지역으로 호남평야가 펼쳐져 있어 주로 논농사를 지으며, 새만금개발사업의 중심 지역이다.

28 〈보기〉에서 설명하는 것은?

보기
지역 사회 내에서 일정한 시설과 전문 인력을 갖추고 지역 사회의 인적, 물적 자원을 동원하여 지역 사회복지를 중심으로 한 종합적인 사회복지 사업을 수행하는 사회복지 시설을 의미한다.

① 보건복지부 ② 도서관 ③ 행정복지센터 ④ 사회복지관

29 한국인의 문화에 대한 설명으로 옳은 것은?

① 산후조리는 아이를 낳은 후 출산 전의 몸 상태로 회복시키기 위해 보살피는 문화이다.
② 상부상조는 사랑이나 친근감을 느끼는 마음으로 한국 특유의 감정이다.
③ 예절은 부모를 잘 섬기고 공경하는 태도를 말한다.
④ 보통말은 사람이나 사물을 높여서 이르는 말이다.

30 공공부조에 대한 설명으로 옳지 않은 것은?

① 국민기초생활보장제도는 생활이 어려운 사람에게 필요한 급여(생계, 주거, 교육 등)를 제공한다.
② 의료급여제도는 경제적으로 생활이 어려워 의료비용을 지불하기 어려운 국민을 대상으로 국가가 대신하여 의료비용을 지불하는 제도이다.
③ 기초 연금 제도는 65세 이상 노인 중 소득이 일정 기준 이하인 사람에게 지급하는 연금이다.
④ 최저임금제도는 국가가 일정 금액 이상의 임금을 근로자에게 지불하도록 저임금 근로자를 보호하는 제도이다.

31 대중교통을 이용할 때 주의해야 할 질서는?

① 대중교통을 탈 때에는 사람들이 먼저 탄 후 내린다.

② 대중교통에서 음식을 먹지 않는다.

③ 차 안에 탈 때 빨리 뛰어 탄다.

④ 휴대전화 통화예절을 지킬 필요가 없다.

32 청산리전투에 대한 설명으로 옳은 것은?

① 일본의 식민지 지배에 저항하여 대한독립을 외치던 만세운동이다.

② 3·1운동에서 민족대표로 나온 33인이 대규모 만세운동 전에 낭독한 것이다.

③ 1920년 김좌진과 홍범도 등이 이끄는 독립군 부대가 일본군에게 크게 승리한 전투이다.

④ 근대 국가에 걸맞은 제도를 만들기 위해 추진한 개혁이다.

33 근로기준법에 대한 설명으로 옳은 것은?

① 1주일에 8시간씩 5일을 근무할 수 있도록 한 제도이다.

② 법적으로 일주일 동안 일하는 시간이 52시간이 넘지 않도록 하는 제도이다.

③ 국가가 일정 금액 이상의 임금을 근로자에게 지불하도록 법적으로 정해놓은 제도로써 저임금 근로자를 보호하는 제도이다.

④ 근로자의 기본적 생활을 보장, 향상시키며 균형 있는 국민경제의 발전을 도모하기 위해 제정한 법이다.

34 〈보기〉에서 설명하는 것은?

보기
사람이나 사물을 높여서 이르는 말로 자신보다 나이·지위가 높거나 공적인 자리에서 각자의 지위나 나이에 상관없이 사용하는 말이다.

① 존댓말　② 보통말　③ 예절　④ 효

35 실업에 대한 설명으로 옳은 것은?

① 이윤추구를 목적으로 하는 생산경제의 단위체를 말한다.

② 노동할 의욕과 능력을 가진 자가 자기의 능력에 상응한 노동의 기회를 얻지 못하고 있는 상태를 말한다.

③ 노동자의 열악한 노동조건을 개선하고 지위를 향상시키기 위해 지정한 날을 말한다.

④ 노동 및 노동자에 관한 사무를 관장하는 업무를 말한다.

36 한국의 섬 독도에 대한 설명으로 옳지 않은 것은?

① 바람 돌, 여자가 많아서 삼다도라고도 불렸다.

② 우리 역사 속에서 독도의 이름은 우산도였다.

③ 명백한 대한민국 영토이지만, 일본과의 영토분쟁이 계속되고 있다.

④ 대한민국의 가장 동쪽에 있는 화산섬이다.

[37~40:작문형] 다음 내용을 포함하여 '내가 좋아하는 영화'이라는 제목으로 글을 쓰시오.

※ 작문 시험 시간은 10분이며, 답안지에는 제목을 쓰지 말고 본문만 쓰시오.

- 영화를 좋아합니까?
- 어떠한 종류의 영화를 좋아합니까?
- 기억에 남는 영화는 무엇입니까?

Chapter 07

7회 정답 및 해설

객관식

1	2	3	4	5	6	7	8	9	10
①	②	①	③	④	②	③	①	④	②
11	12	13	14	15	16	17	18	19	20
④	③	①	④	③	②	④	③	②	③
21	22	23	24	25	26	27	28	29	30
②	③	①	③	①	④	②	④	①	④
31	32	33	34	35	36				
②	③	④	①	②	①				

01 '책임'은 맡아서 해야 할 임무나 의무를 말한다.
② **경쟁** : 같은 목적에 대하여 이기거나 앞서려고 서로 겨룸.
③ **구입** : 물건 등을 사들임.
④ **등록** : 일정한 자격 조건을 갖추기 위하여 단체나 학교 따위에 문서를 올림.

02 '호칭'은 이름 지어 부름, 또는 그 이름을 말한다.
① **이름** : 어떤 것에 마음이 끌려 주의를 기울임. 또는 그런 마음이나 주의.
③ **유형** : 성질이나 특징 따위가 공통적인 것끼리 묶은 하나의 틀.
④ **분가** : 가족의 한 구성원이 주로 결혼 따위로 살림을 차려 따로 나감.

03 '화려하다'는 환하게 빛나며 곱고 아름답다라는 뜻이다.
② **유치하다** : 수준이 낮거나 미숙하다.
③ **서먹하다** : 낯이 설거나 친하지 아니하여 어색하다.
④ **고요하다** : 조용하고 잠잠하다.

04 '버스가 지나갔을지도 몰라요'는 어떠한 일이 일어날 것을 추측할 때 쓰는 표현이다.

① -**뻔했어요**: 어떠한 상황이 일어날 가능성이 높았음을 나타낼 때 쓰는 표현.

② -**걸 그랬어요**: 지난 행동을 후회할 때 쓰는 표현.

④ -**려던 참이예요**: 어떠한 행동을 하려던 순간을 나타낼 때 쓰는 표현.

05 '나아질 테니까'는 어떤 일을 하고자 하는 의지를 나타내면서 그것이 뒤 절에 대한 근거나 원인이 됨을 나타낼 때 쓰는 표현이다.

① -**는 동안**: 어느 한때에서 다른 한때까지 시간의 길이를 나타내는 표현.

② -**다 보면**: 어떠한 행동을 하면서 새로운 사실을 알게 되거나 상태가 될 때 사용하는 연결 어미.

③ -**뿐만 아니라**: 앞말의 내용에 더하여 뒷말의 내용이 일어날 때 사용하는 연결 어미.

06 '다수결' 다양한 의견을 하나로 모으기 위해 많은 사람들의 의견에 따라 결정하는 것을 말한다.

① **규칙**: 여러 사람이 다 같이 지키기로 약속한 질서.

③ **등록**: 일정한 자격 조건을 갖추기 위하여 단체나 학교 따위에 문서를 올림.

④ **분단**: 서로 나뉘게 끊어 가름.

07 경주는 신라의 수도이며 관광지로 유명하다는 문장이니 말의 내용에 더하여 뒷말의 내용이 일어날 때 사용하는 연결 어미인 '-뿐만 아니라'가 들어간 '경주는 신라의 수도일 뿐만 아니라 관광지로 유명하다.'가 정답이다.

08 울릉도로 가기 위해서는 차를 타고 가서 배로 무엇인가를 해야 하니, 타고 가던 것에서 내려 다른 것으로 바꾸어 타다는 뜻인 '갈아타야 한다.'가 정답이다.

② **이끌다**: 목적하는 곳으로 바로 가도록 같이 가면서 따라오게 하다.

③ **환영하다**: 오는 사람을 기쁜 마음으로 반갑게 맞다.

④ **주도하다**: 어떤 일에 주장이 되어 이끌다.

09 한국의 4계절 봄, 여름, 가을, 겨울의 특징이 차례대로 나오므로 정답은 '한국의 계절의 특징'이다.

10 '한국은 출산율이 점차 낮아지면서 OECD 국가 중 그 하락 속도가 가장 빠르다.'라는 문장이 있으므로 '한국은 OECD 국가 중 출산율 하락 속도가 가장 빠르다.'가 정답이다.

11 현충일은 나라를 위해 목숨을 바친 순국선열의 명복을 빌고, 추모하기 위해 제정된 날로 조기 게양하며 추모하는 날이다.

12 근로자의 날은 5월 1일이며 근로자의 노고를 위로하고 사기를 북돋아 주기 위하여 정한 법정기념일이다.

13 ② 씨름은 두 사람이 샅바를 잡고 힘과 기술을 겨루어 상대를 넘어뜨리는 것으로 승부를 겨루는 우리나라 전통의 민속놀이이다.

③ 강강술래는 밝은 보름달이 뜬 밤에 수십 명의 마을 처녀들이 모여서 손을 맞잡아 둥글게 원을 만들어 도는 민속놀이이다.

④ 제기차기는 제기를 바닥에 떨어뜨리지 않고 발로 차는 민속놀이이다.

14 ① 결혼식은 남자와 여자가 부부가 되기로 서약하는 의례이다.

② 혼인신고는 결혼한 사실을 행정 관청(구청, 시청, 읍·면사무소)에 신고하는 일이다.

③ 축의금은 결혼식에 갈 때 축하하는 뜻으로 내는 돈이다.

15 ① 근로자가 실직한 경우에 생활 안정을 위하여 일정 기간 동안 급여를 지급하는 사회보험은 고용보험이다.

② 질병이나 부상으로 인해 발생한 고액의 진료비로 가계에 과도한 부담이 되는 것을 방지하기 위한 사회보장제도는 국민건강보험이다.

④ 산업 재해 근로자를 보호하기 위하여 1964년에 도입된 우리나라 최초의 사회보험제도는 산재보험이다.

16 ① 기(氣)는 활동의 바탕이 되는 힘으로 몸 안에 있는 정신적인 기운을 말한다.
③ 정(情)은 사랑이나 친근감을 느끼는 마음으로 한국 특유의 감정이다.
④ 흥(興)은 즐거움을 일어나게 하는 감정을 말한다.

17 ② 주 5일 근무제는 1주일에 8시간씩 5일을 근무할 수 있도록 한 제도이다.
③ 최저임금제는 국가가 일정 금액 이상의 임금을 근로자에게 지불하도록 법적으로 정해놓은 제도이다.

18 ① 불을 쓰지 않고 찬 음식을 먹는 날은 한식이다.
② 음력 1월 1일을 말하며 떡국을 먹는 날은 설날이다.
④ 팔월의 한가운데 날이라는 뜻을 지니고 있는 날은 추석이다.

19 ① 갑오개혁은 근대 국가에 걸맞은 제도를 만들기 위해 추진한 개혁이다.
③ 갑신정변은 1884년 개화파가 개화사상을 바탕으로 조선의 자주독립과 근대화를 목표로 일으킨 정변이다.
④ 강화도조약은 고종 때 조선과 일본 사이에 체결된 조약으로 불평등 조약이다.

20 ① 어려움에 처한 사회 구성원들의 생활을 국가 및 지방 자치 단체가 사회 정책을 통하여 해결해 주는 제도는 사회보장제도이다.
② 일정 수준 이하의 저소득 계층의 생활을 보장하고 자립을 지원하는 제도는 공공부조이다.
④ 경제적으로 생활이 어려워 의료비용을 지불하기 어려운 국민을 대상으로 국가가 대신하여 의료비용을 지불하는 제도는 의료 급여 제도이다.

21 경국대전은 나라를 다스리는 기준이 된 조선시대의 최고의 법전으로 성종 때 완성이 되었다.
- 측우기는 비가 내린 양을 재는 기구이다.
- 혼천의는 천체의 운행과 위치를 측정하는 천문 관측기구이다.
- 집현전은 조선 세종 때 궁중에 설치한 학문 연구 기관이다.

22 최저임금제는 국가가 일정 금액 이상의 임금을 근로자에게 지불하도록 법적으로 정해놓은 제도이다.

23 특별자치도(1개) 제주도이다.

24
- 통신판매는 통신수단으로 주문을 받고 상품을 파는 방법으로 인터넷 쇼핑, TV 홈쇼핑 등이 있다.
- 정기시장은 일정한 기간의 간격을 두고 정기적으로 열리는 시장으로 3일장, 5일장이 있다.

25 ② 질병이나 부상으로 인해 발생한 고액의 진료비로 가계에 과도한 부담이 되는 것을 방지하기 위한 사회보장제도는 국민건강보험이다.
③ 근로자가 실직한 경우에 생활 안정을 위하여 일정 기간 동안 급여를 지급하는 사회보험은 고용보험이다.
④ 나이가 들거나, 갑작스러운 사고나 질병 등으로 소득 활동이 중단된 경우 본인이나 유족에게 연금을 지급함으로써 기본 생활을 유지할 수 있도록 하는 연금제도는 국민연금이다.

26 ① 조의금은 장례식 등 슬픈 일을 당한 가족에게 위로의 마음으로 내는 돈이다.
② 부고는 사람의 죽음을 알리는 일을 말한다.
③ 장례식은 죽은 사람의 시신을 처리하는 과정과 절차로 주로 장례식장에서 문상객을 맞이한 후 땅에 묻거나 화장하는 것이다.

27 울산광역시는 항구도시이자 한반도 최대의 공업 도시이다.

28 ① 보건복지부는 국민 보건에 관한 사무와 사회복지 증진에 관한 사무를 관장하는 중앙행정기관이다.
② 도서관은 국민 보건에 관한 사무와 사회복지 증진에 관한 사무를 관장하는 중앙행정기관이다.
③ 행정복지센터는 동을 관리하고 지역 주민들의 행정 업무와 민원 업무를 처리하는 행정기관이며, 아기가 태어나면 출생신고를 하는 곳이다.

29 ② 상부상조는 서로서로 돕는다는 뜻으로 비슷한 상황을 겪는 사람들이 서로 의지하고 돕는 모습을 가리키는 말이다.

③ 예절은 말이나 행동을 겸손하고 예의 바르게 표현하는 것이다.

④ 보통말은 높이거나 낮추는 것이 없는 말로 상대방이 친구이거나 아랫사람 또는 어린이인 경우에 보통말을 사용한다.

30 최저임금제는 국가가 일정 금액 이상의 임금을 근로자에게 지불하도록 법적으로 정해놓은 제도로써 저임금 근로자를 보호하는 제도이다.

31 버스, 지하철 등 대중교통 이용할 때 주의해야 할 질서

- 대중교통을 이용할 때는 줄을 서서 기다리고, 순서대로 탄다.
- 대중교통을 탈 때에는 먼저 사람들이 다 내리고 난 후에 탄다.
- 노인, 장애인, 임산부 등 노약자에게 자리를 양보한다.
- 차 안에서 뛰거나 큰 소리로 이야기하지 않는다.
- 휴대전화 통화 예절을 지킨다.
- 대중교통에서 음식을 먹지 않는다.

32 ① 일본의 식민지 지배에 저항하여 대한독립을 외치던 만세운동은 3·1운동이다.

② 3·1운동에서 민족대표로 나온 33인이 대규모 만세운동 전에 낭독한 것은 독립선언서이다.

④ 근대 국가에 걸맞은 제도를 만들기 위해 추진한 개혁은 갑오개혁이다.

33 ① 1주일에 8시간씩 5일을 근무할 수 있도록 한 제도는 주 5일 근무제이다.

② 법적으로 일주일 동안 일하는 시간이 52시간이 넘지 않도록 하는 제도는 주 52시간 근무제이다.

③ 국가가 일정 금액 이상의 임금을 근로자에게 지불하도록 법적으로 정해놓은 제도로써 저임금 근로자를 보호하는 제도는 최저임금제이다.

34 ② 보통말은 높이거나 낮추는 것이 없는 말로 상대방이 친구이거나 아랫사람 또는 어린이인 경우에 보통말을 사용한다.

③ 예절은 말이나 행동을 겸손하고 예의 바르게 표현하는 것이다.

④ 효(孝)는 부모를 잘 섬기고 공경하는 태도를 말한다.

35 ① 이윤추구를 목적으로 하는 생산경제의 단위체를 말하는 것은 기업이다.

③ 노동자의 열악한 노동조건을 개선하고 지위를 향상시키기 위해 지정한 날은 근로자의 날이다.

④ 노동 및 노동자에 관한 사무를 관장하는 업무를 하는 곳은 고용노동부이다.

36 바람 돌, 여자가 많아서 삼다도라고도 불리는 곳은 제주도이다.

작문형

내가 좋아하는 영화

❶ 영화를 좋아합니까?

❷ 어떠한 종류의 영화를 좋아합니까?

❸ 기억에 남는 영화는 무엇입니까?

	❶ 나	는		매	주		영	화	관	에		갈		정	도	로		영	화
를		좋	아	한	다	.	❷ 주	로		재	미	와		감	동	이		있	는
애	니	메	이	션	을		좋	아	하	며	,	코	믹		영	화	도		자
주		본	다	.	❸ 가	장		기	억	에		남	는		영	화	는		감
동	적	인		스	토	리	와		아	름	다	운		O	S	T	가		화
제	가		되	었	던		겨	울	왕	국	으	로		주	제	곡	인		L
et		it		go	의		노	래	를		자	주		부	르	며		엘	사
,	올	라	프		인	형	도		소	장	하	고		있	다	.			

MEMO

Ⅱ 사회통합프로그램 종합평가 Ⅱ

면접심사 및 기출문제

/ 제4장 /

Chapter 01

면접심사 안내

01 면접심사 개요

1) **목적** : 대한민국 국민으로서 기본소양 요건 심사

2) 근거 규정

- 「국적법」 제4조 제2항 및 제5조 제5호
- 「국적법」 시행령 제4조 제3항 및 제5항

3) **대상** : 면접 면제대상자*를 제외한 모든 귀화허가 신청자

| 면접 면제대상자 |

- 국적을 회복한 사람의 배우자로서 만 60세 이상인 사람
- 귀화허가 신청 당시 만 15세 미만인 사람
- 사회통합프로그램 5단계 수료 후 종합평가 합격자
- 독립유공자의 후손
- 독립유공자·국가유공자의 직계존비속의 배우자로서 만 60세 이상인 사람
- 국적판정을 받은 사할린동포의 배우자로서 만 60세 이상인 사람
  ※ 단, 국적판정을 받은 후 혼인한 배우자는 제외
- 국적판정을 받은 사할린동포의 자녀로서 간이귀화 또는 특별귀화허가 신청한 만 60세 이상자

4) **면접관**(2인 1조) : 귀화 민간면접관 위촉 및 처우에 관한 규정에 따라 위촉된 면접관 2명이 1조로 면접심사 실시

5) 귀화허가신청자에게 면접심사 응시기회는 총 2회가 주어지며, 2회 모두 불합격(불참)하는 경우 귀화허가 신청 불허

02 면접심사 평가 구성

① 한국어 능력

② 대한민국 국민의 자세

- (평가) 한국인으로서의 자부심, 국민의 권리 및 의무에 대한 인식, 귀화 후 삶의 계획 등

③ 자유민주적 기본질서에의 신념

- (평가) 자유민주주의 체제 인정 및 국민주권주의 개념 인식 여부

④ 국민으로서의 기본소양

- (평가) 한국 사회 적응에 필요한 "역사 · 문화 · 풍습 · 상식"에 관한 소양

⑤ 애국가 가창 여부

- (평가) 애국가를 음정 · 박자 · 가사 등을 정확히 하여 부를 줄 알아야 함
- (방식) 「국민의례 규정」 제6조에 따라 면접대상자는 자리에서 일어나서 면접관 앞에서 선 자세로 힘차게 애국가를 제창

⑥ 예의 및 태도

- (평가) 단정한 복장 및 면접심사에 임하는 자세, 성실하고 진지한 태도 등을 평가

Chapter 02

기출문제

01 기본 질문

01 애국가를 불러 보세요.

답 (보통은 1절만 부르나 1절부터 4절까지 부를 수 있으니 다 외우는 것이 좋습니다.)

02 국기에 대한 맹세를 외워 보세요.

답

03 한국에서 국적을 얻으려고 하는 이유는 무엇입니까?

답

04 한국에 온 지는 얼마나 되었습니까?

답

05 한국에서 살면서 가장 즐거웠던 점은 무엇입니까?

답

06 한국에서 살면서 가장 힘들었던 점은 무엇입니까?

답

07 한국에서 살면서 가장 기억에 남는 것은 무엇입니까?

답

08 좋아하는 한국의 음식은 무엇입니까?

답

09 배우자(남편)의 이름은 무엇입니까?

답

10 배우자(남편)의 생일(생년월일)은 언제입니까?

답

11 배우자(남편)의 직업은 무엇입니까?

답

12 남편의 휴대전화 번호를 말해보세요.

답

13 가족의 이름은 무엇입니까?

답

14 자녀가 있습니까? 몇 명입니까?

답

15 자녀가 몇 살 입니까? 학교(어린이집)에 다니고 있습니까?

답

16 현재 살고 있는 집 주소를 말해보세요.

답

17 직업이 있습니까? 어떤 일을 하고 있습니까?

답

18 주말에 주로 무엇을 합니까?

답

19 한국에 온 목적은 무엇입니까?

답

20 한국 국적을 취득하려는 이유는 무엇입니까?

답

21 한국에서 살면서 가장 기억에 남는 것은 무엇입니까?

답

22 국적을 취득하면 무엇을 하고 싶습니까?

답

23 외국에서 친구가 한국을 방문한다면 소개하고 싶은 곳은 어디입니까?

답

24 한국의 대통령은 누구입니까?

답

02 이론 기출 문제

01 우리나라의 국명(국호)은 무엇입니까?

답 대한민국

02 태극기의 모서리에 검은색으로 그려져 있는 것으로, 각각 하늘, 땅, 물, 불을 의미하는 4괘를 무엇이라고 합니까?

답 건곤감이

03 우리나라 5대 국경일을 말해보세요.

답 3·1절(3월 1일), 제헌절(7월 17일), 광복절(8월 15일), 개천절(10월 3일), 한글날(10월 9일)

04 애국가의 뜻은 무엇입니까?

답 나라를 사랑하는 노래라는 뜻을 가지고 있습니다.

05 영원히 피고 또 피어서 지지 않는 꽃이라는 뜻을 가진 대한민국을 상징하는 꽃(국화)은 무엇입니까?

답 무궁화

06 훈민정음의 뜻은 무엇입니까?

답 백성을 가르치는 바른 소리

07 대한민국의 화폐 중 오만원권에 인쇄되어 있는 사람은 누구입니까?

답 신사임당

08 국제 관광지로 한라산이 있으며 여자, 바람, 돌의 세 가지가 많아 삼다도라고도 불리는 섬은 무엇입니까?

답 제주도

09 우리나라 가장 동쪽에 있는 섬이며, 역사적으로 우리나라 땅이 입증되었지만 일본과의 영토분쟁이 계속되고 있는 곳은 어디입니까?

답 독도

10 우리나라의 계절의 특징을 말해보세요.

답 봄, 여름, 가을, 겨울 사계절이 있으며 계절별로 특징이 뚜렷합니다.

11 가을에 나타나는 현상으로 식물의 잎이 붉은색이나 누런색으로 변하는 것을 무엇이라고 합니까?

답 단풍

12 서울의 문화재로 조선시대 성문인 사대문의 명칭을 말해보세요.

답 흥인지문(동대문), 돈의문(서대문), 숭례문(남대문), 숙정문(북대문)

13 우리가 사는 지역의 관광명소 및 축제는 무엇입니까?

답 (거주 지역의 관광지와 축제)입니다.

14 1948년 7월 17일 대한민국 헌법 공포를 기념하는 국경일은 무엇입니까?

답 제헌절(7월 17일)

15 어버이 은혜에 감사하며 부모님의 가슴에 카네이션을 달아드리는 날은 무엇입니까?

답 어버이날(5월 8일)

16 나라를 위해 목숨을 바친 순국선열의 명복을 빌고, 충절을 추모하기 위해 제정된 날은 무엇입니까?

답 현충일(6월 6일)

17 우리나라 역사상 최초의 국가로 기원전 2333년 10월 3일에 세워진 나라의 이름은 무엇입니까?

답 고조선

18 도읍지를 아사달로 삼아 고조선을 세운 왕(시조)은 누구입니까?

답 단군왕검

19 널리 인간을 이롭게 한다는 뜻을 가진 고조선의 건국이념은 무엇입니까?

답 홍익인간

20 고구려, 백제, 신라의 세 나라가 함께 발전하며 대립하고 교류하던 시대를 무엇이라고 부릅니까?

답 삼국시대

21 북진정책으로 영토를 크게 넓혀 가장 넓은 영토를 차지한 고구려의 왕은 누구입니까?

답 광개토대왕

22 삼국 시대의 삼국 중 가장 먼저 전성기를 맞이한 나라로, 중국과 교류하는 등과 같이 해상을 통한 무역과 외교활동으로 발전한 나라는 어디입니까?

답 백제

23 신라 진흥왕 때 인재양성을 목적으로 청소년으로 조직되었던 수양단체의 이름은 무엇입니까?

답 화랑도

24 삼국을 통일하고 세운 나라로 고구려의 옛 땅을 회복한다는 뜻으로 지은 나라의 이름은 무엇입니까?

답 고려

---

25 우리나라가 '코리아' 된 유래는 무엇입니까?

답 외국인들(아라비아 상인)에게 '고려'라는 발음이 어려워 '코리아'가 되었습니다.

---

26 불교를 배척하고 유교를 숭상하여 정치, 경제, 사회, 문화 분야에 커다란 변화와 영향을 주었던 나라는 무엇입니까?

답 조선

---

27 조선 4대 왕으로 훈민정음(한글) 창제, 과학 기술 및 문화 발전에 힘쓴 왕은 누구입니까?

답 세종대왕

---

28 조선시대 장군으로 '난중일기'의 저자이며 임진왜란 때 거북 모양의 전투선인 거북선을 이용하여 왜구를 물리쳤던 장군은 누구입니까?

답 이순신 장군

---

29 고종 때 조선과 일본 사이에 체결된 조약으로 불평등 조약인 것은 무엇입니까?

답 강화도조약

---

30 3·1운동에 대해 설명해보세요.

답 1919년 3월 1일을 시작으로 일본의 식민지 지배에 저항하여 식민통치의 부당함을 알리고자 일어난 운동이었고, 우리나라 전체에서 일어난 자주적인 항일독립 운동입니다.

31 1905년 일본이 대한제국의 외교권을 박탈하기 위해 강제로 체결한 조약은 무엇입니까?

답 을사조약

32 1945년 8월 15일부터 1953년 7월 27일 6·25전쟁으로 인한 휴전이 성립될 때까지, 남한과 북한과의 정치적 경계선은 무엇입니까?

답 38선(삼팔선)

33 1970년 박정희 대통령에 의해 시작되어 농촌의 소득을 높이고 환경을 바꾸어 농민을 잘 살게 하는 데 큰 구실을 한 운동은 무엇입니까?

답 새마을운동

34 우리나라의 4대 명절을 말해보세요.

답 설날, 한식, 단오, 추석

35 대표적인 채소 발효식품으로 소금에 절인 배추와 무 등을 고춧가루 등의 양념에 버무려 만드는 음식은 무엇입니까?

답 김치

36 직선과 약간의 곡선이 조화를 이루어 아름다운 우리나라 고유의 의복은 무엇입니까?

답 한복

37 우리나라 전통 가옥으로 난방을 위한 온돌과 마루, 기와, 처마가 있어 더위와 추위를 해결할 수 있는 집은 무엇입니까?

답 한옥

38 순수한 우리 음악이며, 모든 예술의 결집체인 종합예술로서 북장단에 맞추어 이야기의 줄거리를 노래로 진행하는 우리나라 고유의 음악 장르는 무엇입니까?

답 판소리

39 아기가 태어난 지 100일이 되었을 때 건강하게 자란 아이를 축하하기 위해 하는 잔치는 무엇입니까?

답 백일잔치

40 인간관계에 있어서 사회적 지위에 따라 행동을 규제하는 규칙과 관습의 체계를 말하는 것은 무엇입니까?

답 예절

---

41 푸른 빛을 띠는 도자기로 고려의 대표적인 도자기는 무엇입니까?

답 고려청자

---

42 대통령을 중심으로 나라의 실림을 맡아 하는 기관을 무엇이라고 합니까?

답 행정부

---

43 한국에서 5년마다 국민들의 선거에 의해 선출되며 행정부와 국가를 대표하는 사람은 누구입니까?

답 대통령

---

44 삼권 분립에 의하여 입법을 하는 국가 기관은 무엇입니까?

답 입법부

---

45 삼권 분립에 의하여, 사법을 맡아 보는 국가기관은 어디입니까?

답 사법부

---

46 국가의 주권이 국민에게 있고 국민을 위해 정치를 행하는 제도를 무엇이라고 합니까?

답 민주주의

47 국민의 기본권 5가지를 말해보세요.

답 자유권, 평등권, 사회권, 청구권, 참정권

48 우리나라와 밀접한 관계가 있는 주변국가로 어떤 나라 있습니까?

답 중국, 일본, 미국, 러시아

49 부동산에 관한 권리관계를 적어 두는 등기부를 복사한 증명 문서는 무엇입니까?

답 등기부 등본

50 개인 간의 분쟁이나 갈등이 발생해서 법률전문가의 도움을 받고 싶지만, 비용지출이 부담스러울 때는 도움을 받을 수 있는 공익적 기구는 무엇입니까?

답 대한법률구조공단

51 우리나라의 의무교육기간은 몇 년입니까?

답 9년(초등학교 6년+중학교 3년)

52 우리나라에서 대학에 진학하기 위해 치러야 하는 시험의 이름은 무엇입니까?

답 대학수학능력시험

---

53 국방부 소속으로 징집, 소집 따위의 병무 행정에 관한 사무를 맡아보는 국방부 산하의 행정기관은 무엇입니까?

답 병무청

---

54 국민의 생명과 재산 보호 및 공공의 안녕과 질서유지를 위하여 국민을 계몽, 지도 또는 명령, 강제하는 일을 하는 사람은 누구입니까?

답 경찰

---

55 버스, 지하철의 운임을 전자적으로 지불할 때 사용하는 카드는 무엇입니까?

답 교통카드

---

56 금융기관과 거래를 할 때 가명이나 남의 이름이 아니라 자신의 이름으로만 쓰도록 한 제도는 무엇입니까?

답 금융실명제

---

57 노동할 의욕과 능력을 가진 자가 자기의 능력에 상응한 노동의 기회를 얻지 못하고 있는 상태를 무엇이라고 합니까?

답 실업

58 층간소음 현장진단 및 아파트 단지별 맞춤형 교육 서비스를 제공하여 당사자 간의 이해와 갈등 완화를 유도하는 기관은 무엇입니까?

답 층간소음이웃사이센터

59 함께 사는 사회에서 기초생활 질서를 말해보세요.

답 신호등 빨간불 건너지 않는다.
대중교통 기다릴 때 줄을 서서 기다린다.
자동차를 이용할 때는 반드시 안전벨트를 한다.
애완견을 데리고 산책할 때는 반드시 목줄을 하고 배설물을 잘 치워야 한다.
쓰레기를 함부로 버리지 않는다.
음주운전을 하지 않는다.
화장실 등 공공시설을 이용할 때 차례를 지키며 깨끗이 사용한다.
지나친 소음으로 이웃에게 피해를 주지 않는다.

60 재질마다 폐기물을 분류하고 그것을 수집하는 것을 말하는 것으로 쓰레기를 종류별로 모아 버리는 것을 무엇이라고 합니까?

답 분리수거

MEMO

2023 유튜버 눈사람쌤 사회통합프로그램 종합평가 영주용·귀화용

발행일 2022년 8월 30일 **발행인** 조순자
편저자 최지은 **편집·표지디자인** 백진주
발행처 종이향기 **팩 스** 031-942-1152

정가 21,000원 **ISBN** 979-11-91292-75-6

사회통합프로그램 객관식 답안지 OMR

사회통합프로그램 기본소양 평가답안지 □ 사전평가 □ 중간평가 □ 종합평가

외국인등록번호													
						—							
⓪	⓪	⓪	⓪	⓪	⓪		⓪	⓪	⓪	⓪	⓪	⓪	⓪
①	①	①	①	①	①		①	①	①	①	①	①	①
②	②	②	②	②	②		②	②	②	②	②	②	②
③	③	③	③	③	③		③	③	③	③	③	③	③
④	④	④	④	④	④	—	④	④	④	④	④	④	④
⑤	⑤	⑤	⑤	⑤	⑤		⑤	⑤	⑤	⑤	⑤	⑤	⑤
⑥	⑥	⑥	⑥	⑥	⑥		⑥	⑥	⑥	⑥	⑥	⑥	⑥
⑦	⑦	⑦	⑦	⑦	⑦		⑦	⑦	⑦	⑦	⑦	⑦	⑦
⑧	⑧	⑧	⑧	⑧	⑧		⑧	⑧	⑧	⑧	⑧	⑧	⑧
⑨	⑨	⑨	⑨	⑨	⑨		⑨	⑨	⑨	⑨	⑨	⑨	⑨

※ 주관식(단답형) 답은 뒷면에 기입하십시오.

시험지 유형	영문 이름								
	객관식								
Ⓐ	1	① ② ③ ④	11	① ② ③ ④	21	① ② ③ ④	31	① ② ③ ④	41	① ② ③ ④
	2	① ② ③ ④	12	① ② ③ ④	22	① ② ③ ④	32	① ② ③ ④	42	① ② ③ ④
Ⓑ	3	① ② ③ ④	13	① ② ③ ④	23	① ② ③ ④	33	① ② ③ ④	43	① ② ③ ④
	4	① ② ③ ④	14	① ② ③ ④	24	① ② ③ ④	34	① ② ③ ④	44	① ② ③ ④
	5	① ② ③ ④	15	① ② ③ ④	25	① ② ③ ④	35	① ② ③ ④	45	① ② ③ ④
	6	① ② ③ ④	16	① ② ③ ④	26	① ② ③ ④	36	① ② ③ ④	46	① ② ③ ④
	7	① ② ③ ④	17	① ② ③ ④	27	① ② ③ ④	37	① ② ③ ④	47	① ② ③ ④
	8	① ② ③ ④	18	① ② ③ ④	28	① ② ③ ④	38	① ② ③ ④	48	① ② ③ ④
	9	① ② ③ ④	19	① ② ③ ④	29	① ② ③ ④	39	① ② ③ ④		
	10	① ② ③ ④	20	① ② ③ ④	30	① ② ③ ④	40	① ② ③ ④		

주관식 1	주관식 1

*연습용 답안지

종합평가 작문시험 답안지

외국인등록번호		성명	

답안 작성란 (※아래 원고지 부분에 작성하되 제목은 생략하고 바로 본문만 작성할 것. 수정 시 두줄로 긋고 재기입 가능)

채점 관련하여 감독관이 작성하는 부분임

사회통합프로그램 객관식 답안지 OMR

사회통합프로그램 기본소양 평가답안지 □ 사전평가 □ 중간평가 □ 종합평가

외국인등록번호													
						—							
⓪	⓪	⓪	⓪	⓪	⓪		⓪	⓪	⓪	⓪	⓪	⓪	⓪
①	①	①	①	①	①		①	①	①	①	①	①	①
②	②	②	②	②	②		②	②	②	②	②	②	②
③	③	③	③	③	③		③	③	③	③	③	③	③
④	④	④	④	④	④	—	④	④	④	④	④	④	④
⑤	⑤	⑤	⑤	⑤	⑤		⑤	⑤	⑤	⑤	⑤	⑤	⑤
⑥	⑥	⑥	⑥	⑥	⑥		⑥	⑥	⑥	⑥	⑥	⑥	⑥
⑦	⑦	⑦	⑦	⑦	⑦		⑦	⑦	⑦	⑦	⑦	⑦	⑦
⑧	⑧	⑧	⑧	⑧	⑧		⑧	⑧	⑧	⑧	⑧	⑧	⑧
⑨	⑨	⑨	⑨	⑨	⑨		⑨	⑨	⑨	⑨	⑨	⑨	⑨

시험지 유형	영문 이름									

※ 주관식(단답형) 답은 뒷면에 기입하십시오.

시험지 유형	객관식									
Ⓐ	1	① ② ③ ④	11	① ② ③ ④	21	① ② ③ ④	31	① ② ③ ④	41	① ② ③ ④
	2	① ② ③ ④	12	① ② ③ ④	22	① ② ③ ④	32	① ② ③ ④	42	① ② ③ ④
Ⓑ	3	① ② ③ ④	13	① ② ③ ④	23	① ② ③ ④	33	① ② ③ ④	43	① ② ③ ④
	4	① ② ③ ④	14	① ② ③ ④	24	① ② ③ ④	34	① ② ③ ④	44	① ② ③ ④
	5	① ② ③ ④	**15**	① ② ③ ④	**25**	① ② ③ ④	**35**	① ② ③ ④	**45**	① ② ③ ④
	6	① ② ③ ④	16	① ② ③ ④	26	① ② ③ ④	36	① ② ③ ④	46	① ② ③ ④
	7	① ② ③ ④	17	① ② ③ ④	27	① ② ③ ④	37	① ② ③ ④	47	① ② ③ ④
	8	① ② ③ ④	18	① ② ③ ④	28	① ② ③ ④	38	① ② ③ ④	48	① ② ③ ④
	9	① ② ③ ④	19	① ② ③ ④	29	① ② ③ ④	39	① ② ③ ④		
	10	① ② ③ ④	**20**	① ② ③ ④	**30**	① ② ③ ④	**40**	① ② ③ ④		

주관식 1	주관식 1

*연습용 답안지

종합평가 작문시험 답안지

외국인등록번호		성명	

답안 작성란 (※아래 원고지 부분에 작성하되 제목은 생략하고 바로 본문만 작성할 것. 수정 시 두줄로 긋고 재기입 가능)

채점 관련하여 감독관이 작성하는 부분임

사회통합프로그램 객관식 답안지 OMR

사회통합프로그램 기본소양 평가답안지 □ 사전평가 □ 중간평가 □ 종합평가

외 국 인 등 록 번 호													
						—							
⓪	⓪	⓪	⓪	⓪	⓪		⓪	⓪	⓪	⓪	⓪	⓪	⓪
①	①	①	①	①	①		①	①	①	①	①	①	①
②	②	②	②	②	②		②	②	②	②	②	②	②
③	③	③	③	③	③		③	③	③	③	③	③	③
④	④	④	④	④	④	—	④	④	④	④	④	④	④
⑤	⑤	⑤	⑤	⑤	⑤		⑤	⑤	⑤	⑤	⑤	⑤	⑤
⑥	⑥	⑥	⑥	⑥	⑥		⑥	⑥	⑥	⑥	⑥	⑥	⑥
⑦	⑦	⑦	⑦	⑦	⑦		⑦	⑦	⑦	⑦	⑦	⑦	⑦
⑧	⑧	⑧	⑧	⑧	⑧		⑧	⑧	⑧	⑧	⑧	⑧	⑧
⑨	⑨	⑨	⑨	⑨	⑨		⑨	⑨	⑨	⑨	⑨	⑨	⑨

시험지 유형	영문 이름									

※ 주관식(단답형) 답은 뒷면에 기입하십시오.

시험지 유형	객 관 식									
Ⓐ	1	① ② ③ ④	11	① ② ③ ④	21	① ② ③ ④	31	① ② ③ ④	41	① ② ③ ④
	2	① ② ③ ④	12	① ② ③ ④	22	① ② ③ ④	32	① ② ③ ④	42	① ② ③ ④
	3	① ② ③ ④	13	① ② ③ ④	23	① ② ③ ④	33	① ② ③ ④	43	① ② ③ ④
Ⓑ	4	① ② ③ ④	14	① ② ③ ④	24	① ② ③ ④	34	① ② ③ ④	44	① ② ③ ④
	5	① ② ③ ④	**15**	① ② ③ ④	**25**	① ② ③ ④	**35**	① ② ③ ④	**45**	① ② ③ ④
	6	① ② ③ ④	16	① ② ③ ④	26	① ② ③ ④	36	① ② ③ ④	46	① ② ③ ④
	7	① ② ③ ④	17	① ② ③ ④	27	① ② ③ ④	37	① ② ③ ④	47	① ② ③ ④
	8	① ② ③ ④	18	① ② ③ ④	28	① ② ③ ④	38	① ② ③ ④	48	① ② ③ ④
	9	① ② ③ ④	19	① ② ③ ④	29	① ② ③ ④	39	① ② ③ ④		
	10	① ② ③ ④	**20**	① ② ③ ④	**30**	① ② ③ ④	**40**	① ② ③ ④		

주관식 1	주관식 1

*연습용 답안지

종합평가 작문시험 답안지

외국인등록번호		성명	

답안 작성란 (※아래 원고지 부분에 작성하되 제목은 생략하고 바로 본문만 작성할 것. 수정 시 두줄로 긋고 재기입 가능)

채점 관련하여 감독관이 작성하는 부분임